船舶机舱资源管理培训综合评价体系研究

赵春生 袁均福◎著

知识产权出版社
全国百佳图书出版单位
—北京—

图书在版编目（CIP）数据

船舶机舱资源管理培训综合评价体系研究/赵春生　袁均福著. —北京：知识产权出版社，2021.12

ISBN 978-7-5130-8035-4

Ⅰ. ①船… Ⅱ. ①赵… ②袁… Ⅲ. ①船舶管理-职业培训-评价-研究 Ⅳ. ①U692

中国版本图书馆 CIP 数据核字（2022）第 003315 号

内容简介

本书是以船舶机舱资源管理的相关培训为研究对象，通过层次分析法构建出船员非专业技能方面的评价体系，建立了应用于船员团队工作技能和基本操作技能培训的综合评价指标体系评价模型，为船舶机舱资源管理培训提供了一套较为合理、有效的评价方法。本书可作为相关研究者和行业从业者的参考用书，也可作为普通高校轮机工程技术专业大学生的课外读物。

责任编辑：李小娟　　　　　　　　责任印制：孙婷婷

船舶机舱资源管理培训综合评价体系研究

CHUANBO JICANG ZIYUAN GUANLI PEIXUN ZONGHE PINGJIA TIXI YANJIU

赵春生　袁均福　著

出版发行：	知识产权出版社有限责任公司	网　　址：	http://www.ipph.cn
电　　话：	010-82004826		http://www.laichushu.com
社　　址：	北京市海淀区气象路 50 号院	邮　　编：	100081
责编电话：	010-82000860 转 8763	责编邮箱：	laichushu@cnipr.com
发行电话：	010-82000860 转 8101	发行传真：	010-82000893
印　　刷：	北京中献拓方科技发展有限公司	经　　销：	新华书店、各大网上书店及相关专业书店
开　　本：	720mm×1000mm　1/16	印　　张：	14.25
版　　次：	2021 年 12 月第 1 版	印　　次：	2021 年 12 月第 1 次印刷
字　　数：	300 千字	定　　价：	88.00 元

ISBN 978-7-5130-8035-4

出版权专有　侵权必究

如有印装质量问题，本社负责调换。

前 言

随着科学技术的进步，船舶工业自动化、智能化技术突飞猛进，日新月异，取得了长足的发展。随着船舶机舱自动化水平的不断提高，机舱设备的集成度、稳定性、通用性日益加强。然而，船舶机舱自动化、智能化技术的发展并没有给机舱安全带来质的变化。船舶海上安全主要受三个因素的影响：人为因素、船机因素和环境因素。这三个因素有时是单独作用，有时是共同作用。船上设备的使用、船舶营运管理和操作、对公约和规则的履行，都是通过人来实现的，人的失误会造成各种海上事故。根据事故权威研究机构的分析，80%以上的事故都与人为因素有关。虽然《STCW公约马尼拉修正案》和《国际安全管理规则》的生效在一定程度上减少了人为因素引发的海上事故，但在船舶安全管理体系中，人为因素造成的安全问题并没有得到很好的解决，这就决定了这一问题仍将是航运界关注和研究的重点之一。通过全面普及和深入开展船舶机舱资源管理培训，增强和深化船舶人员对船舶机舱资源管理的安全意识，为解决船舶安全营运问题拓展出了一条新的途径，能在一定程度上减少船舶事故的发生。

本书以船舶机舱资源管理培训作为研究对象，并将重点置于情景意识和人为因素的分析探讨方面。本书第1章介绍了船舶机舱资源管理培训的研究背景、现状、目的和研究不足与展望；第2章对船舶机舱资源管理进行了分析；第3章论述了船舶机舱资源管理中的情景意识；第4章重点研究了船舶机舱资源中的人为因素；第5章通过对船舶机舱资源管理中的人为因素进行详细、深入分析，构建了人为因素的评价指标体系；第 6 章对船舶机舱资源管理培训体系中的综合技能展开评价。

  本书建立机舱资源管理中的情景意识、人为因素和其他专业技能与非专业技能方面的综合评价模型，为船舶机舱资源管理培训提供了一套较为合理、有效的评价方法，希望能够对船舶机舱资源管理培训、考核提供一些帮助和参考。江苏海事职业技术学院赵春生负责撰写本书第 1~3 章及第 4 章部分内容，共 21 万字；江苏海事职业技术学院袁均福负责撰写本书第 4 章部分内容及第 5~6 章，共 9 万字。

  由于作者水平有限，书中疏漏之处在所难免，敬请各位读者批评指正。

目 录

第1章 绪 论 ·········· 1
  1.1 研究背景 ·········· 1
  1.2 船舶机舱资源管理培训研究现状 ·········· 6
  1.3 研究意义 ·········· 9
  1.4 研究的不足与展望 ·········· 10

第2章 船舶机舱资源管理分析 ·········· 12
  2.1 船舶机舱资源管理的含义 ·········· 12
  2.2 船舶机舱资源合理使用能力培养 ·········· 16
  2.3 船舶机舱资源管理中对人员管理的分析 ·········· 17

第3章 船舶机舱资源管理中的情景意识 ·········· 21
  3.1 船舶机舱资源管理情景意识内涵分析 ·········· 21
  3.2 船舶机舱资源管理情景意识培训的实施 ·········· 28
  3.3 船舶机舱资源管理情景意识技能评价 ·········· 32

第4章 船舶机舱资源管理中的人为因素 ·········· 41
  4.1 人为因素的定义 ·········· 41
  4.2 人为因素的表现形式 ·········· 42
  4.3 人为失误与预防 ·········· 43
  4.4 人为因素的特点 ·········· 51

  4.5 船舶事故案例分析 ·· 57

第 5 章 人为因素分析与评价 ·· 163
  5.1 评价体系的建立 ·· 163
  5.2 评价指标的分析 ·· 165
  5.3 综合评价模型的建立 ·· 173
  5.4 评判模型的实例分析 ·· 189

第 6 章 机舱资源管理培训体系中综合技能的评价 ············ 195
  6.1 评价方法及技术 ·· 195
  6.2 层次分析法基本原理与步骤 ·· 199
  6.3 递阶层次机构模型的建立 ·· 201
  6.4 比较判断矩阵的建立 ·· 203
  6.5 指标体系权重的计算 ·· 208
  6.6 指标体系应用 ·· 213

参考文献 ·· 215

后　记 ·· 219

第 1 章

绪 论

1.1 研究背景

随着时代进步和科学技术的发展，现代造船行业无论是在设计还是制造方面都取得了突飞猛进的发展，船舶的安全性和可靠性得到了保障。由于世界船舶数量、吨位的快速增长，船舶平均可航行水面变小，船舶交通事故和海洋污染事故频发，不仅给国家、行业内的企业带来经济上的损失，更严重的是可能危及人的生命和人类的生存环境。相关统计结果表明，在海上发生的船舶交通事故中，80%以上是人为因素造成的。人为因素造成的失误对船舶安全构成巨大的威胁，使研究人员对提高船舶安全的关注逐步从技术转移到人身上。国际海事组织和各大航运公司越来越注重对管理机构和人为因素造成的失误的管理。虽然国际相关的公约和修正案对船舶安全操作等问题做了相关规定，并且国际船级社协会和国际海事组织（IMO）都制定了相应的安全操作准则和标准，但在整个船舶安全管理系统中，还没有有效解决人为因素引发的海事事故的管理办法，因此人为因素引发海上事故仍将是国际海事组织和有关机构重点研究的课题。国际海事组织在《1978 年海员培训、发证和值班标准国际公约》（简称《STCW 公约》，2010年修订，简称《STCW 公约马尼拉修正案》）中，将"机舱资源管理""领导力和团队工作技能的运用""防止和控制疲劳"纳入其中，目的是对因人为因素引发的事故起到有效的控制作用。

20世纪90年代，欧洲一些国家的相关部门对人为因素引发的海上事故的发生和预防做过深层次的调查研究，并在人员的安全教育和操作技能方面做了很多的培训工作。例如，欧洲交通和海事主管部门、国际船级社、运输联盟和航运公司等借鉴北欧航空公司为航空飞行人员举办资源管理课程的经验与方法，先后为船上的甲板船长、甲板操作级、机舱操作级等开发了"驾驶台资源管理"（bridge resource management，BRM）和"机舱资源管理"（engine-room resource management，ERM）的培训课程。但是，船舶机舱资源管理方面的框架体系还不够完善，对船舶驾驶船员进行驾驶台资源管理培训、对轮机管理人员进行机舱资源管理培训工作，在实际展开时比较困难，即使有些航海院校和航运企业已经开始培训，也仅局限于知识更新和证书更换。本书从防范人为因素造成海上事故的角度出发，构建了船舶机舱资源管理培训的体系框架，希望对进一步深入推进轮机资源管理培训工作起到抛砖引玉的作用，也希望通过本书的出版能够引起国内海事组织及航海院校对此问题的重视，增强和深化船舶操作人员船舶机舱资源管理安全意识，为解决船舶安全营运问题开辟一条新的途径。

在国际贸易中，约有90%的货物是以海上运输的方式承运，船舶的安全营运关系到船员、船舶、货物、港口的安全和海洋环境的保护。由于海洋气象多变、海况恶劣、船舶航行环境复杂和船舶自身条件限制，加上船员疏忽和失误，海难事故频繁发生。近年来，国际海运机构、造船厂和航运部门为增进船舶的安全营运进行了不懈的努力，在船舶的设计和制造技术领域取得了一系列重大的进展和突破，在很大程度上增加了船舶的安全性和综合性能，但在保证船舶安全方面的改进并没有得到令人满意的效果。人们开始反思现行船舶设计理念与航运安全管理水平的科学性及相关科学研究的方针和策略。8个国际航运方面的研究机构对海上事故进行了统计，如表1-1所示。

表 1-1　海上事故的统计

研究机构	时间范围	事故数/例	事故种类	人为因素引起的事故率/%
挪威船级社	2010—2020 年	2742	碰撞/搁浅	61.6
芬兰赫尔辛基委员会	2018—2021 年	471	所有	17.0
英国船东互保协会	2017—2020 年	123	所有	90.0
日本海事研究所	2012—2020 年	2491	所有	>90.0
德国布雷赫曼船东协会	2015—2021 年	1528	所有	88.0
英国塔维斯托克研究所	2017—2020 年	415	所有	>92.0
瑞典交通安全研究所	2018—2020 年	54	所有	90.0
荷兰瓦赫纳斯特＆格林威格交通安全协会	2018—2020 年	100	所有	15.3

由表 1-1 可以看出，除了芬兰赫尔辛基委员会、荷兰瓦赫纳斯特 & 格林威格交通安全协会对海运事故中，由人为因素引起的事故率的统计为 17.0% 和 15.3% 外，挪威船级社的统计为 61.6%，其他研究机构的统计数据都高于 80%。研究机构对大量海上事故进行调查和分析后总结了事故的主要原因，如表 1-2 所示。

表 1-2　海上事故原因分析

研究机构	事故主要原因
挪威船级社	外界条件、技术失误、缺乏航海技能航行失误、他船原因
芬兰赫尔辛基委员会	环境条件、技术失误、人为因素
英国船东互保协会	驾驶员、轮机员、引航员、他船船员失误；岸上失误；机械故障；设备故障；其他
日本海事研究所	船舶操作控制不合格、船舶操纵不合格、不遵守航行规则、对天气的关注度不够、不熟悉仪器设备、设备操作不当、不可抗力的影响
德国布雷赫曼船东协会	个人失误、驾驶台限制、不利天气、异常洋流、岸吸、水深不足、设备缺乏保养、水下情况不明、拖轮协助不当、信息交流不畅

续表

研究机构	事故主要原因
英国塔维斯托克研究所	知识经验不足、判断失误、通信不畅、违反规则、设备使用违规、组织不力、不确定因素、其他
瑞典交通安全研究所	驾驶员、引航员失误；酒精影响；瞭望不足；航海设备故障；不遵守航行规则
荷兰瓦赫纳斯特&格林威格交通安全协会	认知系统、社会系统、情景系统出现问题

通过表1-2可以得知，船上具有完善的相关操作程序与规定，船员具备所需的知识和技能，并不能完全杜绝海上事故的发生。人为因素导致事故发生的主要原因不是人缺乏技术知识，而是缺乏良好的情景意识的养成。

国际海事组织为促进船舶安全和防止海洋污染，对人为因素引起的海上事故非常重视，1993年通过了《船舶配员中的疲劳因素和安全》，1997年发布了《人为因素统一术语》，1999年通过了《海事中人为因素调查指南》，2010年通过了《STCW公约马尼拉修正案》。这些措施对减少人为因素引起的海上事故起到了一定的积极作用。IMO将人为因素引起的海上事故列为一项重要工作，机舱资源管理也应运而生，并在解决机舱人为因素的问题上被寄予厚望。

近年来，航运业得以飞速发展，船舶步入了智能化和自动化时代。大量的船舶穿梭于海上和港口，极大地促进了世界经济的繁荣发展。当然，其潜在的风险也随之增加，船舶发生的海难等事故越来越多。在这些事故中许多是由于人情景意识的缺失造成的。进一步分析海上事故的原因，主要集中在以下几个方面：船员在思想上认识不到位；心理上缺乏主观能动性；缺乏对人、机、环境的综合掌控与事故预控意识等。船员良好的情景意识的养成对机舱安全至关重要，不仅是预防和控制海上事故发生的一种行之有效的措施，也是船舶安全航行的基本保证。

对青岛某公司2009—2019年发生的船舶机舱事故进行统计，并对起因进行归纳，如表1-3所示。

表 1-3　青岛某公司 2009—2019 年发生船舶机舱事故的起因

事故原因	比例/%	表现形式
知识储备不足	35.6	对设备正常运行参数不清楚；对是否出现异常无法判断
经验不足	30.0	对出现的问题不知如何处理；对操作步骤不清楚
设备老化	14.4	设备出现跑、漏、滴现象
技术水平低	5.6	虽发现问题却无法及时修复
生理和心理影响	6.7	身体不舒服；恶劣天气影响正常休息；思想压力大
管理水平低	5.6	作业现场不安全；防护用品不到位；作业程序错误；应急方案缺少；人员安排不合理；缺少安全教育
突发情况	2.2	恶劣海况；无前兆的故障

通过对表 1-3 进行分析，可以将上述事故原因分成两类：情景意识的因素和非情景意识的因素。其中知识储备不足、经验不足、技术水平低、生理和心理影响、管理水平低等归结为情景意识不强，占事故总数的 83.5%；设备老化和突发情况归类为非情景意识因素，占事故总数的 16.6%。通过统计发现，人的情景意识对机舱安全的影响不容忽视。

1978 年国际海事组织通过《STCW 公约》，于 1984 年 4 月 28 日对我国正式生效。随着海洋事业的发展，国际海事组织多次对该公约进行了修订，最近一次修订是在 2010 年 6 月，于 2012 年 2 月 1 日正式生效。对第三章 "轮机部" 部分的修订，主要有以下几个方面。

（1）普通船员晋升为高级船员的时间增加了，《STCW 公约马尼拉修正案》规定："至少完成 6 个月的海上服务资历" 修订为 "完成《STCW 公约马尼拉修正案》规定的培训项目，且不得少于 1 年的海上服务资历，并进行有效记载；或完成认可的至少 36 个月的海上服务资历"。根据《STCW 公约马尼拉修正案》要求，海上服务资历须包括在轮机部高级船员的指导下完成值班工作的时间不少于 6 个月。

（2）将机舱资源管理列为强制性培训内容。包括：①对机舱资源的合理配置和管理；②通信联系持续有效；③肯定和权威性的命令；④对周边异常情况保持警惕性。

对评价适任的标准做出规定：船舶机舱资源按需配置并以正确的顺序

分配以完成必要的操作；通信效果清晰可辨；对有疑问的决策或措施能引起正确的质疑和反应；管理工作指令能够有效地被执行；全体成员对关系机舱正常运转的内部和外部环境进行准确预测和把握。

（3）对管理级船员新增领导才能和管理能力的要求。包括：计划与协调、人员安排、顺序安排、机舱资源合理控制、有效的资源管理、决策制定的能力、制定相关工作的标准并能切实执行。

（4）对普通船员增加了团队合作和执行能力的培训，船员的工作内容也发生了一定的变化，由原来的简单体力劳动者向高技术水平的脑力劳动者转变；由发生事故靠技术排除转变为未发生事故进行情景预测。情景意识由此正式引入机舱管理工作中。

1.2 船舶机舱资源管理培训研究现状

1.2.1 国外研究现状

国外有关机舱资源管理的研究已经有大约30年的时间，主要研究了影响船舶安全的各种人为因素，认为监控和修正人为因素可以提高船舶的安全性，指出造成船舶事故的较多是人为因素，以引起人们的关注；分析了疲劳对船舶安全的影响并提出了一些解决的方案；提出了三种研究方法，对情景意识、危机管理中的行为特征评价和组织因素进行了重点研究，肯定了船员管理培训的重要性，同时指出培训工作并非灵丹妙药，必须将组织因素考虑进来，提出培训效果的评估及如何有效地为实际工作服务的问题。机舱资源管理的研究才刚刚起步，仍然有大量的问题需要我们探索解决方案。

在《STCW公约马尼拉修正案》尚未对缔约成员国的轮机部船员做出强制性参加"船舶机舱资源管理"培训之前，国外一些机构已经有了相关的培训项目。机舱及驾驶台资源管理培训课程的内容见表1-4至表1-6所示。

表 1-4　机舱及驾驶台资源管理培训课程的内容

序号	培训内容	序号	培训内容
1	文化意识	7	管理风格
2	态度和管理技能	8	机舱状态
3	判断与决策	9	短期策略
4	挑战与反应	10	人为失误
5	工作量	11	通信和讲评
6	应急情况下的领导	12	权威和专断

表 1-5　星船公司的培训课程

序号	培训内容	序号	培训内容
1	多元文化	5	有效的沟通和沟通模式
2	团队建设和发展	6	情景意识和事故链
3	工程组织和程序	7	疲劳与昼夜节律
4	压力和疲劳管理	8	熟悉模拟器

表 1-6　东方海外公司培训内容

序号	培训内容	序号	培训内容
1	资源管理	8	程序
2	领导	9	国际法规介绍
3	情景意识	10	压力与疲劳
4	通信	11	紧急情况
5	班组建设	12	工作风险分析
6	决策	13	意外事故
7	过失链	—	—

1.2.2　国内研究现状

2010年国际海事组织对《STCW公约马尼拉修正案》进行了修订。我国也积极推进对国际公约的学习与落实，中华人民共和国海事局制定了《STCW公约马尼拉修正案过渡规定实施办法》，对《中华人民共和国海船船员适任考试、评估和发证规则》进行了相应的调整，增加了船舶机舱资源管理的培训内容。我国针对机舱资源管理方面的研究逐渐增多，如2011年蒋德志、李品芳编写了《机舱资源管理》，2012年黄连忠主编了《机舱资源管理》，2012年出版了《船舶管理》教材，2012年由中国海事服务中心组织编写了《海船船员适任》等。蒋德志、李品芳和黄连忠分别编写了《机舱资源管理》，其内容分别如表1-7和表1-8所示。

表1-7 《机舱资源管理》（蒋德志、李品芳编著）

章节	内容	章节	内容
第一章	引言	第七章	决策
第二章	机舱资源管理概述	第八章	时间管理与优先顺序
第三章	管理的计划和组织职能	第九章	情景意识
第四章	轮机部组织机构及值班规则	第十章	船舶各种应急预案
第五章	轮机部团队与团队工作	第十一章	机舱资源管理的模拟器推演
第六章	领导	—	

表1-8 《机舱资源管理》（黄连忠主编）

章节	内容	章节	内容
第一章	绪论	第六章	情景意识
第二章	人的失误与船舶机舱安全	第七章	沟通
第三章	领导力	第八章	机舱工作制度
第四章	决断力	第九章	船舶机舱应急预案
第五章	团队合作	第十章	船舶机舱资源管理案例分析

从上述两本专门针对船舶机舱资源管理进行培训的图书内容设置可以发现，情景意识都被列为单独的一章，由此可见其在机舱资源管理中的重要性。与此同时，专门针对船舶机舱资源管理中情景意识的研究也受到学者的重视，主要成果有贾宝柱、吴紫梦和林叶锦的《机舱资源管理中的情景意识》一文，李品芳、蒋德志和林开进的《轮机管理人员的情景意识对船舶安全的影响探讨》一文，袁健、李章德的《情景意识在机舱防范安全事故中的应用》一文，等等。情景意识在船舶机舱资源管理中的地位越来越受到重视，对机舱安全所起的作用也越来越得到认可。

国内对船舶机舱资源管理的研究开始较晚，且只局限于对船舶机舱资源管理的初步认识。詹玉龙、曾向明和王晓中在《轮机资源管理（ERM）的应用研究》一文中阐述了 ERM 对船舶航运安全管理的作用及 ERM 的必要性和实用性。蒋德志、李福海在《机舱资源管理的研究与实践》一文中，建议通过在理念上对船员进行教育，再利用模拟器强化训练改变船员的不良行为。蒋德志、赵晓玲在《基于轮机模拟器的机舱资源管理研究与实践》一文中强调人力资源管理是机舱资源管理的重要方面，建议通过模拟器来提高船员的组织领导能力、团队意识及交流沟通能力。邢辉、吴建潘在《机舱资源管理培训内容的履约探讨》中叙述了《STCW 公约马尼拉修正案》关于机舱资源管理的要求，探讨了培训课程的设置，强调了人为因素、团队意识、领导与决策等内容培训的重要性。王晓中在《机舱人力资源管理中人因工程理论的应用》一文中从定性和定量两个方面对人因工程理论的应用进行分析，并研究了人因工程中船员心理状态对安全的影响。

1.3　研究意义

从 1807 年美国人富尔顿第一次将蒸汽机安装在木船上航行开始，就有了对船舶轮机的管理。200 多年来，船舶轮机管理的对象、形式和范围有了很大的发展，从对一台蒸汽机驱动简单、粗糙的管理，逐步发展成一门复杂、精细、成熟、科学的管理。船舶轮机部由轮机长、大管轮、二管轮、三管轮、电子电气员、机工长和若干名机工组成，某些超级油轮轮机部的人员可以多达 20 多人。管理的对象从主推进发动机、轴系和推进器扩展到机舱的各类管系、船舶电站、锅炉、甲板机械和自动化设备。特别是 20 世纪 70 年代以来，当计算机技术大量应用到船舶上后，随着无人值班机舱船舶、超自动化船舶及智能化船舶的投入使用，轮机管理的方式发生了翻天覆地的变化。轮机部人员编制缩减，机电合一、机驾合一成为发展方向，而管理的广度和深度得到了极大的拓展和深入。传统的用、养、管、修的方法逐步被计算机、传感器、执行件等组成的报警、自动监测系统所取代，所以在机舱资源管理中人员的管理得到了进一步的强化。

为了船舶航行安全和防止船舶污染海洋环境，加上《国际船舶安全营运和防止污染管理规则》（简称《ISM 规则》）的实施和《STCW 公约马尼拉修正案》的生效，世界各国航运公司的规章制度和管理体系不断完善，我国主管部门也加强了对船员的基础教育，以及在提高船员的综合素质方面做出了很大的努力。各大航海院校和航运企业积极开展对船员的培训，使我国的海运人才队伍建设得到空前的发展。但是，部分学校培养的海员注重证书考试成绩以及知识和技能的培训，航运企业则注重船员证书的获取。虽然国内航海院校和培训机构都已开设船舶机舱资源管理课程，但是其培养的海员往往注重的是能不能通过适任证书考试以及知识和技能的培训和船员证书的获取，对如何提高船员的团队意识、安全意识、工作态度及管理能力、应变能力等综合素质的培养却较少。因此，进行机舱资源管理培训综合评价，是提高船员综合素质的有效手段，是减少人为因素引发的船舶事故的重要举措。

1.4 研究的不足与展望

目前，机舱资源管理课程的培训工作已经全面展开，全世界轮机管理人员通过在校或补差进行了相关内容的学习。从总体上看，机舱资源管理概念已经深入人心，但就培训效果上看，还不尽如人意。针对船舶机舱资源管理中情景意识的培训内容研究的不足主要有以下几个方面。

（1）缺乏对新知识推广和技能训练更新的要求。随着科技的进步，先进的设备不断应用于船舶上，专业知识的学习和专业技能的训练也应该持续更新。但是，现在的培训只注重是否满足《STCW公约马尼拉修正案》的履行，如何系统地对全体轮机管理人员进行新知识的普及和技能的培训却没有提及，笔者认为现有的情景意识培训成果随着时间的推移有可能逐渐消失。

（2）缺乏合格的培训模拟器。机舱资源管理强调轮机员能够具有进行团队工作、通信和沟通、领导和决策、情景意识的培养与训练等多个方面的管理技能。这些技能难以通过设备的使用和操作来完成，如何通过一套合格的模拟器来构建一个逼真的机舱环境，进行情景意识的培养是现有研究中存在的一个问题。

（3）对情景意识案例的研究不足。船舶机舱环境影响因素很多，海上突发情况也比较多。在我们的培训过程中，会选择一些有代表性的案例对学员进行培训，以加强机舱资源管理情景意识的培养。然而，学校实训室提供的资源是有限的，不可能覆盖现实中可能遇到的所有情况。因此在情景意识培养中，需要尽可能多地收集典型案例进行研究。

（4）对情景意识的培养和培训缺乏具体的框架。情景意识的培养和训练是机舱资源管理中非常重要的一个方面，但具体培训哪些内容，如何对学员培训内容掌握程度进行量化考核，没有统一的标准，只能由各个培训院校自己灵活掌握。如何构建一个具体可行的框架体系成为迫在眉睫要解决的问题。

近些年来，国内航运界的专家和学者在对于如何提高船员的英语水平、操作技能、业务水平等方面做了比较多的研究，提出了很多有建设性的观点。由于船舶机舱资源管理领域的研究在航运界并没有深入展开，国内的船舶机舱资源管理系统培训也是处在探索发展阶段，船员的各种技能的综合评价体系不够完善，就如何提高船员的团队意识、安全意识、工作态度及管理能力、应变能力等综合素质培养的研究也较少。因此，希望通过本书能对今后机舱资源管理培训工作的进一步深层次研究起到抛砖引玉的作用，也希望今后国内海事组织及其航海院校和有关专家越来越重视，增强和深化船舶人员对船舶机舱资源管理的理念和意识，为解决船舶安全营运问题开辟另一条途径。

第 2 章

船舶机舱资源管理分析

1989 年 3 月 24 日，美国埃克森公司的一艘巨型油轮"埃克森·瓦尔迪兹"号在阿拉斯加威廉王子湾附近触礁，泄露原油 800 多万加仑❶，在海面上形成一条宽约 1 千米、长达 800 千米的漂油带。这是美国历史上最严重的原油泄漏事故，仅清污费用就高达 25 亿美元，这是一起典型的人为因素造成的事故。

人为因素造成的事故对船舶安全影响最大。预防人为失误首先要了解产生人为失误的主要因素，在船舶机舱管理工作中通过情景意识和安全意识的培养，可有效减少或避免人为因素造成的事故的发生。

2.1 船舶机舱资源管理的含义

船舶机舱资源管理包含的内容有很多，如果不能有效地进行管理，就会影响船舶的正常运转。同时，可能造成人员伤亡、财产损失和环境污染，对船舶的安全运行产生重大影响。

---

❶ 1 加仑=3.785 43 升

2.1.1 船舶机舱资源管理的概念

(1) 船舶机舱资源管理的定义。机舱资源管理是指组织为了达到个人无法实现的目标，通过各项职能活动，合理分配、协调相关资源的过程。

对管理比较系统的理解应该是：管理是管理者或管理机构在一定范围内，通过计划、组织、领导、控制等职能，对组织所拥有的资源（包括人、财、物、时间、信息）进行合理配置和有效使用，以实现组织预定目标的过程。

(2) 船舶机舱资源管理的基本要素。船舶机舱资源管理有四个基本要素：管理者、管理对象、管理目的、管理环境。

(3) 船舶机舱资源管理的特点。机舱资源管理的工具是机构，没有机构也无法实现管理。机舱配备一定编制的技术管理人员，他们的组织形式就是机构。管理的手段是"法"。所谓"法"，一般意义上讲，不仅包括有关法规、规范和公约，也包括航运企业内部和船舶各种规章制度。机构是由人员组成的，法规是靠人员制定和执行的。人除了制定和执行"法"以外，还要传递信息、了解情况。船舶机舱资源管理的对象有物、财、时间和信息，同时也包括人。船舶机舱所属的各种设备、备品、燃油、物料、材料以及工具仪器等就是物；在管理中达到某些经济指标，如节油、节水以及节省修理费用等就是财；提高船舶装卸效率，加快船舶周转（其中也包括其他因素的影响，如自然条件、调度、货源等）就是时间；各种形式地交流经验，互通情报，就是信息。而所有这些都离不开人，需要通过人去完成，所以人是主导因素。船舶机舱资源涉及的范围甚广，具体内容也相当复杂，其中人力资源管理是整个机舱资源管理的核心。

很多事例说明，在其他条件相同的情况下，由于不同的人在管理上的差异，其所产生的生产能力是截然不同的。所以做好人力资源管理，提高人的责任意识和技术业务能力，调节好人与人之间的关系，是机舱资源管理的关键。

(4) 船舶机舱资源管理的目的。机舱资源管理目的是结合船舶机舱可能发生或遇到的紧急情况，要求机舱值班人员通过机舱组织和程序执行，根据应急计划对人为因素进行管理。

应有效地利用船舶机舱现有的各种机械动力设备、安全设备，发挥每个人在团队工作中的作用，严格而有条不紊地执行与完成相关工作的操作程序，以保证船舶的安全航行，减少和避免潜在的人为事故。

2.1.2 船舶机舱资源管理的内容

船舶机舱资源管理属于管理科学的范畴，是管理科学的一个具体的分支和应用。机舱资源管理是轮机人员充分利用船舶机舱人力、物力、信息、环境等各种资源，通过机舱组织和程序执行，充分发挥轮机部团队的作用，对各种信息进行充分沟通和交换，明确各自在机舱各项工作中的职责，对机舱现有的各种机械动力设备、安全设备进行合理配置和有效使用，减少和杜绝潜在的人为失误，以达到船舶安全营运的目的。

（1）船舶机舱资源的构成。机舱资源的构成如图 2-1 所示。《STCW 公约马尼拉修正案》强调的是机舱人力资源（软资源）的管理。

（2）根据《STCW 公约马尼拉修正案》的要求，保持安全值班必须充分考虑船舶机舱的人力、物力、信息、环境等资源。船舶机舱资源管理包含以下内容。

①人力资源。人力资源指能够保证船舶机舱安全运转的轮机部工作人员，主要内容有计划和组织管理、领导能力、团队建设、交流与通信、情景意识等。

②物力资源。物力资源指保证船舶机舱正常运转所需要的原材料、设备等资源，主要包括主推进装置、辅助机械、甲板机械、报警设施、淡水、燃油、润滑油、备件和物料及拆装工具等。

③信息资源。信息资源指船舶机舱管理过程中涉及的相关文件、资料、数据等信息，涉及机舱对内、对外交流所使用的一切信息资料，包括国际国内法规、公司规章制度、设备说明书、船舶机舱内部传递的信息和船舶机舱对外传递的信息等。

④环境资源。环境资源指船舶机舱及与机舱有关的外部环境，包括船舶机舱环境、船舶航行环境和航运界环境。

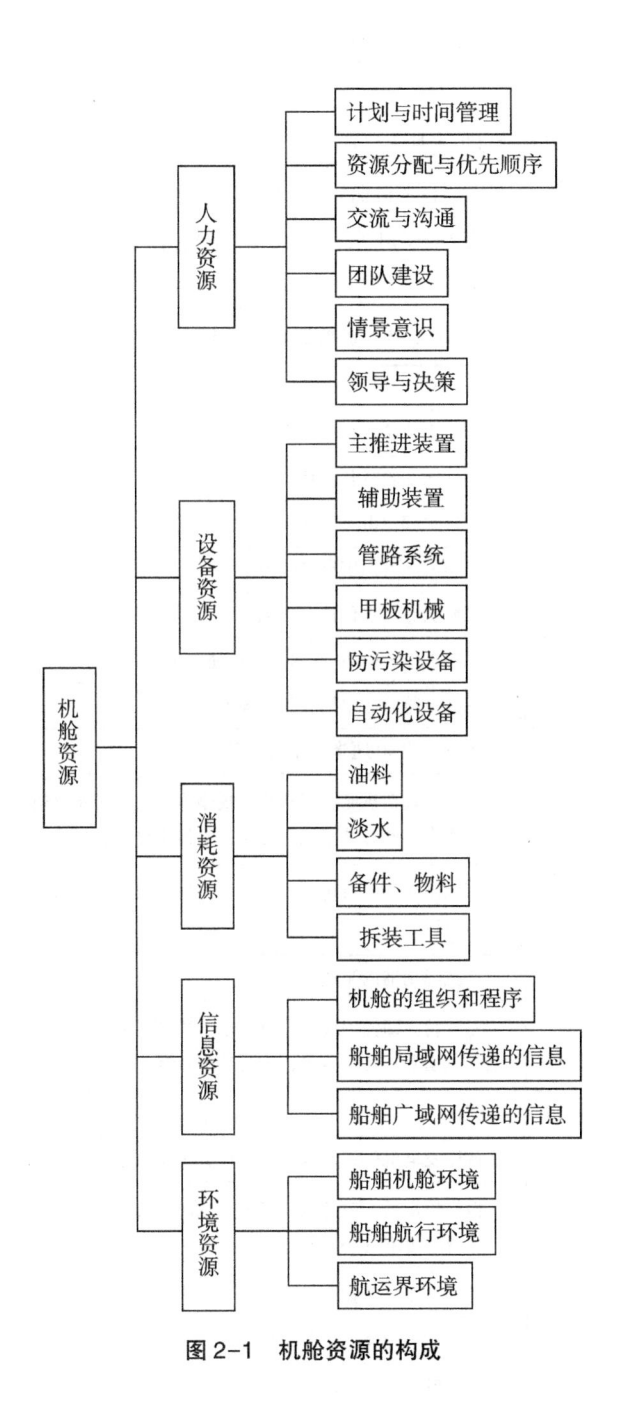

机舱资源
├─ 人力资源
│   ├─ 计划与时间管理
│   ├─ 资源分配与优先顺序
│   ├─ 交流与沟通
│   ├─ 团队建设
│   ├─ 情景意识
│   └─ 领导与决策
├─ 设备资源
│   ├─ 主推进装置
│   ├─ 辅助装置
│   ├─ 管路系统
│   ├─ 甲板机械
│   ├─ 防污染设备
│   └─ 自动化设备
├─ 消耗资源
│   ├─ 油料
│   ├─ 淡水
│   ├─ 备件、物料
│   └─ 拆装工具
├─ 信息资源
│   ├─ 机舱的组织和程序
│   ├─ 船舶局域网传递的信息
│   └─ 船舶广域网传递的信息
└─ 环境资源
    ├─ 船舶机舱环境
    ├─ 船舶航行环境
    └─ 航运界环境

图 2-1　机舱资源的构成

2.2 船舶机舱资源合理使用能力培养

为了说明如何有效地使用船舶机舱资源，本书设计了在船舶机舱进水的情境下，对人员合理使用船舶机舱资源能力进行培训（见表2-1），培训的目的是要求参与人员在机舱进水应急处理中能有效地进行沟通和合理地利用资源。

表2-1 机舱进水处理程序

角色	承担任务
加油	报告大管轮，机舱主海水管爆裂，机舱大量进水
大管轮（对加油）	立即通知轮机长及相关人员
	对进水部位电气设备进行隔离，并密切注意进水情况
加油	爆裂海水管周围已经隔离
大管轮（问加油）	机舱舱底水水位情况怎么样？
加油	现在水位大概40厘米，水位还在上涨
轮机长	现在机舱舱底水情况怎么样？
大管轮	水位大约40厘米，还在上涨
轮机长给驾驶台电话	船长，现在机舱主海水管发现爆裂，机舱进水量较大，请求用应急吸口排水，同时请求主机停车并对破损处进行堵漏处理
船长	可以应急吸口排水，由于海上风浪较大，主机不能停车，但可以降速运行
轮机长（对驾驶台）	那就降到港内半速
	三管轮立即使用应急吸口排水，并观察舱底水水位；二管轮、电子电气员增开一台发电机；大管轮准备堵漏材料
众人	明白
二管轮	备用发电机已经并入电网运行，一切正常
三管轮	报告轮机长，应急吸口已经开始排水，机舱舱底水水位现在大约60厘米，水位上升速度减慢
大管轮	堵漏工作准备就绪
轮机长（对驾驶台）	船长，机舱通过应急吸口排水，机舱水位上升速度减慢
轮机长（对三管轮）	检查舱底水水位情况

续表

角色	承担任务
三管轮	舱底水水位停止上升，正在下降
轮机长（对驾驶台）	船长，舱底水水位已经停止上升，准备派人进行堵漏
船长	尽快堵漏，恢复航速
轮机长	大管轮带人堵漏，三管轮继续观察舱底水水位，及时报告
三管轮	报告轮机长，机舱舱底水水位大约20厘米
大管轮	主海水管已经成功堵漏，机舱进水已经得到控制
轮机长	三管轮，改用机舱舱底水吸口进行排水，注意观察舱底水水位；大管轮，安排专人监视主海水管破裂处包扎情况，有异常情况马上报告
三管轮	报告轮机长，破裂包扎处情况正常，舱底水水位已经恢复正常
轮机长（对驾驶台）	船长，机舱主海水管爆裂处理完毕，舱底水水位已经恢复正常，请求恢复正常航行
船长	可以
	主机恢复正常航行

在船舶机舱进水的紧急状况下，轮机部在采取应急措施时要考虑到以下几点：①为了保证船舶安全，根据进水量及时采取最恰当的措施排水。当大量进水时，使用应急吸口排水；当进水量不大时，采用舱底水系统排水。②应急排水要考虑防污染问题，所采取的行动尽量减少海洋污染。③保证主机运转安全，必要时降速。④人员的合理分配。⑤机舱资源的合理分派。

2.3　船舶机舱资源管理中对人员管理的分析

船舶海上安全主要受三个因素的影响：人的因素、船机因素、环境因素，这三个因素有时是单独作用，有时是共同作用。人的因素在三个因素中对船舶安全影响最大。在船舶资源管理中实现对人的有效管理是最重要的。

管理首先是一种行为。作为行为，首先应当有行为的发出者和承受者，即谁对谁做；其次，管理行为带有一定的目的性。因此，形成一种管理活动,首先要有管理主体,即由谁来进行管理;其次要有管理客体,即说明管理的对象或管理什么;最后要有管理目的,即说明为何而进行管理的问题。同时,任何管理活动都不是孤立的,必须要在一定的环境和条件下进行。管理具有两重性,即管理的自然属性和社会属性。自然属性是指管理者要用科学、理性、制度、规范的方法管理组织;用运筹、数理、统计、系统的方法做企业决策。社会属性是指管理者要按照心理学、社会学关于人性、人本的原则,创造组织的良好氛围,极大地调动员工的积极性,自觉自愿、互帮互助地完成组织目标。

2.3.1 人员管理

组织设计仅为系统运行提供了可供依托的框架,框架要发挥作用、有效运转,组织机构中的每一个岗位都要有适当的人,实现管理目标所必须进行的每项活动也要有合格的人去完成。换言之,就是利用合格的人力资源对组织结构中的职位进行不断填充的过程。因此,人员配备是组织设计的逻辑延续,通过分析人与事的特点谋求两者的最佳组合,实现其不断发展。

1. 人员配备工作在管理五大职能中的地位作用及其重要性

(1) 管理中的人员配备是指对主管人员进行恰当而有效的选拔、培训和考评。其目的在于配备合适的人员去充实组织结构中所规定的各种职务,保证组织活动的正常进行,实现组织目标。

(2) 人员配备是管理的五大职能之一,与其他职能存在密切的联系:目标与计划是组织工作的依据,组织结构决定了所需主管人员的数量和种类;恰当的人员配备有利于做好指导和领导工作;选拔优秀的主管人员也会促进控制工作;人员配备工作要采用开放的方法,不仅限于组织内部,也通过环境把各项管理职能有机地联系起来。

(3) 人员配备工作的重要性体现在:首先它是组织有效活动的保证。人是实现组织目标最重要的资源,主管人员在组织中起着举足轻重的作用。其次,人员配备是组织发展的基础。适应组织目标和环境的变化,人员配备工作还要对主管人员进行有效地选择、培训和考评,满足组织未来的需要。

2. 人员配备原则

(1) 经济效益原则。人员配备计划的拟定要以组织需要为依据，以保证经济效益的提高为前提。

(2) 任人唯贤原则。在人事选聘方面大公无私，实事求是地发现人才，爱护人才，本着求贤若渴的精神，重视和使用确有真才实学的人。这是组织不断发展壮大，走向成功的关键。

(3) 因事择人原则。因事择人就是员工的选聘应以职位的空缺和实际工作的需要为出发点，以职位对人员的实际要求为标准选拔、录用各类人员。

(4) 量才使用原则。量才使用是根据每个人的能力大小而安排合适的岗位。人的差异是客观存在的，一个人只有处在最能发挥其才能的岗位上，才能干得最好。

(5) 程序化、规范化原则。科学合理地确定员工的选拔标准和聘任程序是组织聘任优秀人才的重要保证。只有严格按照规定的程序和标准办事，才能选聘到真正能为组织的发展做出贡献的人才。

(6) 人事动态平衡原则。管理者要以发展的眼光看待人与事的配合关系，不断根据变化的情况，进行适时调整，实现人与工作的动态平衡和最佳匹配。

2.3.2 能力的培养

有管理才能够带来团队的效率。机舱资源管理的核心是人力资源管理。"管理能力的培养"要求轮机人员能够在日常和应急情况下有效地进行人员管理，具备良好的沟通能力和领导能力。

(1) 管理能力定义。管理能力是指既有效率又有效果地完成管理工作的一种系列行为、技巧和能力。

(2) 培养管理基本能力的要求。①制订计划。通过制订计划，管理者和管理团队能够明确目标，合理安排和协调各种资源，增强团队的工作效能。②行动与检查。计划制订后，需要在行动过程中通过检查避免资源的浪费。实施计划的行动有三个步骤，首先要制定任务清单，其次确定任务的优先顺序，最后根据环境的变化每天更新任务的优先顺序。检查工作要坚持四项原则，即标准原则、及时原则、反馈原则、调整原则。③合理地授权。授权是指主管将某项职权或职责授予某位部属承担，并责令其负责管理性或事务性工作。授权是一门艺术，对领导来说，通过授权可以有效利用时间和精力，提高团队效能和领导力。对员工来说，通过授权可以发挥自身的积极性，提高解决问题和决策能力，获得更大的职业发展空间。对团队来说，通过授权可以更好地利用人力资源，提高团队的绩效。④指导。在管理过程中，指导是管理者的一项基本职能。指导有四项基本原则（4C）：清楚（clear），准确、详尽地阐明自己的观点；明确（concise），尽量提供明确简洁的信息；完整（complete），提供的信息既包含全面信息，也要有关键信息；慎重思考（considerate），根据员工的实际情况，决定采用何种指导方式。⑤拟订绩效期望。通过制定职位说明书和绩效目标拟定绩效期望。拟定绩效期望可以帮助员工明确工作目标；通过绩效目标来激励员工；确保管理上的公平，对不符合标准的绩效不能宽容，否则会降低整个团队的工作效率。⑥有效沟通。有效沟通可以交流信息，传达情感，控制团队成员的工作行为，激励团队成员提高绩效。有效沟通必须坚持信任原则、尊重原则和主动原则。⑦培训员工。培训就是培养和训练。具体是给员工传授其完成本职工作所必需的基本技能。通过指导和实践，帮助一个人在效能和行为方面达到理想的标准。⑧提升管理者自身素质。规范的管理是从管理者自身开始的，因为一个部门的作风、意志是这个管理者充分的体现。这就要求管理者要认清自己的职位、角色；不要越级管理，不要认为自身业务水平高而指手画脚，甚至干预部属的工作，要采取重效能的思路；要尊重、团结身边的任何一个人，不要蔑视；以身作则，用自身的行动去感染、激励身边的每一个人，要把自己看成他们中的一员，不要放任自己甚至认为自己就是"法"；忘掉自己是优秀的，平凡地去做好每一天的事，实现从优秀转变为卓越的飞跃；要善于倾听不同的意见，敢于、勇于承认错误，善于分析问题、总结问题和改善工作中的不足。

第 3 章

船舶机舱资源管理中的情景意识

3.1 船舶机舱资源管理情景意识内涵分析

3.1.1 情景意识

1. 情景意识的含义

情景意识是人们对事故发生的一种预知和警惕,是指在一个特定的时间内对影响机器的因素和条件的准确感知,能敏捷地察觉和了解周围情况的变化及影响,正确考虑和计划即将面临的局面,随时知晓与团队任务相关的即将发生的事情,能够识别失误链和在事故发生前将其破断的能力等。团队情景意识是指包括轮机长、轮机员和船上所有船员情景意识的综合。

2. 情景意识影响因素

情景意识的高低与五种因素有关:①经验与训练;②操纵与操作技能;③身体情况与工作态度;④对情况的适应与熟悉程度;⑤领导与管理技能。

3. 轮机部情景意识的培养

（1）轮机知识的积累是情景意识培养的基础。知识是一切文明意识产生的根源。没有相关的轮机知识，对轮机管理中发生的状况和条件的变化就缺少联想的基础，甚至是熟视无睹，更谈不上灵活运用轮机知识来推断变化的原因或预料即将发生的结果，轮机情景意识也就成了无源之水、无本之木。作为轮机管理人员，应自觉地进行系统性的轮机理论知识的学习，将设备说明书研究透彻，弄清各种运行参数的具体内涵，结合公司安全管理体系了解相关规定和安全裕量；并随着新科技在船舶上的广泛应用，不断更新专业知识，同时要重视知识间的联系，使自己所获得的专业知识不是一个孤立的点，而是能够融会贯通、有机配合的网络化、一体化的知识结构，以提高轮机知识的质量。只有掌握了数量足够和质量较高的专业知识，轮机管理人员才具备产生相应情景意识的基础和做出相应专业判断的前提条件。

（2）加强轮机管理的关联研究是培养情景意识的关键。轮机设备种类繁多，运行环境复杂多变，这些造就了各船有各船的情景，不同时段有不同时段的情景。在这样一个不断变化的情境中工作，如何去把握如此庞大系统的种种变化呢？这要靠轮机管理人员对整个系统进行关联研究，能"窥一斑而知全豹"，形成对应的情景意识。具体的关联包括轮机内部系统间的关联、轮机与运行环境间的关联、轮机与人的干预之间的关联等。例如，排气温度高，从内部关联考虑，要检查喷油设备是否发生异常，气缸状态有无变化，排温表有无失灵等；从外部关联考虑，要核查是否由于航行工况改变导致了负荷增加，抑或是环境温度升高了等；从人的干预的关联考虑，油门是否被人为加大了，是否更换了不同品质的燃油等。只有真正加强轮机管理的关联研究，对人、机、环境三者内部关系有清楚的了解，"以不变应万变"，才能使轮机管理人员在任何情况下都能对轮机参数的变化产生相应的"条件反射"，形成良好的情景意识，进行全面认识和预见，对这一系统妥善地进行管理和控制。

对轮机管理关联研究的方法有两种途径。一是寻根求源法，即利用"很多表面现象都是有其根源"的道理来进行推断。例如，主机各缸缸头出水温度高，应首先对照脑海中存贮的参数，试问自己主机缸头进水温度高不高，从而判断是否是主机负荷变化引起的；若进水温度高，要结合海水温度或海水流量情况，检查淡水的循环量及淡水冷却器的冷却能力进行判断。二是内外联系法，轮机运行参数经常受到外部环境的影响。例如，船舶由深水区向浅水区航行情景出现，要与船舶阻力变大、主机负荷增加相关联，与海水水质、海水流量相关联等。

（3）良好工作态度的形成是培养情景意识的保证。工作态度包括轮机管理人员对轮机管理工作的认知要素、情感要素及行为倾向要素。当轮机管理人员认识到自身工作的重要性和轮机管理安全的重要意义时，就会对工作充满热情和兴趣，表现出工作认真踏实、责任心强、积极主动的特点，能够迅速地注意到异常信息，形成相应的情景意识，便于及时发现问题和解决问题；反之，会缺乏主动性，对异常信息和潜在的问题不能形成相应的情景意识，易造成事故隐患。轮机管理人员是否具有良好的工作态度，将直接影响其对情景的感知状态，与情景意识的高低密切相关。因此，对轮机管理人员工作态度的培养是一项不容忽视的工作，可从以下三方面入手。第一，应提高轮机管理人员对轮机管理工作的认识，使其明确轮机管理工作的重要性及意义，并内化为自我的认知观念；第二，应充分调动一切积极因素，激发轮机管理人员对轮机管理工作的兴趣；第三，应严格管理制度，借助公司安全管理体系等使轮机管理人员在工作中形成良好的行为习惯，养成对工作兢兢业业、认真负责、一丝不苟的作风。

（4）重视注意力的分配是情景意识培养的重要环节。情景意识形成的整个映射过程是由轮机管理人员感官所收集的信息触发的，并且信息的数量、质量情况对形成的情景意识正确与否有决定性的影响。这些信息包括：船舶驾驶台信息，如船舶位置、航向、航速、载货状态、风和流的方向及其强弱及航道环境、交通状况、驾驶台用车用舵情况等；轮机部信息，如主机、副机、锅炉、甲板机械、其他设备的各种参数技术状态及轮机管理人员的操作信息等。轮机管理人员感官收集的信息太少，可能遗漏判据，难以形成相应的情景意识；质量不高的信息太多，可能产生干扰，影响情景意识的形成质量。轮机管理人员感官收集的信息太少或太多本质上均是由于注意力分配不合理引起的。实践证明，每个人的注意力的容量是有限的，某位轮机管理人员将注意力过于集中于某一个点，必然会忽略其他信息的收集；注意力过于分散，没有集中到对应的关键信息上，关注度不够，收集的信息质量自然就不高。可见,轮机管理人员合理分配注意力是情景意识形成的重要环节。因此,轮机管理人员在管理工作中要清楚地了解信息资源与情景意识及管理工作的关系,充分认识注意力的有限性,始终跟踪环境和状态的发展变化,加强对机舱管理信息,尤其是发生变化的信息的警觉,提高对信息的掌控能力,有效防止疏忽重要信息或"贪多嚼不烂"导致情景意识的丧失或错误。

(5) 做好轮机管理中特殊情景的预想是培养情景意识的助推器。情景意识其实是一种触景生"情"的反应能力,只掌握大量的知识还是不够的,从"知道"到"做到"看似咫尺之遥,却是两重境界。例如,在机动航行时驾驶台突然由全速前进转换为全速后退,或主机存在部分参数越限等非正常情况时,一些轮机管理人员一下子就懵了,根本不能按车钟指令及时给出相应的转向和转速。这是因为这些轮机管理人员没有对紧急倒车、参数越限时操车等情景做任何预想,而当这个情景突然到来时,便感到手忙脚乱,不知道先做什么、后做什么,思维暂时停顿,情景意识出现断层,待克服慌乱重新镇定下来,忆起紧急倒车、参数越限操车的程序,想按部就班时,船舶的状态和速度等现实情景早已超越起始的情景,错过根据现实情景采取"应景措施"的机会。所以,轮机管理人员在平时不但要做好正常情况下的情景预想,还要对在轮机管理关键阶段可能出现的特别情况进行情景预想,有备无患,从容应对轮机管理中情景的不断变化。

(6) 加强对轮机管理案例的学习是情景意识培养的捷径。轮机运行工况变化多端,影响轮机安全的因素千千万万,而公司安全管理体系、设备说明书等只能提供有限的程序帮助;另外,单靠个人的经验,不但许多特殊情况体验不到,而且由于经历局限于某些常用的情况,使某些思维通道因频数效应而畸形发展,导致思维定式的形成。所以,轮机管理人员要想更多地获取各种情况下的情景意识,学习和研究别人的轮机管理案例不失为一种快捷而有效的途径。

4. 机舱管理中良好情景意识的保持

保持良好的情景意识是预防和控制事故发生的有效措施。根据情景意识原理及案例分析并结合轮机资源管理理念,良好情景意识的保持表现在以下六个方面。

（1）身心状况。情景意识属于思维活动的范畴，是工作态度和情感的产物，身体和心理状况是思维与情感的基础。良好的身体和心理状况是良好的情景意识的基本条件，很难想象一位没有充分休息、健康状况不佳的轮机管理人员会有足够体力去学习和灵活应用自己的知识适应海上多变的自然条件及机舱繁重的工作、恶劣的环境，以及自身保持良好的情景意识。强烈的责任心、高度的安全意识、优秀的职业道德水准、顽强的意志及临危不惧巧于应变的能力等，是轮机部人员具有良好的情景意识应有的心理表现。

（2）经验与训练。经验和训练是获取知识的重要途径。知识越丰富，理解力、判断力和适应性越强，情景意识自然越高。虽然不同级别的船舶要求轮机管理人员具备的知识深度、广度有所差别，但随着机舱自动化程度越来越高，所要求的知识水平也越高。轮机管理人员日常工作中的传统习惯和适应性的操作训练，即当值人员应具有的知识、经验、技能和在各种情况下所要求的戒备以避免危险的做法，都可以作为有效应对不同条件和局面的经验，这些经验可以认为是良好情景意识的基本表现。

（3）理解力与操作技能。理解力与操作技能是良好情景意识的重要表现。理解力与操作技能越强，情景意识越高。机舱是轮机管理人员操作和控制的重要场所，也是船舶的心脏，对船舶安全有重要的影响。理解力是指对于动力装置的实际状态与变化趋势能正确地感知，并对轮机各种设备适航状态完全理解。操作技能是指只有通过实际技术的训练才能获得的能力，特别是机舱实际操作与维修技术，必须能够适应经常不断变化的各种工况的要求，又能够及时跟上不断更新的现代技术与设备的发展。

（4）适应性与熟悉程度。海上环境千变万化，有时风平浪静，有时狂风恶浪；有时海域宽阔，有时水道狭窄；加上船舶昼夜航行，长时间连续不断的机器振动、噪声使船员得不到充足的睡眠。特别是在机舱的不良工作环境中，轮机管理人员必须在短时间内处理这些迅速多变的航行工况。这就要求轮机管理人员具有良好的适应性，此时稍有不慎就可能发生意外，造成重大损失。同时，轮机管理人员对轮机工况的熟悉程度越高，面对复杂情况的认知就越清晰明白，反应越快速准确，在思考、分析和判断上达成与实际情况的一致性就越高。

（5）注意力与判断力。注意力是指轮机部人员能敏锐地察觉各自负责维护和保养的设备的实际运行情况与变化趋势。注意力是人的一种能力，每个人的注意力都是有限的，要重视轮机工作过程中注意力的分配。既不能过于集中于某个点，也不能平均分配。轮机工作中要发扬团队精神，同事之间及时善意地提醒和知识技能互补，能增加失误链破断的能力，确保轮机设备安全高效运行。为了实现有效而正确的决策判断，轮机管理人员还必须对信息进行整理、分析，以便确定其真伪。因此，轮机管理人员具有良好的注意力与判断力也是情景意识的重要表现。

（6）领导与管理能力。船舶作业是多部门、多人员协同配合的工作。轮机长、电子电气员、轮机员、机工是常见的工作组合，单凭个人的力量很难保持高水平的情景意识。在轮机部工作的领导，在管理中要获得良好的情景意识，在注意物的不安全状态的同时，还要密切注意人的不安全行为。充分发挥轮机部每位成员的作用及其相互间的支持、信赖是十分必要的。良好的轮机部领导与管理能力是保证该团队所有成员具有良好情景意识的关键，也是预防和控制轮机事故发生的有效措施。

轮机部团队情景意识是轮机管理人员情景意识的综合，单靠个人的力量是不能保持高水平的情景意识的，要充分认识到轮机团队成员对情景意识的贡献，加强其情景意识的培养，对船舶航运营运安全极其重要。

3.1.2 安全意识

1. 安全意识定义

安全意识是指人的头脑对于客观物质世界（指不受威胁，没有危险、危害和损失的）的反应，是感觉、思维等各种心理过程的总和。"安全第一"是做好机舱一切管理工作的前提，是落实"以人为本"的根本措施。坚持"安全第一"的指导方针，是对船舶船员的生命负责。

2. 安全意识类型

轮机安全意识主要包括以下几个方面。

（1）"预防为主"。"预防为主"是实现安全第一的前提条件，也是重要手段和方法。"隐患险于明火，防范胜于救灾"，虽然人类还不可能完全杜绝事故的发生，实现绝对安全，但只要积极探索规律，采取有效的事前预防和控制措施，做到防患于未然，将事故消灭在萌芽状态，机舱安全事故可以大大减少甚至是可以避免的。

（2）遵守公约和法律法规意识。船舶在营运过程中要遵守相关的国际公约要求，遵守港口国和船旗国法律和法规。港口国检查和船旗国检查是监督船员日常营运违法活动的一个重要机制。遵守公约和法律法规是保障船舶、海上人员生命安全的前提条件，是每位船员应遵守的法律法规，从而实现船舶营运安全，保护海洋环境、海洋资源，保障人身健康，防止污染破坏的目的。

（3）自我保护意识。安全是自己的，也是大家的。船员的安全意识不强不仅伤害自己，也会伤害他人，甚至给国家造成不可估量的损失。只有船员有了自我保护意识，才能够自己保护自己，最大限度地保护船舶及其他人员。这就需要定期开展船员安全技能培训和安全教育，主要包括安全技能培训、安全知识、安全法规、安全方针、劳动纪律、工作态度、典型案例教育等。只有有效地开展这种培训与教育，才能使船员规范自己的操作行动，提高工作技能。做到自我保护，减少船舶事故的发生。

（4）群体意识。一定要树立良好的群体意识，相互帮助，相互保护，相互协作，密切配合，这是保证船舶安全营运的重要条件。机舱的安全靠每个轮机管理人员的贡献，轮机团队成员中若有一个人安全意识薄弱，都可能使整个机舱甚至船舶处于危险中。

3. 轮机管理人员安全意识培养

（1）树立安全意识，最主要的一点就是严格执行安全操作规程。轮机管理人员要坚决杜绝习惯性"三违"（违章指挥、违章操作、违反劳动纪律）。

（2）"班前会"的作用不容忽视。"班前会"是安全管理中的一项有效措施。例如，在某一项检修工作前认真开好"班前会"，对工作任务和内容、安全注意事项、分工安排做细致、合理、科学严谨的交待，保障此项工作能安全、顺利地完成。

（3）认真开展安全活动，不断强化安全意识。安全活动是在安全生产的长期实践中得出的预防事故的有效措施，是轮机团队安全管理的重要内容。它为轮机团队成员提供了安全思想、信息、技术、措施交流的场所。安全活动的重要一项是案例的学习。通过对在别人身上发生的安全事故的学习，对照自己的日常做法，有则改之，无则加勉。在安全活动中，轮机管理人员要进行充分的语言和思想的交流，积极发言，说出自己内心的认识、感知和印象，这也是安全活动的重要内容。

（4）改变不安全的思想，改变不安全的态度，改变不安全的行为，这是一个渐进的过程，需要耐心和毅力。轮机部的领导要有意识地推动这个转变过程，最终将其落实到每一个轮机管理人员的行动中。

安全意识决定了轮机管理人员在工作中的行为，工作行为决定着船舶的安危，要善于培养轮机管理人员良好的安全意识。

3.1.3 情景意识与船舶机舱安全的关系

情景意识是安全意识的一个重要组成部分，在船舶安全中起着相当关键的作用。情景意识是指识别一个过失链和在事故发生前将其破断的能力，可随时知晓与团队任务相关的、将要发生的事情，识别和找出失误。情景意识对安全有很大的影响，工作人员的理解力、判断力和适应性越强，情景意识就越高，事故风险就越小，安全系数就越高；工作人员不良的身体、心理、经验、操作技能及较低的领导与管理能力，都可能导致低的情景意识，这样安全性就低，发生事故的可能性就大；同时，工作人员对工况的熟悉程度越高、对局面和条件的感知越清晰准确，团队协作能力就越强，情景意识自然就越高，这些都是预防和控制轮机事故发生的有效因素。

轮机管理人员的情景意识是对事情发展动向的一种提前的感知和判断，受人员的理解力、判断力及技术水平的影响。实践证明，轮机管理人员的情景意识越高，机舱发生事故的风险就越小，船舶的安全系数也就越高。轮机管理人员对机舱的机械设备越熟悉、对局面的感知越清晰、团队协作能力越强，具有的情景意识也就越强。

3.2 船舶机舱资源管理情景意识培训的实施

船舶机舱资源管理情景意识培训是针对轮机管理人员所设立的培训课程，包括理论课程和实操训练两部分。通过培训可以使轮机管理人员加强对机舱资源的认识，增加轮机管理人员的能动性和应急情况下的处置能力，从而进一步优化管理，提高船舶的营运效率，增加经济性，增加人员安全性，减少财产损失，保护海洋环境。

3.2.1 培训课程的实施

船舶机舱资源管理情景意识培训课程的设置，主要是对已经发生的海难案例进行收集，在综合分析总结的基础上，找出其情景意识缺失的方面，进而安排相应内容的培训。例如，通过典型案例视频观看与讨论、轮机模拟器训练、船舶安全教育培训、船舶新技术新知识的学习等，使轮机管理人员的安全意识得到强化、安全责任得以提升，沟通更加有效，操作更加规范，进而实现安全与效益的全面提高。

具体培训课程设置如下。

1. 理论部分

（1）培训目的：增加轮机管理人员知识的积累，引导轮机管理人员养成良好的工作态度，懂得注意力的合理分配，形成关联研究的意识。

（2）培训形式：课堂讲授、观看影像资料、分组讨论。

（3）培训内容：情景意识的相关知识；《国际防止船舶造成污染公约》等国际公约；《中华人民共和国海船船员适任考试和发证规则》等国内法规；公司安全管理规章制度；船舶安全管理的规定；机舱安全操作规程；船舶轮机新知识与技术；船舶主推进装置；船舶辅助机械装置；团队意识与通信；船舶典型事故讨论（搁浅、船舶火灾、污染事件、碰撞等）。

2. 实操部分

（1）培训目的：培养轮机管理人员对特殊情景的预想，提高操作水平和团队意识，增强对内、对外的沟通能力。

（2）培训形式：模拟器操作、机械拆装、运转试验。

（3）培训内容：主机的启动、运行与停止操作；机舱备车操作；主机故障诊断与维修；主机拆装操作；机舱模拟器的操作；制冷系统的启动、运行与停止操作；燃油锅炉的启动、运行与停止操作；各种泵的运转与检修；分油设备的操作与管理；油水分离设备的操作与管理；机舱报警系统的使用与管理；发电机的操作与管理；焚烧炉启动、运行与停止操作；船舶电站故障诊断与维修；甲板机械故障诊断与维修；应急电源的管理与维护；生活污水装置操作与管理；舵机系统的维护与管理；海水淡化装置的管理与维护；应急风机的启动与故障排除；应急消防泵的启动与维护；船舶防污染器材的使用；船舶消防器材的使用；船舶堵漏设备的使用；空压机的操作与管理；机舱其他辅助机械的操作与管理；机舱润滑油、淡水、海水、蒸汽、燃油、污水、空气系统的操作；涡轮增压机的清洗与拆装。

3.2.2 船舶机舱资源管理情景意识培训的意识与能力

情景意识直接关系到船舶机舱资源管理中其他要素能否有效地发挥作用、船舶能否安全营运、海洋环境能否得到有效保护。正因为如此，轮机管理人员应掌握以下几方面的情景意识。

（1）人员安全意识。人员在工作中，最大的危险是意识不到危险。不安全的意识导致不安全的行为，不安全的行为导致不安全的事故。所以，具有安全意识是保证人员安全的前提。

（2）设备安全意识。在船舶上，设备能否安全运转决定船舶能否正常航行。人员是设备的操作者，其是否具有设备的安全意识，直接关系到设备是否安全，所以要培养对设备的保养意识、检修意识、安全操作意识。

（3）环境安全意识。船舶在海洋上航行，不可避免地产生一些污染物。对这些污染物的处理，直接关系到海洋环境。情景意识的培养，决不能缺少环境安全意识，如减少污染物产生的意识、减少污染物排放的意识和废物利用的意识。

（4）事故预控意识。船舶一旦出现事故，会造成人员伤亡、财产损失、环境污染等。所以，我们要培养事故预控的意识，其包含的内容有：收集危险因素的意识、分析危险因素的意识、评价事故危险的意识和控制事故危险的意识。

情景意识的培养是在掌握既定技能的基础上进行的，对轮机管理人员能力的培养包括如下几个方面。

（1）轮机管理人员操作技能的培养。通过对轮机管理人员技能的训练使其对船舶上的机器设备进行全面的了解，能够对设备进行熟练的操作与检修。学习的内容有：轮机模拟器的功能认识；主机、辅机的认识；蒸汽系统、燃油系统、润滑油系统、淡水系统等的认识与维护、参数设置、管理要求；对轮机模拟器进行操作（如机驾合一的转换、主机备车的操作、发电机启动与并电等)、对主机进行拆装、对辅机进行保养、对压载舱压载、对燃油进行驳运等一系列动手能力的操作。对机舱设备进行进一步了解，并对相应技能进行培训。

（2）团队协作与沟通能力的培养。培训时可以把轮机管理人员分成若干小组，模拟不同的情景。例如，机舱备车，每个小组管理一部分区域或者一部分机器，培养各个小组之间进行有效的沟通，各组成员相互配合，把备车任务完成好。可以改变情景，针对如机舱进水、扫气箱着火、曲轴箱着火、发电机故障等航行中可能存在的应急情况进行训练，培养学员之间的团队协作能力与意识。在此过程中，沟通能力的培养也显得非常重要，船舶机舱资源是一个整体，没有协作与沟通，资源是得不到最大利用的。

（3）管理能力的培养。管理能力包括人员管理能力和设备管理能力两部分，是作为一名轮机管理人员必须具备的能力。在一个值班期间，随时可能发生紧急情况，培养对现有的值班人员和设备的管理能力，以达到快速恢复船舶正常运转，是保证船舶安全的重要能力。管理能力的培养方式，可以通过模拟机舱出现的不同突发情况进行训练，如船舶在港内突然断电的应急程序（见图3-1）。

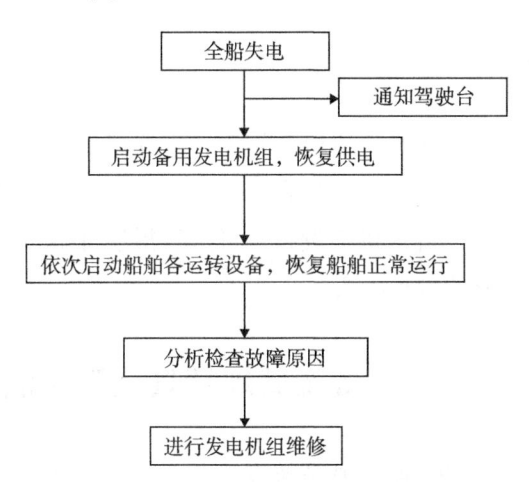

图3-1　船舶在港内突然断电的应急程序

本书通过对100名学员进行调研得知，在全船失电管理不当的结果中，没有通知驾驶台的占5%；不会启动备用发电机的占10%；没有安排人员恢复设备运转的占30%；没有安排人员检查故障原因的占40%；不能成功对发电机进行维修的占 15%。

其中人员管理不当的行为包含：未通知驾驶台、未安排人员恢复设备运转、未安排人员检查故障原因；设备管理不当的行为包含：不会启动备用发电机、不能成功对发电机进行维修。

由统计结果看，在全船失电管理不当的情况下，人员管理不当占 75%，设备管理不当占 25%。可见，在管理能力的培养中，对人员管理能力的培训内容应占更大的比例。

3.2.3 船舶机舱资源管理情景意识培训的过程及硬件要求

1. 培训过程

船舶机舱资源管理情景意识培训应通过练习发现不足，通过讨论与思考加深对知识的理解。在培训中应合理安排时间，如一天内学习的知识不要太多，上午进行一些船舶机舱资源管理理论知识的学习，下午进行相关的船舶机舱模拟器的训练或者拆装操作，晚上学员之间进行一些交流与探讨等。

2. 硬件要求

在船舶机舱资源管理情景意识培训中，需要以下设施：①可进行多媒体教学的教室一间；②轮机模拟器一套，用于备车、并电等情景操作；③主机、辅机、锅炉、造水机等设备，可进行拆装保养的实际训练；④可以进行教学效果考核的检查体系。

3.3 船舶机舱资源管理情景意识技能评价

船舶机舱资源管理情景意识所学内容复杂，既有理论知识，又有技术能力的训练。评价标准比较难界定，如何对理论知识强、技术能力差的人和技术能力强、理论知识差的人进行评判一直是个难题。船舶机舱资源管理情景意识技能和轮机管理人员的专业技能有很大的区别，所以船舶机舱资源管理情景意识技能被称为非技术技能。

3.3.1 非技术能力体系框架

能力分为技术能力和非技术能力两种。技术能力强调的是对具体活动涉及的方法、程序和流程的熟悉程度，是对专业知识的理解和分析。非技术能力强调的是对专业知识之外因素的把控，与意识有关，更多的是思考能力和判断能力。笔者通过对100名轮机管理人员的访谈，最终采用了人员安全意识、设备安全意识、环境安全意识和事故预控意识作为四个主要的因素进行非技术能力分析，并且构建模型进行深入研究（见图3-2）。

情景意识非技术能力
- 人员安全意识
  - 人员安全知识的学习
  - 人员安全意识的认知
  - 人员安全意识的构建
  - 人员安全意识的应用
- 设备安全意识
  - 设备安全参数
  - 设备安全操作
  - 设备安全运转
  - 设备安全维修
  - 设备安全保养
- 环境安全意识
  - 环境安全意识的学习
  - 环境安全意识的认知
  - 环境安全意识的构建
  - 环境安全意识的应用
- 事故预控意识
  - 事故苗头的识别
  - 事故危害得评估
  - 事故的应急响应

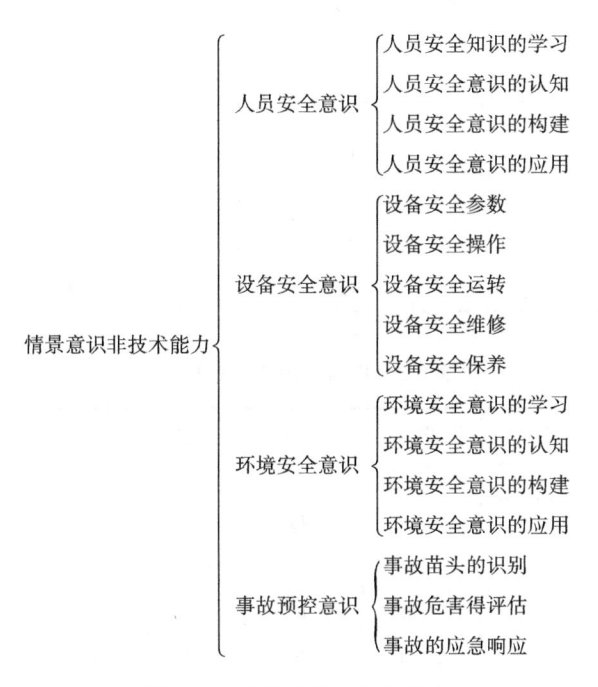

图3-2 非技术能力框架体系

3.3.2 非技术技能体系框架权重分析

通过对上述100名轮机管理人员进行问卷调查收集信息，收回100份问卷。采用最大隶属原则，运用层次分析法，对赋值数据进行权重分析，整理得出表3-1至表3-6。

表 3-1　非技术能力判断矩阵

人员 安全意识	设备 安全意识	环境 安全意识	事故 预控意识	合计	平均数
0.677	0.529	0.720	0.690	2.616	0.654
0.075	0.059	0.040	0.035	0.209	0.052
0.113	0.176	0.120	0.138	0.547	0.137
0.135	0.235	0.120	0.138	0.628	0.157

表 3-2　人员安全意识判断矩阵

人员安全知识 的学习	人员安全意识 的认知	人员安全意识 的构建	人员安全意识 的应用	合计	平均数
0.725	0.636	0.818	0.667	2.846	0.711
0.104	0.091	0.045	0.083	0.323	0.081
0.080	0.182	0.091	0.167	0.520	0.130
0.091	0.091	0.045	0.083	0.310	0.078

表 3-3　设备安全意识判断矩阵

设备 安全参数	设备 安全操作	设备 安全运转	设备 安全维修	设备 安全保养	合计	平均数
0.633	0.706	0.646	0.485	0.529	2.999	0.600
0.127	0.141	0.185	0.242	0.176	0.871	0.174
0.090	0.071	0.092	0.182	0.118	0.553	0.111
0.079	0.035	0.031	0.061	0.118	0.324	0.065
0.070	0.047	0.046	0.030	0.059	0.252	0.050

表 3-4　环境安全意识判断矩阵

环境安全 意识的学习	环境安全 意识的认知	环境安全 意识的构建	环境安全 意识的应用	合计	平均数
0.677	0.529	0.720	0.690	2.616	0.654
0.075	0.059	0.040	0.035	0.209	0.052
0.113	0.176	0.120	0.138	0.547	0.137

续表

环境安全意识的学习	环境安全意识的认知	环境安全意识的构建	环境安全意识的应用	合计	平均数
0.135	0.235	0.120	0.138	0.628	0.157

表3-5 事故预控意识判断矩阵

事故苗头的识别	事故危害的评估	事故的应急响应	合计	平均数
0.667	0.692	0.600	1.959	0.653
0.222	0.231	0.300	0.753	0.251
0.111	0.077	0.100	0.288	0.096

表3-6 汇总结果

备选方案	计算权重	所占权重
人员安全知识的学习	0.711×0.654	0.4650
人员安全意识的认知	0.081×0.654	0.0530
人员安全意识的构建	0.130×0.654	0.0850
人员安全意识的应用	0.078×0.654	0.0510
设备安全参数	0.600×0.052	0.0312
设备安全操作	0.174×0.052	0.0090
设备安全运转	0.111×0.052	0.0058
设备安全维修	0.065×0.052	0.0034
设备安全保养	0.050×0.052	0.0026
环境安全意识的学习	0.654×0.137	0.0896
环境安全意识的认知	0.052×0.137	0.0071
环境安全意识的构建	0.137×0.137	0.0188
环境安全意识的应用	0.157×0.137	0.0215
事故苗头的识别	0.653×0.157	0.1025
事故危害的评估	0.251×0.157	0.0394
事故的应急响应	0.096×0.157	0.0151

3.3.3 情景意识非技术技能训练评价

通过对船舶轮机管理人员表现出来的行为进行记录并汇总，把船员在情景意识培训中表现的行为，关联到此操作可能对船舶机舱安全带来的影响，制定一系列标准。通过分值大小进行评判，进一步对轮机管理人员船舶机舱资源管理情景意识的培训成果进行考核，参见表3-7至表3-11。

表3-7 船舶机舱资源管理情景意识成效评分标准

行为对航运带来的影响	行为评价结论	分值标准
对船舶的安全造成直接不良影响	非常差	0分
对船舶的安全造成潜在的危险	差	1分
对船舶的安全无任何影响	正常	2分
改善了船舶的安全环境	好	3分
极大地提高了船舶的安全性能	很好	4分
不但极大地提高了船舶的安全性，而且节约能源	非常好	5分

表3-8 情景意识成效评估非技术分类评价：人员安全意识

非技术能力	影响因素	具体行为表现 好	具体行为表现 差	得分记录	评价结果
人员安全意识	人员安全知识的学习	有人员安全知识的素材；有人员安全知识学习的需求；有人员安全知识学习的意识	无安全知识的素材；无安全知识学习的需求；无安全知识学习的意识		
	人员安全意识的认知	人员安全知识的学习很重要；人员安全知识的学习关系到自身；人员安全知识的学习关系到船舶	人员安全知识的学习不重要；人员安全知识的学习无关自身；人员安全知识的学习无关船舶		

续表

非技术能力	影响因素	具体行为表现 好	具体行为表现 差	得分记录	评价结果
人员安全意识	人员安全意识的构建	知道人员安全意识由哪些内容组成；知道人员安全意识组成中各自比重；知道如何对人员安全意识进行控制	不知道人员安全意识由哪些内容组成；不知道人员安全意识组成中各自比重；不知道如何对人员安全意识进行控制		
	人员安全意识的应用	在工作前进行人员安全检查；在工作中遵守人员安全秩序；在工作后恢复人员安全状态	在工作前不进行人员安全检查；在工作中不遵守人员安全秩序；在工作后不恢复人员安全状态		

表 3-9 情景意识成效评估非技术分类评价：设备安全意识

非技术能力	影响因素	具体行为表现 好	具体行为表现 差	得分记录	评价结果
设备安全意识	设备安全参数	能够在工作前检查安全参数；能够在工作中检查安全参数；能够在工作后检查安全参数	不能够在工作前检查安全参数；不能够在工作中检查安全参数；不能够在工作后检查安全参数		
	设备安全操作	知道设备操作规程；知道设备检查内容；知道设备如何操作	不知道设备操作规程；不知道设备检查内容；不知道设备如何操作		
	设备安全运转	知道设备安全运转的标准；知道设备安全运转的状态；知道设备安全运转的管理	不知道设备安全运转的标准；不知道设备安全运转的状态；不知道设备安全运转的管理		

续表

非技术能力	影响因素	具体行为表现 好	具体行为表现 差	得分记录	评价结果
设备安全意识	设备安全维修	知道设备运行中的安全维修；知道设备停止中的安全维修	不知道设备运行中的安全维修；不知道设备停止中的安全维修		
	设备安全保养	知道设备运行中的安全维修保养；知道设备停止中的安全保养	不知道设备运行中的安全维修保养；不知道设备停止中的安全保养		

表3-10 机舱资源管理技能成效评估非技术分类评价：环境安全意识

非技术能力	影响因素	具体行为表现 好	具体行为表现 差	得分记录	评价结果
环境安全意识	环境安全意识的学习	有环境安全知识的素材；有环境安全知识学习的需求；有环境安全知识学习的意识	无环境安全知识的素材；无环境安全知识学习的需求；无环境安全知识学习的意识		
	环境安全意识的认知	环境安全知识的学习很重要；环境安全知识的学习关系到自身；环境安全知识的学习关系到船舶	环境安全知识的学习不重要；环境安全知识的学习无关自身；环境安全知识的学习无关船舶		
	环境安全意识的构建	知道环境安全意识由哪些内容组成；知道环境安全意识组成中各自比重；知道如何对环境安全意识进行控制	不知道环境安全意识由哪些内容组成；不知道环境安全意识组成中各自比重；不知道如何对环境安全意识进行控制		
	环境安全意识的应用	在工作前进行环境安全检查；在工作中遵守环境安全秩序；在工作后恢复环境安全状态	在工作前不进行环境安全检查；在工作中不遵守环境安全秩序；在工作后不恢复环境安全状态		

表 3-11　情景意识成效评估非技术分类评价：事故预控意识

非技术能力	影响因素	具体行为表现 好	具体行为表现 差	得分记录	评价结果
事故预控意识	事故苗头的识别	对事故信息的收集；对事故信息的比较；对事故信息的判断	对事故信息不收集；对事故信息不比较；对事故信息不判断		
	事故危害的评估	对事故发生的可能性进行分析；对事故发生造成的损失进行分析；对事故等级进行评估	不对事故发生的可能性进行分析；不对事故发生造成的损失进行分析；不对事故等级进行评估		
	事故的响应	能够进行事故处理；能够进行事故报告；能够请求事故援助	不能进行事故处理；不能进行事故报告；不能请求事故援助		

在情景意识培训中，对每个班级按三级指标进行技能评估，然后乘以相对于总目标的权重，就可以得到这个班级的综合分数。利用这种方法可以发现存在的问题或不足，针对这些问题进行有针对性的训练，弥补情景意识短板。例如，"事故预控意识"是二级指标，包括三个三级指标："事故苗头的识别""事故危害的评估""事故的响应"，有

$$W = \begin{bmatrix} t_{11} & t_{12} & t_{13} \\ t_{21} & t_{22} & t_{23} \\ \vdots & \vdots & \vdots \\ t_{ni} & t_{n2} & t_{n3} \end{bmatrix} \times \begin{bmatrix} 0.653 & 0.251 & 0.096 \end{bmatrix}^{\mathrm{T}} \qquad (3-1)$$

式中，t_{ni} 为培训学员在进行情景意识培训任务时，或在船舶航行中在"事故预控意识"对应下能力指标所得到的分数，乘以权重矩阵，得出的结果是"事故预控意识"的分数。通过对结果的分析，能够明确找出该船员存在的不足，这样就可以有重点地对存在的问题进行强化。在机舱资源管理情景意识的培训中，可以将本评价体系作为评价依据。

通过对轮机管理人员在情景意识培训中表现出来的行为，对比成效评分标准，得出量化的数值，把轮机管理人员学习效果清晰地展现出来。本

章重点对船舶机舱资源管理非技术能力中的轮机管理人员的人员安全意识、设备安全意识、环境安全意识和事故预控意识进行权重分析，其中人员安全意识占非技术能力的 65.4%、设备安全意识占 5.2%、环境安全意识占 13.7%、事故预控意识占 15.7%，得出人员安全意识是构成非技术能力的关键，其他因素是构成非技术能力的有效组成部分。同时，人员安全知识的学习占人员安全意识的 71.1%，人员安全意识的认知占 8.1%，人员安全意识的构建占 13.0%，人员安全意识的应用占 7.8%，从而进一步得出人员安全知识的学习是非技术能力培养的重中之重。

第 4 章

船舶机舱资源管理中的人为因素

4.1 人为因素的定义

人为因素是指与人类特性有关的科学事实的主体。它包括人员挑选、培训原则及其在人为因素工程领域中的应用、人的动作评估、工作辅助手段和生命支持等。由人为因素造成的系统发生故障或功能不良的事件及违背设计和操作规程的错误行为，称为人为失误。

由于影响安全的人为因素众多，目前国际上通常把人为因素分为以下几个方面。

(1) 技术（设计、人类工程学、制造、结构、安装、认证、保养、修理、改装、更新等）。

(2) 人员（任职资格、船员人数、船员组成、个人文化背景、工作语言、医疗状况等）。

(3) 管理（政策、安全意识、动机、责任、主管权力、工作计划、意外事故计划、应急措施、工作手册、指导书、工作方法、检查清单等）。

(4) 工作环境/工作条件（有毒物质、工作场所的人员防护方法、伤害、工作时间、休息时间、疲劳、生存条件、人机界面等）。

这几个方面既有其内在的联系又有各自的特点，故所采用的研究方法亦应符合其特点。

1997年6月23日，国际海事组织下设的海上安全委员会和海洋环境委员会经过与有关专家的长期研究，联合发布了《人为因素统一术语》。其主要内容如下。

(1) 人的行为能力的降低。①易激动（冲动）；②恐慌；③焦虑；④个人问题；⑤精神创伤；⑥酗酒；⑦服用药物或吸毒；⑧注意力不集中；⑨伤害；⑩思维疾病；⑪身体疾病；⑫消极；⑬故意误操作；⑭疲劳；⑮士气低落；⑯缺乏自律。

(2) 海上环境。①自然环境险恶；②机舱设计方面的不良情况对人为因素的影响；③操作不当。

(3) 安全管理。①操作知识不足；②对相应局面的联系/认识不足；③缺乏联系和协调；④对规则和标准的认识不足；⑤对设备操作程序不熟悉；⑥对岗位职责不熟悉；⑦缺乏语言交流技能。

(4) 脑力劳动。①缺乏对局面的认识；②缺乏洞察力；③辨认错误；④识别错误。

从以上四点可知，人为因素分为：①人的素质（道德的、身体的、技术的、文化的）；②安全责任意识；③业务技术素质；④人与设备的协调性等。

4.2 人为因素的表现形式

由人为因素引发海事事故主要表现归纳如下。

(1) 人的行为能力下降：主要体现在注意力不集中、焦虑、易激动（冲动）、精神创伤、恐慌、服用药物或吸毒、酗酒、伤害、消极、身体疾病、思维疾病、故意误操作、缺乏自律、视力障碍、工作负荷过大、疲劳、士气低落、个人问题。

(2) 海上工作环境：是指航运区域中船舶自身因素以及天气、海况因素等。主要表现在船舶设计不良及自然环境险恶等对人为因素的影响。例如，在大风浪中航行，船员必须争取并充分利用一切的有利因素，努力避免船舶陷入被动而形成险情。一旦出现险情，不要惊慌失措，要齐心协力树立战胜困难的信心。轮机管理人员要尽全力保障主机、辅机和舵机处于良好工作状态，保证船舶动力正常，只有这样才能掌握主动权，使船舶在大风浪中不致失控。另外，海上交通环境因素也非常重要，在近海岸或内河航道最容易发生海上事故，不仅由于航道狭窄，还包括这一区域存在大量的浅滩、暗礁、沉船等影响船舶正常航行的障碍物。

（3）安全管理：具体体现在操作人员的专业知识不足、对局面的把握和认识不足、缺乏团队中人员联系和协调、缺乏对规则和标准认知、对设备操作和各自岗位职责不清楚、缺乏语言交流技能。

（4）脑力活动：主要体现在缺乏洞察力和决策能力、缺乏对局面的认识与把握、引起识别错误和辨认错误。

将以上分析，结合船舶事故中的人为因素影响，其具体表现如表4-1所示。

表 4-1　船舶事故人为失误的类别

人为失误	具体内容
感知错误	认知能力差、疏忽大意、情绪变化、外界干扰、过度疲劳、身体疾病、知识不足等
判断错误	预测不准、经验不足、信号失误、缺乏警惕、应变能力差等
操作错误	技能差、紧张、判断错误、打盹离岗、自我控制能力差等
集体错误	工作不配合、作风松散、缺乏凝聚力、技术训练差等

认识人为因素的表现，了解人为因素对船舶安全和海上安全的影响具有十分重要的意义。人的行为能力可以通过学习训练得以提高；海上环境对船员的身心带来一定影响，但并不是不能克服和适应的；营运和安全管理可以通过制定标准和规则得到规约；脑力劳动方面的因素可以通过合理和科学的身心调节得到有效克服。

人为因素除上述方面外，船员的工作态度和技能也有不可忽视的作用。

4.3　人为失误与预防

人为失误，即人的行为失误，是指工作人员在生产、工作过程中导致实际要实现的功能与所要求的功能不一致，其结果可能以某种形式给生产、工作带来不良影响的行为。换句话说，人为失误是工作人员在生产、工作中产生的错误或误差。

1. 人为失误的分类

（1）极限失误：导致操作失败的一种程序上的失误。

（2）设计失误：设计不周引起的失误。

（3）操作失误：因操作不正确引起工作失败，包括使用错误的程序、使用不当的工具，以及动机上的失误。

（4）记忆与注意失误：忘记、看错、想错等。

（5）过程失误：确认失误、解释失误、判断失误，以及操作过程中的失误。

2. 人为失误的原因

人为失误既有人的主观原因，也有客观原因；既有生理、心理因素，也有环境因素。

3. 失误链分析

（1）失误链。海上事故或灾难很少由一个事件造成，几乎都是由一系列不严重的事件积累导致。反过来说，一些不严重的失误会导致严重事故或灾难。

对失误链的含义可以从三个方面理解：第一，海上事故是许多失误的链接导致的；第二，这些失误是按照顺序发生的；第三，这些失误可能是明显的，也可能是不明显的。

（2）表明失误链形成的迹象。了解自己周围的环境（即情景意识）有助于认识失误链的形成，并可在此认识基础上采取相应的措施来终止失误。

失误形成的迹象有：①不确定性。不确定性本身不危险，但它可能是经验不足或缺乏训练的结果。②注意力分散。注意力分散可由下列因素造成：领导与管理的失误、超负荷工作/压力/疲劳、紧急情况、经验不足、注意力过于集中在某个问题上而忽略了对其他更紧迫的事件的处理。③感知不全面或混乱。失去局面控制感的人员不知道随后将会发生什么，这往往是由于经验缺乏造成的；对局面难以确定和发生混乱通常是缺乏专业的直觉和认知不清而导致的。④通信中断。船舱内通信可能被物理因素干扰，如噪声等；也可能因缺乏共同语言或不同的处理方法而中断。外部通信的中断可能是没有共同语言或误解造成的。不正确或不良的通信将导致指令不能被正确执行、要求重复指示、丢失信息、不能完整地接受和理解计划。⑤指挥或监测不当。指挥或监测不当可能是情景意识不够，也意味着错误的表现。例如，未能安排好监测人员、身边能胜任工作的人员不足、机器不正确地运行。⑥偏离设定工况。偏离设定工况可能是由于在机器运行中的指挥或监控不当造成的。⑦违反已建立的规则或程序。没有正当理由而背离明确规定的规则和标准操作程序，如港口防污规则、机炉舱规则、轮机操作程序和公司规章等。⑧自满。由过于自信、对手中工作与任务过于熟悉、不考虑和轻视潜在问题、自我认为很安全等造成。

（3）破断失误链。①认识失误链与相关的环节存在的可能性；②辨清现有失误链及其相关的环节；③采取行动破断失误链并制定防止失误链再次产生的措施；④虽然难以避免失误链的产生，但必须采用中断点来破断失误链；⑤始终注意失误链是否存在；⑥在事故发生前采取措施解决问题；⑦破断失误链可避免事故的发生。

（4）预防失误链的产生。轮机管理人员在实际工作中虽然不可避免失误链的产生，但可以通过努力及时发现失误链，并采取有效的措施来破断。在破断失误链后，更要在实际工作中始终保持高度警惕，预防失误链的再次产生。①提前做好计划，预判会发生什么，并如何处理；②培养安全做法，养成按照安全惯例工作的习惯；③检查和监督他人，同时乐于接受他人监督和检查。

4．有效控制疲劳和压力

1）疲劳

目前，航运界已经普遍认识到疲劳是造成人为失误的主要原因之一。人在连续劳动或从事其他体力活动一定时间后，会自然地发生劳动机能衰退现象，这是由疲劳引起的。这时，在人体内会发生生理活动变化、机能变化和物质变化。分解代谢和合成代谢难以维持，肌肉收缩变弱，中枢神经系统产生抑制作用，全身感到精疲力竭，渴望休息或睡眠。疲劳能降低人的工作能力和判断能力，使人反应迟钝，这些足以对航行安全构成严重威胁。2015年，IMO通过对过去6个月所发生的事故进行评估发现，在16%的重大船舶事故及33%的伤亡事故中，都存在船员疲劳的因素。

对疲劳的概念目前还没有统一的定义。一般而言，疲劳是指降低人的工作水平，使人的工作能力下降的一种状态。在《人为因素统一术语》中，对疲劳的定义是："由于身体、精神或情绪上的消耗，导致体力和（或）思维能力上的降低。它可以使行为者能力降低，这种降低包括力量、速度、反应时间、协调性或平衡性。"

（1）疲劳的类型。大体上可以分为生理疲劳和心理疲劳两类。生理疲劳即肌肉疲劳，可分为全身疲劳和局部疲劳两种。全身疲劳是由于全身承受繁重的体力劳动而引起的，表现为全身性肌肉和关节性酸痛，疲惫乏力，具有全身的广泛性，以劳动器官为甚。全身疲劳又分为急性疲劳和慢性疲劳两种。心理疲劳、营养不良、供氧不足等也可引起全身疲劳。局部疲劳是个别器官或肢体承受紧张作业，使局部肌腱过度紧张或局部血液循环不良而引起的疲劳。短时的局部疲劳一般不会影响其他部位的功能；长期的局部疲劳，由于体内物质的弥散作用，会转化为全身疲劳。局部疲劳与劳动者所从事的职业性质有关。它主要是由不良姿势和体位所引起的。心理疲劳，即精神疲劳，具体表现为体力不支、心情不安、怀有畏惧退缩心理、对于干扰作业的刺激十分敏感、情绪不稳定等。引起心理疲劳的因素主要有工作单调、缺乏兴趣；劳动效果欠佳、困难较多、技能不熟练；劳动条件较差、心里感到不舒服；人际关系紧张、精神负担重；不愉快；事业压力大等。心理疲劳可加重生理疲劳。疲劳使注意力分散，适应能力降低，身体机能衰退，导致事故的增加。

（2）疲劳容易引起的现象。不能集中注意力——不能组织有效的活动，注意一些琐碎的小事而忽略了重大的问题，警惕性降低；决策能力降低——错误地判断和理解，没有注意应该做的事情，具有冒险倾向；记忆力降低——遗忘某项任务或任务的一个部分，工作程序错漏、不认真；反应迟钝——对正常、非正常或紧急情况的反应迟钝；活动失去控制——不能保持清醒，提起重物时不能尽全力，语言障碍；行为改变——沉默寡语、沮丧、易发怒及具有反社会的行为；态度改变——估计不到危险，观察不到警告信号，具有较高的冒险倾向。

（3）疲劳产生的原因。疲劳产生的原因较复杂，可能是长时间的脑力或体力劳动造成的，也可能是不适当的休息或是不理想的环境因素造成的。

①船员因素。船员因素与船员生活行为方式、个人习惯以及个人的特性有关。每个人感觉疲劳的情况不同，疲劳对每个人的影响通常与这个人所实施的特定行为有关。主要包括：睡眠和休息、生物钟或生理节律、心理和感情因素、服用药物、工作量。②管理因素。管理因素与船舶的管理和营运有关。这些因素会潜在地引起船员的压力和工作量的增加，最终导致疲劳。具体包括：组织性因素，如船上和岸上人员的角色、计划改变、加班加点、通信中断、船舶保养、船员的培训和选用等。航程和计划因素，如靠港的频率，港口之间航行所需时间，航线上的天气和海况，航线上的通航密度，在港工作性质和工作量等。③船舶特有的因素。船舶特有的因素可能致使船员产生疲劳，主要包括：船舶设计，船舶本身容易影响、引起船员疲劳的设计特点；工作负荷，影响到船员的工作量，如船舶自动化程度、设备可靠性等；检查维护，船舶不同设备的日常性与突发性修理及维护保养；船舶环境，在船舶生活与工作环境中的噪声、振动、居住空间等。对船员而言疲劳有以下几种类型：睡眠不足或睡眠质量不高；休息不够或休息质量不高；紧张或不安；噪声或振动；船舶移动；饮食不当，疾病或服用药物；超负荷工作。④睡眠。虽然引起疲劳的原因很多，但有研究表明睡眠问题是造成疲劳的主要原因。美国一个研究睡眠问题的小组在1993年的一份报告中指出："睡眠不足将导致疲劳和工作能力变差。"IMO 专家认为应对疲劳最有效的方法是保证船员获得高质量和足够的睡眠。毫无疑问，对船员，尤其是值班人员而言，有效的睡眠是保证航行安全的前提。一个有效的睡眠必须同时具有三个条件：合适的持续时间，每个人所需的睡眠时间不尽相同，通常认为每天睡眠 7~8 小时是合适的；高质量的睡眠；较好的连续性，睡眠不应被打断。实践证明，一次持续 7 小时的睡眠，其效果远胜于 7 次持续 1 小时的打盹。

《STCW 公约马尼拉修正案》关于"适于值班"规定，各主管机关为了防止疲劳，应做到：①制定和实施值班人员休息时间的规定；②要求值班的安排能使所有值班人员的效率不致因疲劳而削弱，班次的组织能使航次开始的第一个班次及其后各班次人员均已充分休息，或者用其他办法使值班人员适于值班。

2) 压力

压力是当人们适应由周围环境引起的刺激时身体或者精神上的生理反

应，可能对人们心理和生理健康状况产生积极或者消极的影响。换句话说，压力是人与所处环境的交互作用。来自环境引起压力的物理或生理要求称为紧张性刺激。这种刺激产生压力或潜在的压力。紧张性刺激包括噪声、振动、热、暗光和高加速度等工作环境特征，也包括如焦虑、疲劳和危险等心理因素。这些紧张性刺激体现为主观经验、心理变化和效率降低。它能产生直接或间接的影响。直接影响是指影响操作者或机器反应精度的信息质量的刺激，如振动降低视觉输入质量、噪声影响听觉输出质量。直接影响包括噪声对工作记忆的影响以及操作者因关心个人问题而引起的精力分散。因此，操作者可能再次关注所思考的问题，而不是手头的工作。一些能被观察到的间接影响性刺激（如焦虑或害怕）与其他的直接影响性刺激（如噪声、振动）一样也影响信息处理的效率。

压力对人既有正面影响（积极作用），也有负面效应（消极作用），这就是压力的两重性。

(1) 造成压力的原因。在工作环境中造成压力的原因是多种多样的，大体分为三方面：工作压力、家庭压力和社会压力。①工作压力。工作压力是指在工作中产生的压力。它的起源可能有多种情况，如工作环境（包括工作场所物理环境和组织环境等）、分配的工作量及难易程度、工作所要求完成时限长短、员工人际关系影响、工作新岗位的变更等，这些都可能是引发工作压力的诱因。②家庭压力。每一个员工都有自己的个人家庭生活，家庭生活是否美满和谐对员工具有很大影响。这些家庭压力可能来自父母、配偶、子女及亲属等。③社会压力。还有一些压力来自社会方面，包括社会宏观环境（如经济环境、行业情况、就业市场等）和员工身边微观环境的影响。员工收入状况同样对其构成社会压力。例如，当员工自身收入状况与其他社会阶层或其他同行业从业人员相比较低时，会对其产生压力。

(2) 人对压力的反应。人对压力的反应受多种因素影响，如人的身体素质、心理承受力、对局面的控制程度和人实际感知潜在压力事件的情况。克服压力需要某种适应形式，如果不能适应，会引起身体损耗、虚弱和与压力有关的疾病，并导致无法承受以后在生活中遇到的压力。但是，适应压力后能使人愉快地成长和具有安全感，对以后的压力更具抵抗力。①短期反应。短期反应一方面来自生理方面，另一方面来自精神、情绪方面。

生理方面有：头痛、偏头痛、背痛；眼睛和视力问题；皮肤过敏反应；睡眠紊乱；消化失调；心跳加速；血液胆固醇增加和肾上腺激素、非肾上腺激素含量增加。精神、情绪方面有：对工作不满；焦虑，沮丧；易怒；失落；家中或单位人际关系破裂；酗酒、吸毒；吸烟、无法放松。②长期反应。就个体而言是指胃及其他消化器官溃疡；哮喘；糖尿病；关节炎；中风；高血压；心血管疾病和心理疾病。

（3）压力对工作的影响。压力对工作的影响是多方面的，主要表现在旷工、事故、工作表现不稳定、注意力不能集中、出错、不正常的个人外表、与同事关系差、焦虑和沮丧等。

（4）压力管理。压力管理是在压力产生前或产生后，主动采用合适的应对方式以缓解或消除压力。压力管理首先要认知压力，然后才能采取措施缓解或消除压力。为了预防和减少压力对员工个人和组织造成的消极影响，发挥其积极效应，企业应实施适当的压力管理，有效地减轻员工过重的心理压力，保持适度的、最佳的压力，从而使员工提高工作效率，进而提高整个组织的绩效，增加效益。①个体层面的压力管理。第一种是认知性自我管理技能，是指个体通过对自身和压力源的剖析，减轻压力反应的技能。这种技能包括认知训练、运动和呼吸训练等。认知自己的性格特征、生活习惯和工作状态，聆听自己的压力信号，审视自己在每日生活中面对压力付出的代价，注意可能引起高压力的个人嗜好、特殊生活习惯和工作情况，找出压力来源并积极地减少或消除压力。另外，也可以通过运动放松和呼吸训练来减轻压力。如果不能改变处境，那就改变观察处境的角度。第二种是应对性自我管理技能，是指个体在感觉到很大的压力时，从现存的精神、身体和情感的过分紧张状态，恢复到乐观和放松心态的技能。时间管理的优先矩阵是一个非常好的手段，是将任务根据紧急和重要两个维度分类。时间管理的原则可以概括为：列出每天要完成的事情，根据重要程度和紧急程度对事情进行排序，根据优先顺序进行日程安排，努力确定所有任务中最关键的，了解自己日常活动的周期状况，在自己最清醒、最有效率的时间段内完成工作中最重要的部分。第三种是支持性自我管理技能，是指个体在面对较大压力时，通过寻求外部支持性途径排遣压力的技能。建立并扩大支持网络是应对压力的重要途径，它使个体之间可以交流挫折和不满，得到建议和鼓励，并体验到情感上的联系，提供应对压力事件所需的共鸣和支持。第四种是保护性自我管理技能，可以增强个体的适应能力，从根本上减少过度压力反应的机会。这些措施包括精神构想、放松技巧、合理膳食和运动调节等。注意科学、合理、均衡的饮食习惯，保证充分的睡眠和休息时间，营造舒适放松的生活空间，坚持定期运动等方式都可以有效地缓解压力。②工作层面的压力管理。首先是合理的工作安排。工作安排是指根据具体工作的重要性和难易程度对任务进行合理的安排，有效的工作安排可以缓解过多的压力。先做不喜欢的工作、再做喜欢的工作，比先做喜欢的工作、后做不喜欢的工作整体效率要高。合理地安排时间、有效地管理时间可以提高工作效率，降低烦琐的工作带来的压力。其次是自我工作能力提升。个人的能力与压力感有密切的关系，能力越强，感受到的压力越小，而对压力的态度也越积极。积极应对压力的态度可使压力变为动力，而对压力的消极态度可使压力变为阻力。个人应注意自身良好的心态和正确人生观的培养，努力增强自身实力，如知识、技术、人际交往等技能，可有效减少因自身能力不足而体会到的压力。组织可以对员工进行知识、技能和技术培训，增强其对任务的适任性，减轻对压力的消极体会。

（5）船舶抵御压力的方法。①抵御压力对轮机部团队的影响；②良好的培训；③岸上管理部门保证船上有足够的适任人员进行工作；④良好的个人时间管理；⑤良好的健康状况和充足的睡眠；⑥按已建立的标准操作程序来开展每项工作；⑦即使在紧张的工作中，也应将幽默和愉快作为防止压力积累的良药；⑧按团队的管理方式工作，其他成员可以发现存在的不足。

（6）船舶预防压力的措施。在船舶工作中减轻压力的方法主要有：①清理工作现场。利用一些技术减轻压力，创造一个良好的工作环境。②设计一份未来的工作计划表。该计划表分为短期和长期两种，并写在记事本上，提醒注意并指导完成工作。有条不紊地按计划工作，完成一项工作后在记事本中划掉，就会有一种成就感，从而充满自信。③利用专业技术减少工作量。④澄清工作责任和工作期望值问题。因为不知道如何处理某一特殊工作时，摆脱压力并不容易。⑤喜爱这项工作。研究表明喜欢工作的人会更加投入和机警，并且压力较少。把压力转换成学习的机会或是寻找解决问题的方法。⑥决定哪些是绝对要自己做的、哪些是分派给他人做的工作。分配任务可以节省时间，提高工作效率。许多情况下，分配任务表明对他人能力的一种肯定。⑦善于挖掘自己的智慧。若对某项任务不满意，建议采取更可操作或富有成效的办法。设法利用经验，采取更有效、更能驾驭的方法。

一般来说，应该做到：使工作人员和工作团队放松；掌握潜在的压力局面；尽可能进行逼真的培训；对团队成员进行关于压力方面的教育；每次都进行总结；保持身体健康；充分了解自己。

4.4 人为因素的特点

1. 人为因素的特点

船舶"人-机-环境"系统具有"人-机-环境"系统的一般特性，如关联界面复杂、相关信息复杂、动态特征复杂、环境特征复杂、操作复杂。同时该系统也有其独特之处，如表4-2所示。

表4-2 船舶事故所处的人机特殊环境

序号	类型	具体说明
1	工作制度特殊	船舶在正常航行期间，值班一般是一日分三个班，每人一日两个班，每班4小时，休息8小时。这种值班制度使船员很难得到长时间的充分休息，容易使工作效率变低，而且船舶经常跨时区航行，很容易引起生物钟紊乱
2	工作场所特殊	当船员在船上工作时，他们的活动范围比较小，与外界交流的机会不多，而且船上船员流动频繁，经常更换船舶，这给工作的稳定性带来一定影响
3	船员缺乏运动	船上空间狭小，而且缺少必要的运动设施，船员缺乏锻炼，身体素质下降，久而久之，影响他们的身体健康，身体容易疲劳，情绪容易波动
4	船员在船上缺乏交际交往	据专家统计，有很大一部分船员希望更换工作的原因是长期与亲戚、朋友脱离联系，产生与社会不适应的现象
5	工作条件恶劣	船员长期工作和生活在船上，远离陆地、亲友，海上环境恶劣，船舶摇晃、噪声、振动大，如果是长航线的航行，船上蔬菜水果等供应不足，对船员身体和心理都会造成比较大的伤害

续表

序号	类型	具体说明
6	职业环境特殊	船员几乎都是男性,这是性别比例严重失调的工作环境,也是船员有枯燥、乏味,以及感情上孤寂的原因之一
7	工作职能多变	现代船舶工作种类繁多,突发应急事件不可预测

船舶机损事故案例数据库如表4-3所示。

表4-3 船舶机损事故数据库中部分数据表

位置	情况	原因	人为因素
缸套	黏着	缸套内壁出现纵向沟槽	经验不足
活塞组	变形	活塞顶烧变形	管理失误
缸套	黏着	缸套内壁出现纵向沟槽	经验不足
活塞组	变形	活塞顶烧变形	管理失误
活塞组	破裂	活塞头烧裂导致废气外溢引起值班人员窒息	管理失误
活塞组	松弛	活塞头与裙连结螺柱松弛引起敲击声	加工不良
活塞组	断裂	活塞环断裂频繁	经验不足
活塞组	断裂	活塞裙局部裂与缸套裂	加工不良
活塞组	剥落	减磨环局部剥落造成咬缸后缸裂	加工不良
凸轮轴	其他	凸轮轴传动链条跳过一齿	维修不充分
凸轮轴	松弛	凸轮轴轴向产生窜动	维修不充分
尾轴	腐蚀	齿轮箱发出强烈撞击声	维修失误
凸轮轴	折断	凸轮错位引起排温升高	维修失误
排气阀	其他	一缸有故障影响附近另一缸排温升高	维修失误
排气阀	破裂	一缸有故障影响附近另一缸排温升高	材质不佳
十字头	磨损	十字头轴承起线拉毛	设计、结构不合理
十字头	其他	十字头进油管掉落	安装不正确
十字头	变形	倒车时十字头增压泵附件扭坏	设计、结构不合理
曲轴	磨损	曲轴严重磨损	未定
轴系	腐蚀	曲轴严重腐蚀	加工不良
曲轴	其他	曲轴缸套滑移活塞杆拉长	设计、结构不合理

续表

位置	情况	原因	人为因素
连杆	断裂	连杆大端轴承定位销的固紧螺丝断裂引起曲轴轴承热铁	安装不正确
轴系	烧熔	中间轴承上瓦烧熔	安装不正确
推力轴	烧熔	推力轴承严重烧熔	操作不当
推力轴	烧熔	推力轴承严重烧熔	责任心不强
扫气箱	脏堵	第4、5、6缸扫气箱脏堵严重	管理失误
扫气箱	脏堵	扫气箱易脏	经验不足
扫气箱	着火	扫气箱火烧导致增压器飞车损坏	设计、结构不合理
扫气箱	着火	扫气箱火烧导致车速不正常	管理失误
扫气箱	其他	扫气箱爆炸	日常维修检查疏忽
阀件	其他	示功图上扫气压力与压力表不一致	日常维修检查疏忽
增压器	其他	机舱温度升高导致增压器喘振	自然因素
增压器	松驰	增压器发出异常哨声	安装不正确
增压器	其他	增压器转子轴带动油泵的联轴节脱落而停转断油	安装不正确
阀件	破裂	增压器喘振区向低速区移近	管理失误
活塞组	断裂	活塞环安装不当引起拉缸	安装不正确
增压器	其他	增压器转子轴带动油泵的联轴节脱落而停转断油	安装不正确
阀件	破裂	增压器喘振区向低速区移近	管理失误
活塞组	断裂	活塞环安装不当引起拉缸	安装不正确
增压器	烧损	主机多次自动停车后造成增压器先后二次损坏	设计、结构不合理
增压器	脏堵	增压器透平端进气防护网堵塞引起喘振	维修不充分
增压器	腐蚀	增压器透平端排气壳烂穿	专业技能差
未定	其他	烟道挡板错位引起增压器喘振	维修不充分
喷油器	断裂	慢车运转时增压器发生喘振	责任心不强
增压器	裂纹	增压器透平端冷却水腔裂缝	管理失误
冷却器	泄漏	空冷器床垫处漏水引起敲缸	安装不正确
冷却器	泄漏	空冷器冷却水管蚀断漏水引起敲缸	管理失误
冷却器	泄漏	空气冷却器漏入海水引起车速下降	管理失误

53

续表

位置	情况	原因	人为因素
冷却器	脏堵	空气冷却器气面污堵后引起车速下降	日常维修检查疏忽
冷却器	脏堵	空气冷却器水面堵塞引起车速下降	管理失误
活塞组	脏堵	活塞冷却水出口温度较高	日常维修检查疏忽
活塞组	腐蚀	活塞冷却水突然消失	管理失误
活塞组	脏堵	活塞冷却水水量忽然减少	加工不良
缸套	破裂	缸套冷却水压力不断下降	管理失误
活塞组	松驰	膨胀水柜不断溢水	安装不正确
滤器	松驰	滑油进机压力自动逐渐降低	操作不当
阀件	断裂	润滑油压力突然下降	材质不佳
活塞组	断裂	活塞冷却油回油不正常	安装不正确
活塞组	松驰	活塞冷却油回油不正常	安装不正确
活塞组	剥落	曲轴箱内积存大量结焦片状物	操作不当
冷却器	脏堵	烟囱冒黑烟故障	日常维修检查疏忽
缸盖	脏堵	烟囱冒黑烟故障	管理失误
泵系	松驰	高压油泵前的截止阀故障引起烟囱冒黑烟	设计、结构不合理
活塞组	松驰	活塞冷却油回油不正常	安装不正确
活塞组	剥落	曲轴箱内积存大量结焦片状物	操作不当
冷却器	脏堵	烟囱冒黑烟故障	日常维修检查疏忽
缸盖	脏堵	烟囱冒黑烟故障	管理失误
泵系	松驰	高压油泵前的截止阀故障引起烟囱冒黑烟	设计、结构不合理
阀件	其他	烟囱大量冒火星	管理失误
尾轴	烧损	尾轴发热导致下半部白合金烧损	管理失误
螺旋桨	断裂	螺旋桨松动	管理失误
曲轴	烧熔	主机机损事故	管理失误
螺旋桨	泄漏	可变螺距桨漏油	日常维修检查疏忽
活塞组	断裂	主机机损事故	管理失误
轴系	破裂	发电机后端轴承烧坏	日常维修检查疏忽
发电机	烧毁	发电机烧毁	责任心不强
缸套	破裂	主机第1缸缸套碎裂	日常维修检查疏忽

续表

位置	情况	原因	人为因素
喷油器	卡死	主机燃油系统故障引起主机停车	日常维修检查疏忽
阀件	腐蚀	主机燃油系统故障引起主机停车	日常维修检查疏忽
增压器	脏堵	透平喘振	经验不足
轴系	磨损	2号副机轴瓦烧坏	专业技能差
连杆	其他	副机轴瓦损坏	设计、结构不合理
电动机	短路	副海水电动机烧坏	日常维修检查疏忽
阀件	卡死	主滑油泵出口阀关闭造成滑油压力下降	自然因素
阀件	破裂	伙食冰机阀先碎，活塞气缸拉毛	材质不佳

2. 人为失误的解决途径

人为因素之所以成为船舶机损事故的主要原因，是由于人的行为具有一定的灵活性，有随机应变处理情况的能力，然而这种灵活性也正是人们处理事情时产生失误的原因。因此，从某种意义上讲，由于人有灵活性就不可避免会发生失误。减少人为因素造成的船舶机损事故可以通过有效的培训活动实现。例如，"机舱资源管理"培训是通过组织船舶轮机员参加船舶安全管理理论的学习、重大和典型的机损案例的分析与讨论、机舱值班的模拟训练、任务讲解和完成后的总结来达到目的。这些目的包括结合船舶在航行中的一些经常可能发生或遇到的实际情况，组织船舶轮机管理人员进一步地学习和明确各自在日常机舱组合工作中的义务与责任，端正思想和工作态度；正确使用并维护机舱的各种设备，保持船舶的正常安全航行，减少和杜绝潜在的人为失误；全面做好各种应急工作，以在突发的紧急情况下能有序地积极采取有效的应急措施，以防止事故的发生。

自提出人为因素是引起海上事故的主要原因后，各种海事机构和航海院校就没有停止过对人为因素的研究。先进设备在机舱的普遍应用，国际海事组织各种公约、规则的制定与生效，各种技能培训和考核对船员知识技能的提高，并不能杜绝海上人为失误。然而，从船舶机舱资源管理培训中可以找到解决的途径，这是降低人为因素引起船舶事故的重要举措。江苏海事职业技术学院机舱资源管理培训课程分为船舶机舱资源安全管理理论和实际训练两部分，如表4-4和表4-5所示。

表 4-4 船舶机舱资源安全管理理论

序号	内容
1	机舱资源管理的构成、特点、分配与排序、作用与目的
2	机舱成员基本职责
3	国际、国内的法规、公司的规则和规定
4	轮机部团队及团队作用
5	人为失误与预防
6	通信与沟通
7	《STCW 公约马尼拉修正案》主要内容和《2006 年海事劳工公约》等法规
8	机舱检查单和应急程序
9	安全意识与情景意识
10	紧急情况的应急处理
11	事故发生原因及过失链的分析
12	重大与典型案例的分析与讨论

表 4-5 船舶机舱资源安全管理实际训练

项目号	项目名称
1	应急发电机启动及其供电
2	辅助（应急）空压机及辅空气瓶系统
3	船舶柴油发电机及船舶电站操作管理
4	船舶电站配电板的操作管理
5	冷却水系统的管理与水温的调节
6	空气系统操作管理
7	辅助锅炉及蒸汽系统操作管理
8	燃油系统的管理和黏度的自动调节
9	润滑油系统的管理和自清滤器的使用
10	正常备车、启动及主机离港
11	主推进装置的运行管理
12	主机遥控系统的操作管理
13	轴带发电机装置的运行管理
14	机舱集中监视与报警系统的组成及使用

续表

项目号	项目名称
15	分组延伸报警监视系统的组成及使用
16	主机的应急操作管理
17	发电机应急操作管理
18	主机故障分析及排除
19	辅助系统故障分析及排除
20	船舶电站故障分析及排除
21	分油机的操作管理
22	油水分离器的操作管理
23	生活污水处理装置的操作管理
24	焚烧炉的操作管理
25	伙食冷藏装置的操作管理
26	轴系及螺旋桨故障及排除
27	瘫船启动

从课程内容设置可以看出，在培训教学中人为因素越来越受到重视。通过培训减少人为失误，可以在一定程度上降低海上事故的发生。

4.5 船舶事故案例分析

本书通过对人为因素引发的船舶事故的案例进行分析，并总结经验和教训，以此提高船员自身的专业技能、应急处理能力。

4.5.1 船舶主机增压器故障

案例一："SHH"号轮船主机1号增压器转子弯曲变形

1. 船舶概况

主机型号：MAN（曼恩）K7SZ70/150CL；主机转速：110 转/分；增压器型号：NA57/TO384。

2. 事故经过

2016年3月4日，"SHH"号轮船自澳大利亚悉尼港至墨尔本港航行途中，13时50分值班人员听到主机"咚！咚！"的冷爆声，在缸头层敲击声更是响得厉害。值班人员立刻返回集控室电告驾驶台和轮机长，要求减速、停车。轮机长到达船舶机舱后，主机于13时56分减速停车。然后，轮机长对主机进行全面检查未发现异常情况；14时08分主机重新启动并进行观察，启动后主机运转平稳，没有冷爆现象；而后逐步加速，当主机转速达到72转/分时，1号增压器转速表显示不稳定，来回波动较大，并伴有"嚓！嚓！"的响声和震动。把主机转速减至65转/分时，1号增压器转速表才显示平稳，同时振动现象也逐渐减弱，响声也减少了许多。

考虑到即将抵达墨尔本港，而且船上自行拆装增压器有困难，轮机长决定维持低速航行，到港后由船厂派人拆检修理。6日上午，"SHH"号轮船停靠墨尔本港，船厂派人对1号增压器解体检查，发现增压器压气端轴承已过度磨损，压气端叶轮擦边磨损很多，转子弯曲变形已不能正常使用，更换轴承和转子后恢复正常航行。

3. 事故原因

（1）主机运行中有冷爆现象，通常原因是油嘴雾化不良，或气缸密封性不好、压缩压力不够，或是进入气缸的空气大量减少所致。而该轮船主机在运行中，不只是一个缸突然有冷爆敲击声，应考虑由增压器有故障造成扫气压力下降、主机供气不足而引起。

（2）经查该轮船主机1号增压器的轴承运行已超过说明书规定的时间要求，轴承已过度磨损和疲劳损伤，转子跳动量增大等恶性循环，最后造成轴承烧毁、转子下沉、叶轮与涡壳因擦碰而损伤。

4. 事故教训和汲取的经验

（1）轮机主管人员应杜绝部件超期使用，避免因疲劳损坏引发事故。

（2）轮机主管人员应经常检查运行状况，及时更换增压器润滑油。

案例二："CH"号轮船主机增压器轴承多次烧毁、转子损坏

1. 船舶概况

主机型号：MAN（曼恩）B&W 6L70MCE；增压器型号：NA070。

2. 事故经过

2014年3月20日,"CH"号轮船从上海港去澳大利亚的航行途中,10时30分值班轮机员发现主机各缸排烟温度明显升高,主机滑油循环油柜透气孔向外冒烟气,主机增压器有"扑哧!扑哧!"的喘振声。轮机长接到值班轮机员电话后,立刻赶到机舱,把主机转速减少了10转/分,情况有所好转。经检查后确认是主机增压器出现问题,考虑再过十几个小时就要到目的港卸货,决定主机降速维持航行,到港后进行拆检修理。

21日凌晨,"CH"号轮船到港后拆检主机增压器,发现压气端轴承、轴套损坏,叶轮下沉与涡壳相碰,磨损厚度达4.5毫米。立即更换轴承,并测量转子跳动量和有关间隙数据,因船上无备件,只做了临时性修理。

7月10日,订购的增压器备件到齐,公司安排在上海港进行航次修理。当拆除压气端轴承、轴套后,发现轴套备件内外径尺寸不对、有余量,无法装上,临时采用加温办法将衬套红套在转子上,再上磨床校正,组装后试车、开航。但是,在正常航速运行不久后,压气端轴承又烧坏了,压气端叶轮下沉擦碰外壳,废气端轴承、推力块也烧坏了,两只(转子)衬套上有数道龟裂,经人工修磨后,维持使用驶往香港。

23日,"CH"号轮船抵达香港,解体增压器、更换轴套,安装后试车,主机转速为65转/分、增压器转速6000转/分时再次咬死。鉴于两次修理均未能修好,最后从德国购买一台新转子装复后运转正常。

3. 事故原因

增压器是高转速设备,该轮增压器在轴承烧毁、转子下沉、叶轮擦碰蜗壳损伤后,送厂对转子进行动平衡试验。

(1)该轮第一次航修时,轴套尺寸不对,只能简单地把衬套红套在转子上,上磨床校正,转子动平衡已被破坏,因此安装后转子在高速运转时,产生巨大的不平衡惯性力,导致新换上的轴承烧毁、衬套龟裂。

(2)该轮第二次在香港修理,虽然更换了备件,但转子的损伤没能彻底消除,因此试车时再次烧毁轴承、咬死转子。

4. 事故教训和汲取的经验

(1)要认真做好增压器运转时间的统计记录,避免增压器轴承超期使用导致疲劳损坏。当增压器轴承烧毁后,假如条件不允许长时间停车,也要争取时间用专用工具把转子锁住,避免转子损坏。

（2）增压器轴承的润滑油要保持洁净，对滚珠轴承和独立润滑系统的润滑油要定期更换，避免因超期使用、性能下降而导致增压器轴承损坏。

案例三："ER"号轮船主机增压器压气机叶轮碎裂

1. 船舶概况

主机型号：MAN（曼恩）B&W 10L80MC；增压器型号：BBC-VTR-714E-32，两台。

2. 事故经过

2009年6月21日凌晨，"ER"号轮船第59航次航行在印度洋亚丁湾约180海里[1]处。6时02分，机舱突然"轰！"的一声闷响，随之机舱故障报警、火警报警同时响起，主机自动减速。船长迅速上驾驶台，并用广播通知船员："机舱发生重大事故，有关人员迅速去机舱处理！"轮机部所有人员赶到机舱，看到机舱内一片烟雾。经检查主机1号增压器滤网外面有大量金属碎片，主机空冷器大量漏水。拆检1号增压器，发现除了消音器轻微损伤外，隔离墙、两端轴承、喷嘴环、废气端蜗壳和增压端蜗壳等全部损坏。由于增压器的部分损坏部件进入了1号空冷器，将空冷器上两排冷却水管击断，造成整个淡水冷却系统的冷却水流失，为此被迫停止发电柴油机供电，启用应急发电机供电。

为了能够顺利通过苏伊士运河后驶抵目的港修理，船员克服种种困难，对1号增压器和1号空冷器进行封堵，17时恢复发电柴油机供电，20时30分主机按说明书要求减速航行。

7月7日8时30分，"ER"号轮船靠妥荷兰鹿特丹港码头，由当地修理厂将1号主机增压器和1号空冷器换新，主机恢复正常。

3. 事故原因

（1）这次事故发生前，值班人员没有发现增压器本身有任何异常迹象。从转子上的隔热墙变形的形状来看，力是从压气端发出；从损坏的大量碎片和"爆炸"的声音判断，增压器损坏是由于压气端飞速旋转的叶轮突然碎裂（相当于"爆炸"）造成的。

---

[1] 1海里=1.852公里

（2）增压器压气机叶轮在运转中突然碎裂，是因为增压器长期在过高的转速下运行导致的。说明书规定该增压器的最高转速为 11 400 转/分。而增压器最佳运行点为最高转速的 87%，即 9900 转/分。如果超过这个转速，不仅增压器的效率会降低，而且转子材料也容易产生疲劳损伤。"ER"号轮船主机在 100% 负荷下，增压器的转速达到 11 000 转/分，已经高于最佳运行点数值，说明该轮船主机装配的增压器安全余量很小，即在海况恶劣的情况下，增压器转速很可能会达到和超过规定的最大转速。

4. 事故教训和汲取的经验

（1）建造船舶应认真选择好与主机匹配适当的增压器，避免同类事故的发生。

（2）在船舶安全与班期发生矛盾时，船长与轮机长要相互协商、做好沟通，应该以安全为主。增压器匹配余量较小的船舶，轮机长要按照说明书的要求，对主机的运行负荷做必要的限制。在恶劣海况下，尤其要避免主机超负荷、增压器超速运行。

（3）公司主管部门应督促同类型船舶做好防范工作，杜绝同类事故。为提高增压器的匹配余量，可以考虑在对扫气压力影响不太大的前提下，适当降低增压器转速，把 VTR-714E-32 型增压器改为 VTR-714D-32 型，以保证主机增压器的运行安全。

案例四："TYH"号轮船主机空冷器故障

1. 船舶概况

主机型号：MAN（曼恩）B&W 6S70MC。

2. 事故经过

"TYH"号轮船经过连续几天的大风浪航行，从 2013 年 4 月 24 日起，主机扫气压力逐步下降，排烟温度逐渐升高。虽然怀疑扫气系统有问题，因海况恶劣也无法停车检查。30 日，海况好转后停车检查，发现扫气系统中的空冷器冷却管、除湿器和主机扫气口等多处结有不等的盐垢，使主机扫气系统空气流通不畅。船上立即组织人力，在轮机长的带领下昼夜奋战突击，对空冷器查漏、灭漏和对整个扫气系统进行清洁，经汇报请示公司机务部同意加大气缸油注油量，恢复正常航行。

5月4日，主机再次出现上述现象，又停车对空冷器进行查漏、灭漏和对扫气系统进行全面清洁，结果又查出21根漏水的空冷器海水管，进行封堵后继续航行。

3. 事故原因

"TYH"号轮船主机空冷器制造质量问题在新船下水不久就已显露出来。2010年7月，船上向公司报告航行中发现漏水，该船在山海关修船厂拆下空冷器进行了试压灭漏。后面又发现了漏水现象，也进行过查漏封堵修理。

这次船舶经过南美洲合恩角，连续几天在大风浪中抗风航行，船体剧烈颠簸震动，使原来质量不好的空冷器又有多根水管发生漏水。

该轮船的姊妹船"TSH"号轮船也存在漏水的现象，但状况要轻一些。该型号空冷器体积庞大，长2.135米×宽1.3米×高0.838米，重达4吨，换新修理必须由厂家进行。

4. 事故教训和汲取的经验

(1)"TYH"号轮船空冷器漏水的隐患，在新船下水后不久就已经知道，当时应通过造船部门联系厂家在保修期内认真分析原因、彻底解决。

(2) 从2010年7月起，船上向公司报告提出这一问题，至本次营运中船舶两次漂航修理，在近三年的时间里，共封堵了49根水管，故障存在持续时间长，虽然船员选择合适海况做了应急处理，但多次涉及船舶海上营运安全和整体经济效益，船公司主管部门应尽早制定并组织落实对空冷器的滤芯做永久性修理。

(3) 在永久性修理之前，公司主管部门必须加强对"TYH"号轮船的跟踪指导和后勤保障工作，采取积极主动的防范措施，确保船舶航行安全，在船船员更要注意航线上的气象和海况，尽量避免船体遭受剧烈震动。

(4) 正确操纵主机，避免主机在临界转速引发的剧烈震动。

案例五："LH"号轮船水泥灰尘堵死主机增压器

1. 船舶概况

主机型号：SULZER（苏尔寿）6RLA56；增压器型号：VTR454-31。

2. 事故经过

2009年6月3日,"LH"号轮船在尼日利亚某港卸货散装水泥。备车开航后不久,主机还处于机动航行状态,转速刚加到半速时,发现主机第2缸排气温度高而报警,紧接着全部高温报警,使得主机慢速航行,轮机长立即通知驾驶台,同时告知船长,主机暂时无法加速,原因待查,由于离港时间不长,引航员还没有下船,船长要求低速航行离开主航道漂航。

3. 事故原因

机舱所有人员在轮机长带领下查找原因:

(1) 首先考虑的是主机增压器滤网,由于到港时进行过清洗,就没有对其产生怀疑;

(2) 打开主机扫气箱检查其内部,也没有发现问题;

(3) 怀疑主机空冷器脏堵,由于清洗时间不长,也打开进行了相关检查,也没有发现问题;

(4) 检查主机高压油泵定时,一切正常;

(5) 怀疑废气锅炉烟道脏堵排烟不畅,但是上一港口刚清洗过,运行时间还不到700小时,也被排除。

轮机长在查看增压器时,发现增压器被水泥灰堵死。原来由于停港时间较长,加上天气太热,机舱风机也就没有关闭,清洗完主机增压器滤网后,没有及时盖上帆布,使得水泥灰尘被吹到主机增压器内部,进气通道被堵塞,导致主机进气不足,使主机排气温度过高,高温报警,主机降速。至此问题才得到解决,此时已经耽误了3个小时船期,所幸没有造成比较大的影响。

4. 事故教训和吸取的经验

(1) 码头装卸货期间应考虑到灰尘等因素的影响,风机通风筒应安装滤网,防止污染机舱。

(2) 清洗主机增压器滤网时,拆下滤网后应用帆布及时盖上,防止灰尘进入增压器。

(3) 在查找故障原因时,考虑问题要仔细深入,包括周围环境的影响必须要仔细考虑。由于主机滤网刚刚清洗过,没有意识到水泥灰尘的严重性,导致主机增压器故障。

案例六："JT"号轮船主机烟囱堵塞引起增压器故障

1. 船舶概况

主机型号：MAN（曼恩）B&W 7L35MC；主机额定功率：5720 千瓦；额定转速：187 转/分；常用转速：170 转/分。

2. 事故经过

2012 年 6 月，"JT"号轮船主机增压器在负荷变化较大时，出现喘振现象，同时伴有排温升高，主机转速逐渐降低。至 10 月下旬，气温降低，排温升高问题依然严重，主机增压器过了共振区后，转速超过 145 转/分时，就开始伴有"呼呼"的喘振声，气缸排温也比以往平均记录高 60℃，各缸活塞环槽中堆积大量污垢，锅炉加热管结碳严重。

3. 事故原因

针对增压器喘振、排温升高、锅炉结碳等现象，机舱做了以下工作：

（1）清洗增压器滤网和增压器叶轮；

（2）清洗主机空冷器；

（3）检查扫气总管并进行了相应的清洁；

（4）检查各缸的高压油泵；

（5）对锅炉进行了彻底清洗。

问题依然没有解决，轮机长请求公司检修增压器、更换轴承，由于此工作工程较大，公司迟迟没有回应。11 月中旬，三管轮上班检查设备，偶然发现，上层排烟管接头处滴水，水没有从排烟管放残阀处流出，于是把这一现象报告给了轮机长。轮机长经过分析和查阅以前的工作记录，发现五年内没有清洁过排烟管放残阀的污垢，推断可能是由于排烟管拐角放残阀处堵塞，使排气不畅，导致了上述一系列故障。经过打开检查，发现整个排烟管被污垢堵了 2/3，致使排烟不畅。清洁排烟管，经过航行试验一切恢复正常。

4. 事故教训和汲取的经验

（1）判断力差，未能综合考虑分析原因，解决问题时主要放在供气不足上，偏离了解决问题的主要方向，致使工程量加大，问题迟迟没有解决。

（2）领导独断专行，不听下属的建议。问题出现的时候，大家在集控室讨论解决办法时，有位机工提过是不是烟囱堵塞，他曾经在其他船上碰到过类似问题，轮机长直接拒绝，说烟囱那么粗，怎么可能堵？如果不是三管轮发现雨水滴漏现象，也许问题还不会得到彻底解决。

案例七："GAY"号轮船主机增压器重复发生故障和损坏

1. 船舶概况

主机型号：SULZER（苏尔寿）6RLB56；主机增压器型号：VTR454-31。

2. 事故经过

2015年6月6日，"GAY"号轮船航行在马六甲海峡时，因主机增压器扫气压力太低、排烟高温，主机转速难以提高，被迫漂航解体增压器后，进行内部清洁，更换了两端轴承、油泵和油气封，装复后续航。两天后运转中的主机增压器有严重摩擦声，油泵断油，主机转速急剧下降，"GAY"号轮船不得不再次漂航解体检查增压器。检查中发现油泵咬死、油气封损坏，压气端叶轮与壳体有擦碰痕迹。经请示公司，按主管要求"GAY"号轮船慢速坚持到斯里兰卡科伦坡港，并安排新加坡中远海事公司派人进行修理，同时要求轮机长上报所需备件。

15日，"GAY"号轮船驶抵科伦坡港，19日增压器转子等备件到船后，立即着手修理并于第二天开航。开航后主机运转近两小时后，换过转子的增压器的扫气压力只有0.0002兆帕，比原来还低，主机转速上不去。"GAY"号轮船再次折返科伦坡港重新订购增压器转子等备件，直至28日才完成修理正常开航。

"GAY"号轮船主机增压器故障前后漂航自修2次、厂修2次，长达20余天。

3. 事故原因

（1）轮机长、大管轮工作责任心差，存在侥幸心理，拖延修理而酿成事故。

2015年4月，轮机长换班时，接班轮机长就被告知主机增压器已脏污，需要解体清洁。而"GAY"号轮船又继续营运了几个"天津至日本"航次后，于5月4日回到营口港，而且连续停港14天，在马来西亚帕西古当港又停泊了6天。在这些停泊时间里，无论是船厂修还是自修都具备充裕的时间，但都没有进行相关修理。

（2）没有按照说明书的规定和要求进行保养，留下事故隐患。

在马六甲漂航自修时，轮机长没有使用船存的新的轴承备件，而是换上了一对过去厂修换下的情况不明的旧轴承。

（3）业务水平低，工作粗心大意，未能在第一时间发现事故苗头。

换上情况不明的旧轴承后，在试运行中，船方失于加强观察、检查，没能及早发现增压器油泵供油不正常的问题，进而扩大了损坏程度。船上订购备件时不能提供准确的型号、备件号；备件上船时未能查验出新转子的叶轮尺寸不一样（小了很多），就同意厂方安装；开航后主机不正常，再次返回厂修拆检才进行尺寸测量，致使船舶停航重新订购、等待备件。

4. 事故教训和汲取的经验

（1）机务主管要在努力提高自身业务素质的前提下，加强对船舶的现场检查监督力度。只有对自己所管船舶的技术资料、重要设备的技术状况以及船存备件的实际情况有深入的了解，才能够做到跟踪船舶的技术管理并能给船舶提供及时有效的技术指导。

（2）努力提高船员素质，加强业务技术培训和考核。轮机员要认真阅读主管设备的说明书；不按技术要求拆检，必将埋下事故隐患。

（3）对存放在船的旧备件，应用专门标签注明其名称、型号、备件号，以及技术性能状况、被换下的时间及处理意见。

案例八："FY"号轮船主机空冷器脏堵燃烧恶化

1. 船舶概况

主机型号：SULZER（苏尔寿）6RND76。

2. 事故经过

2016年6月，"FY"号轮船主机开始冒黑烟，燃烧工况恶化。1号、3号缸接连发生扫气箱着火，增压器喘振，主机被迫减速运转。27日，3号缸排烟温度上升至450℃，排烟管烧红，只得调低第3缸的进油量来减低排温。到港后吊缸检查，发现第3缸活塞环槽间隙过大，活塞环咬死，已失去密封作用，检查后活塞环全部换新。还对定时进行了调整，清洁了6个缸的扫气箱，对主空冷器做了化学清洗。航修后，主机工况有所好转，但空冷器前后压差仍然较大。12月初，主机又冒黑烟，主机增压器转速上不去，主机转速稍微增加，就易造成扫气箱起火。因此，又对定时进行了检查调整，对油头进行了泵压，对扫气箱进行了清洁，但效果仍不明显，主机只能维持开 65 转/分。

2017 年 5 月，该轮船进行了航修，增压器解体检查，转子和喷嘴环化学清洗，第 1 缸吊缸检查并换新缸套，各缸定时重新校正。主机在 50 转/分以下时排烟正常，70 转/分时轻微冒黑烟，75 转/分以上时黑烟严重，可以说工况未见好转。

船到新加坡后，拆下空冷器进厂进行彻底清洁，发现 1/3 冷却管被海洋生物堵死。船上又对 6 个气缸的扫气箱进行清洁，清理出油泥 20 余桶，口琴阀全部拆洗。上述工作完成后，主机工况恢复了正常。

3. 事故原因

自 2016 年 6 月，"FY"号轮船主机工况恶化，第 1、第 3 缸扫气箱接连起火。2017 年 5 月以后，在新加坡航修得以恢复正常。在自修和 3 次航修期间做了大量重复性的检修工作，共计吊缸 3 次、检查定时 3 次、油头泵压 1 次、清洁扫气箱 3 次、解体增压器 1 次，直到最后在新加坡才做了"口琴阀片全部拆洗并换新 10 组"这项从一开始就该做的工作。

从上述经过得到的结论是：该轮船忽略了口琴阀性能状况不佳这个首要因素。因为口琴阀单向气密不好，会影响扫气压力，直接影响燃烧质量，还会把活塞下部加压的气流倒灌进入扫气箱，如果活塞环的密封不好，扫气箱很容易被污染，甚至起火，进而造成空冷器的污染。而空冷器的污染又反过来影响主机的燃烧工况，使排烟温度升高，甚至结碳，影响气缸润滑、加快缸套和活塞环的磨损。这种恶性循环不断加重，就会诱发和加剧增压器喘振。所以，如果说造成燃烧恶化的原因是空冷器脏堵的话，那么致使空冷器快速污染的原因就是口琴阀了。

4. 事故教训和汲取的经验

影响主机燃烧工况的因素很多，要针对故障的特征及其征兆规律，结合主机自身的技术状况，对过去的维修检测数据和轮机日志中各种相关的运转参数的数据记录进行综合分析，在诸多因素中抓住最关键的首要的因素优先解决，这是阻断状况恶化、避免损失扩大、减少重复修理的正确方法。

另外，在运行中要保持监视主机空冷器脏污程度的压差表（U型管）是否正常显示。

案例九："C"号轮船主机增压器频繁喘振

1. 船舶概况

主机型号：IHI SULZER（苏尔寿）8RND76M；增压器型号：IHIVTR631-1。

2. 事故经过

增压器喘振是"C"号轮船的常发故障现象。2008年4月，在上海港曾更换了1号空冷器（备件是翻新件）；7月，在新加坡港更换第2号空冷器（备件也是翻新件）；还由厂家解体1号、2号增压器（油泵和轴承换新），当时虽发现叶轮腐蚀较严重，因船期紧没有实施修理。修后主机转速可达到112转/分，只有当外界负荷增加较大时，增压器才会偶尔发生喘振。

8月下旬开始，喘振次数逐渐增多，主机必须是在增压器转速≤7900转/分或油门指示≤6.5格（共10格）、在总排烟温度≤515℃的前提下运转，否则增压器就会喘振。

9月，该轮从上海港开出，主机转速开始为106转/分（主机限制转速为115转/分），外界负荷稍有增加或用舵角35度时，两台增压器就会接连发生喘振、排烟温度升高超过525℃。为了主机安全，将主机转速逐步下降，最后只能在94转/分左右运转（主机共振转速为96~102转/分）。

该轮船自报按靠泊港的顺序，对主机做的维修项目有：

（1）到香港港，检查空冷器，看到表面很干净，散热片金属发亮，做了化学清洗；还对扫气箱、口琴阀，进、排气口进行了清洁检查。

（2）到新加坡港，对废气炉烟腔进行化学剂浸泡，并用机械清通。离港后，每天进行蒸汽吹灰2次。

（3）到南非德班港，增压器滤网拆下进行化学清洗，在两台空冷器的空气进口处各装一只压力表（原来只有在空冷器的空气出口有压力表），可以观察它的压差情况。

该轮船离开德班港后，航行中每三天用清洗剂对空冷器冲洗一次，但称效果甚微。在驶向印度尼西亚伯诺阿港途中，由于顶风、顶流，增压器喘振程度有增无减且更为频繁，被迫将主机再次降速至90转/分左右。

3. 事故原因

（1）如上述经过内容属实，营运中主机运转工况肯定隐藏着一些不正常因素，即"带病运行"（如对示功图进行分析，可能存在压缩压力、爆炸压力低，有后燃现象），说明活塞环、缸套和口琴阀的状况不理想。

（2）在自德班港驶向伯诺阿港途中，主机存在超负荷运转的情况。

（3）对口琴阀的维修不全面，单向密封性能差；对空冷器的清洗工作不彻底。

4. 事故教训和汲取的经验

（1）注意加强业务培训，强化、提高现场监督指导的工作力度和水准。

（2）强化船舶维修保养工作，如示功图测量、检修记录，确保各压差表的正常使用状态，分析故障要有理有据，减少盲目性，提高鉴别分析能力。

4.5.2 船舶主机进排气阀故障

案例一："JM"号轮船主机排气阀断裂掉入气缸

1. 船舶概况

主机机型：日本川崎MAN（曼恩）7L52/55；主机功率：5430千瓦；主机转速：450转/分。

2. 事故经过

"JM"号轮船于2000年建造。2011年2月27日4时，主机第2缸漏水。3月1日21时30分抵港后，船员更换备用缸头，安装进气阀时，发现进气阀壳外径与缸头阀孔内径尺寸不符，无法落座到位。阀壳外圆修正后安装到位。2日12时45分该轮船修理完工，14时离港时，第2缸缸头启动阀有燃气漏出。15时50分抵锚地抛锚，对启动阀平面研磨后装入，试车时仍漏气。更换缸头启动阀，再试车仍漏气，拆除缸头启动阀控制空气管，用两块18毫米厚钢板将启动阀空气进口封住。3日2时30分，起锚续航，主机使用正常转速和螺距角工况未见异常。9时30分，第2缸声音异常，停车检查发现一只排气阀和缸头启动阀杆断裂，阀盘落入气缸，活塞头损坏，缸头及附件均有不同程度损坏。此时已无备用缸头，只能将该缸换下已漏水的原缸头装上使用，活塞头换新封缸维持航行，待抵港备件上船后再进行修复。

4日6时55分，继续航行，主机250转/分，工况未见异常。渐加速至375转/分，螺距角由0度渐增至4度（正常航行使用8.9度），主机工况基本正常，但第6缸排温较高，达460℃。由于第6缸油门已调至最小，故采用增加其他各缸油门的方法来相对降低第6缸的负荷，以控制该缸排温。16时，主机415转/分，螺距角4.9度，第6缸排温控制在440℃，其他各缸排温基本在420~430℃。

19时50分，主机第6缸排温急剧升高至460℃并报警，轮机长即告驾驶台将螺距角降至4度，并让大管轮检查排温。但该缸排温持续上升至470℃，轮机长电告驾驶台再次减小螺距角。此时已听到主机异常声响，即按"紧急停车"按钮停车，并将主滑油门拉至零位，这时第6缸排烟管接头处烧红起火。

20时50分，主机第6缸吊缸检查，发现损坏严重，一只进气阀阀杆弯曲，另一只进气阀头和两只排气阀头落入气缸；活塞顶部碎裂，启动阀杆弯曲变形。

3. 事故原因

（1）没有对备用缸头进行认真检查，不知备用缸头不能使用。

（2）主机第2缸因排气阀断裂敲坏缸头和活塞头，封缸运转后，由于海况恶劣致使第6缸负荷加大、排烟高温，造成排气阀阀盘与阀杆过渡位置处高温疲劳断裂，阀盘掉入气缸，打坏活塞、缸头等部件。

（3）当主机第6缸排烟出现高温的一段时间内，减小油门无效后，应该能判断排气阀已损坏（应立即采取切断第6缸供油或停车更换排气阀的有效措施），但没能做到准确判断，失去宝贵的时机，终使主机第6缸的排气阀由烧损到断裂。

4. 事故教训和汲取的经验

（1）加强对船用备件特别是大型和重要备件的管理，确保备件及附件齐全并处于随时可用状态。

（2）在中速机故障中，进气阀、排气阀烧熔造成损坏的案例占比较大，必须严格遵照说明书的有关要求，加强对中速机进气阀、排气阀的科学管理。

（3）进气阀、排气阀使用翻新件的船舶，必须严格审核，确保翻新件的质量符合使用要求，并跟踪记录阀件的修理次数和使用时间。

案例二："LSH"号轮船主机排气阀、气缸套、活塞头损坏

1. 船舶概况

主机型号：MAN（曼恩）B＆W 5L70MCE；主机功率：8074千瓦。

2. 事故经过

2019年5月26日，"LSH"号轮船在日照港进港途中，第5缸发出异常声音，随即停车检查。当打开第5缸时，发现排气阀头圆周1/2脱落，气缸扫气口处有200毫米×300毫米破洞，活塞头多处损伤，将上述损坏件更换后进港。此事故延误船期20小时，损失备件费折合人民币约60万元。

3. 事故原因

翻新排气阀质量欠佳，是造成这起事故的直接原因。该排气阀由上海某公司加工翻新，翻新编号为RJ1712。该翻新排气阀装机使用仅3568小时，由于翻新工艺及材料较差，堆焊部分没有与原阀头完全熔合，中间出现夹层，主机运行时排气阀头在反复打开关闭的冲击下焊接部分发生脱落，脱落金属掉入气缸内，在活塞下行时碎块卡入扫气口处，当活塞再上行时将缸套拉坏。

4. 事故教训和汲取的经验

这是典型的由于备件质量差导致的机损事故，虽未危及船舶安全，备件损失也得到了厂家的赔偿，但性质是严重的，应引起我们高度重视。今后在旧件翻新时，务必选择信誉好、质量有保证的加工厂家，要做好旧件翻新的使用记录，切不可无限次翻新使用。

案例三："DHH"号轮船主机排气阀故障

1. 船舶概况

主机型号：HD MAN（曼恩）B&W 5S60MC。

2. 事故经过

2013年4月26日16时，"DHH"号轮船在上海宝钢码头完货后备车开航。开航后4缸排气阀不能完全打开（开度仅为1/5），坚持到锚地抛锚检修，

27日10时50分修复试车正常。因错过潮水,16时40分引航员上船开航。

3. 事故原因

(1) 主机4缸在上海宝钢码头吊缸检修后的装复过程中,排气阀的驱动油管装配不当,运行中漏油,导致排气阀不能完全打开。而在冲车时难以发现,在离港后主机正式运转时才发现这一故障。

(2) 在锚地抛锚检修过程中,因业务不熟练未能及时排除故障,又没有及时报告公司主管部门请求指导,拖到第二天上午才报告公司,错过潮水,耽搁很多时间。

4. 事故教训和汲取的经验

(1) 大管轮和轮机长要认真阅读主机说明书,应熟悉主机结构、掌握管理要点,吊缸中对各个部件的拆、装,都要严格按照主机说明书的规定进行相关操作。

(2) 主管部门在加强对船员业务技术培训的同时,注意加强效益意识的教育,提高船员分析故障和处理突发事件的综合能力。

案例四:"TSH"号轮船主机排气阀故障

1. 船舶概况

主机型号:MAN(曼恩) B&W 6S70MC。

2. 事故经过

2013年5月7日18时,"TSH"号轮船进靠前湾港码头时,主机第4、6两个缸不能发火。当时主机凸轮油压和控制空气压力正常,轮机长从排气阀开关指示器上判断为排气阀关闭不严造成的,采取清洁排气阀、油缸放气阀和拆除排气阀压缩空气管对排气阀进行反复关闭试验,4分钟后主机试验正常。其后在靠泊时主机在慢速运行中,同样的原因又导致两次突然自动停车,各约1分钟,采用压缩空气活络后恢复正常。由于主机发生3次短时停车,引航员对船舶安全没把握,增加了两条拖轮协助进港。

3. 事故原因

(1) 主机在靠泊低速运转时,因4缸排气阀关闭不严而不能发火,造成主机自动停车。

(2) 4缸排气阀关闭不严的原因,是排气阀油缸上部的放气阀被油缸内磨损的金属屑或小垃圾堵塞造成的。

4. 事故教训和汲取的经验

排气阀的检修保养工作不仅要按照说明书规定的时间间隔，还必须严格按照说明书规定的操作要求进行。在排气阀拆解后的重新组装过程中，要注意保证每一个零部件的清洁和所涂润滑油的清洁。

案例五："HS"号轮船主机进气阀卡死、断裂落入气缸

1. 船舶概况

主机型号：三菱 MAN（曼恩）12V40/54；主机功率：4950 千瓦；主机转速：380 转/分。

2. 事故经过

2013 年 9 月 22 日，"HS"号轮船由日本横滨港装完货回航上海的途中，4 时 19 分因海况风浪很大，船舶左右摇摆严重，主机负荷增大。此时，主机 1 号缸排烟高温报警，随即主机自动减速至 40 转/分。当值人员检查发现主机 1 号缸前进气阀卡死在开启位置，立即给阀杆加注轻柴油和用榔头敲击，但是没有效果。轮机长得知情况后速告驾驶台、船长，要求停车抢修。因当时风浪大、水流急，又在水道附近、离岸边很近，驾驶台不同意停车检修，由于附近没有合适的锚地，为了保证船舶的安全，决定继续航行，到安全水域后再检修。

21 时 28 分，主机 1 号缸曲拐箱油雾浓度高报警，主机自动停车，不得不组织人员抢修。吊开缸头后，发现该缸两只进气阀损坏，两只进气阀的阀盘已断裂落入气缸；活塞顶被击穿一个洞，缸套上部有一条裂纹；缸头敲坏，缸头上的附件安全阀、启动阀、喷油器也有不同程度损坏。此时船舶正好漂泊在日本大禹海峡，不允许长时间停车，只能采取封住活塞头破洞，安装上缸头，少装一个进气阀，使缸内气体不压缩减缸运行，但在试车时发现润滑油仍从活塞顶破洞进入气缸。这时船已漂至硫黄岛附近，情况紧急，只能打开进气总管端盖，让进入气缸的润滑油在活塞上行时从进气管道排出。23 日 6 时 38 分主机维持 40~65 转/分，14 时 12 分脱离危险区，这段时间损失润滑油 3.5 吨，在距离硫黄岛 20 海里处停车漂泊抢修，吊缸更换缸套、活塞、缸头等备件后，装复试车正常。

3. 事故原因

"HS"号轮船作为集装箱班轮,在恶劣海况中航行,主机长期处于高负荷运行,引起燃烧不良、工况不好。1号缸气阀的阀杆与导套因间隙过大,结碳严重,气阀卡死在开启位置,进而敲坏活塞、阀盘断裂脱落,殃及缸套及缸头附件。活塞顶被敲破后燃气、油气窜入曲拐箱,导致油雾浓度高报警、自动停车。

4. 事故教训和汲取的经验

(1) 在船期与安全航行发生矛盾时,要以安全航行为主,这已经有过很多次的教训。所以,在恶劣海况中航行的集装箱船舶,主机要适当降速低负荷运行,务必确保船舶的营运安全。

(2) 遇到"HS"号轮船这种情况,船长与轮机长要相互协调,力争尽快摆脱被动局面,争取时间抢修,避免事故扩大。同时轮机长要沉着应对,果断指挥,首先要减速并停止该缸工作;然后组织人员尽快做好更换缸头的准备工作,告知船长抢修需要的大约时间和可能产生的后果,让船长心中有数,以便决策。否则,等到气阀落入气缸造成事故扩大,那时船舶完全丧失动力,再想抢修就来不及了,将会面临更危险的局面。

(3) 集装箱船班期紧、靠泊时间短,维修保养时间少。轮机部要不失时机地抓住时间点,做好主机系统的检查维修保养工作,避免因关键部件超时使用、过度磨损而引发事故。

案例六:"TH"号轮船第 3 缸排气阀阀头断裂

1. 船舶概况

主机型号:18PC2-5V/400。

2. 事故经过

2015 年 12 月 25 日上午,"TH"号轮船在某港装完货开航后,驾驶台于 14 时电告机舱定速航行,主机加速后,经检查运行工况正常。

26 日 13 时 15 分,值班机工在集控室突然听到主机发出"咚!咚!"的异常响声,迅速电话通知驾驶台要求停车,并报告轮机长、大管轮。轮机长等人立即下机舱检查,刚到主机缸头层,发现 3 缸缸头向外喷水。13 时 18 分,驾驶台操作主机停车,随即轮机长和大管轮关闭了主机淡水系统,并组织人员对 3 缸进行吊缸。缸头吊出后，发现一只排气阀阀头断裂，落入气缸，活塞头被敲穿，缸头部分被敲裂，但缸套未受损伤。船员更换了备用活塞和缸头后，19 时 15 分启动主机继续航行。

3. 事故原因

该缸头排气阀上次检修后运行 1000 小时左右，从断裂处情况来看，是疲劳损伤所致。查检修记录得知，该排气阀是经过进厂烧焊、再加工修复的翻新件，由于加工烧焊后热处理质量不过关，导致应力集中而断裂，造成活塞、缸头损坏。

4. 事故教训和汲取的经验

（1）主管轮机员应对主要设备的运转部件，认真做好维修保养和时间统计。对老龄船舶主机进排气阀、阀座和卡块等部件，要注意加强检查，避免部件超时使用，造成疲劳损坏，引发事故。

（2）排气阀等重要机件翻新，应选择正规厂家；使用排气阀翻新件，必须严格审核其质量是否符合要求，并记录阀件的修理次数和使用时间，翻新不能超过 3 次。

案例七："HY"号轮船排气阀检修后故障

1. 船舶概况

主机型号：MAN（曼恩）B&W6S50MC，该机排气阀为液压驱动式。

2. 事故经过

2016 年 11 月 13 日，"HY"号轮船在德国汉堡港口码头装卸货时，检修和更换了第 2 缸排气阀。第 2 天离泊开航，引航员上船后慢车 15 分钟，主机加速时，从车速表上看到指针发生较大波动，机身也随之剧烈震动，同时增压器发生低沉喘振，仪表板上扫气箱内烟雾声光报警，立即减速，主机恢复正常，后来再缓慢加速，以上情况重复出现。由于航道不允许停车，只好将第 2 缸暂时停止供油，以减缸航行维持到锚地。抛锚停机后先对该缸燃油系统各部件做了检查，未发现异常；继而对排气阀及其各机构检查，从排气阀是否开或关的专用检查杆处看到，当盘车时该杆毫无动作，该缸排气阀失灵。拆解检查，发现排气阀高压油管的接头平面有损伤，高压油管换新后，故障消除。

3. 事故原因

在国外港口检修第 2 缸排气阀时，高压油管拆下后放在气缸一旁，由于工作忙乱，油管两头没有保护好，致使接头平面碰坏损伤，主管轮机员在装复时也没仔细检查。这种高压油管有两层结构，内层是通压力油，外层是当接头或内层破裂时让其流入到回油油路，所以接头平面损坏后，一部分压力油从损伤处流失，排气阀就开启不了。慢速时该缸在排气阀关闭情况下，由于负荷小，废气排量也小，对扫气影响也小，所以勉强能维持慢速航行。一旦加速，由于喷油量加大，燃气排量也加大，第 2 缸倒流入扫气箱的废气也增大，这样增压器背压也大，故而匹配失调，机身振动，增压器发生喘振，扫气箱烟雾报警器也发出声光报警。

4. 事故教训和汲取的经验

（1）高压油管拆下后，主管轮机员应督促专人保管，放置在安全处，以免碰伤。

（2）油管装复前，主管轮机员应仔细检查，确认无损再装复。

（3）油管装妥后，最好启动驱动油泵，合上盘车机进行盘车一圈，通过排气阀顶端专用检查杆检查阀门是否动作，确认正确无误。

（4）装复后应进行正倒车试验，以确保该装置处于良好运行状态。

4.5.3　船舶主机活塞有关故障

案例一："TH"号轮船主机气缸油混用造成活塞环异常磨损

1. 船舶概况

主机机型：MAN（曼恩）B&W6L80MC；主机功率：15 066 千瓦。

2. 事故经过

2014 年 2 月至 3 月，"TH"号轮船在短短一个月航行中，主机 1~6 缸先后燃烧不良，工况恶化，排烟温度、扫气温度升高，有的缸扫气箱着火，多次漂航吊缸。在吊缸中发现 1~6 缸各缸活塞环都有不正常磨损和断裂问题。经检查，主机扫气箱排污放残系统畅通；扫气箱也经过几次清洁，每次污物都比较多；燃油喷射系统及排气阀均为正常状态。

3. 事故原因

该轮船未经机务部门同意，其负责安排供油的部门在一个多月时间内，擅自多次更换供船的气缸油品种，致使主机气缸油混用，造成活塞环异常磨损。

经查，该轮船从2009年9月主机出厂时，一直是使用英国石油公司的气缸油；2013年12月6日换用了美国德士古石油公司的气缸油（加装了17 538千克）；2014年1月11日又换用了英国嘉实多石油公司的气缸油（加装了22 390千克）。即该轮船在一个月内，主机混用了不同石油公司的三种气缸油。

4. 事故教训和汲取的经验

（1）关于船舶主机润滑油（尤其是气缸油），柴油机厂家提供建议使用的品种一旦选用，不宜随便调换。由于某种原因确需更换品种时，应该认真研究供油公司提供的气缸油性能指标是否能替代，以及与原来使用的气缸油是否具有相容性，需要石油公司承诺保证，由公司机务部门决定。

（2）船舶更换主机气缸油，需要事前清洁气缸油日用油柜、清除油角，尽量避免混油；在两种气缸油实际更换过程中，轮机主管人员应注意跟踪监视主机工况变化，消除因混油引起性能变化而留下隐患。

（3）对主机扫气箱进行常规检查时，一旦发现活塞环断裂，必须尽快吊缸更换，不允许继续长时间运行，使故障进一步扩大酿成恶性事故。

案例二："LC"号轮船主机活塞环断裂

1. 船舶概况

主机型号：MAN（曼恩）B&W 10L90MC；主机功率：43 100千瓦。

2. 事故经过

"LC"号轮船是第五代5250TEU（20英尺❶）集装箱船，使用380厘斯❷燃油，2007年由日本川崎船厂建造。在主机运转的12 000小时内，因各缸均频繁发生活塞环断裂，1缸还发生过缸套裂纹，因此进行过多次非正常吊缸。

日本川崎船厂认为，"LC"号轮船主机1缸缸套裂纹是由于活塞环断裂，致使缸壁温度高而引起的。检查该缸时发现活塞环拉毛，日本川崎厂

---

❶ 1英尺=0.3048米
❷ 1厘斯=1毫米^2/秒

认为没有什么问题，但更换了活塞环后仅航行30天，该缸又出现排温异常引起主机减速。抵港后检查发现第1道活塞环卡死，其余3道活塞环断裂。吊出活塞后发现缸套后上部有一道300毫米裂纹，不得不更换了新缸套。

"LC"号轮船发生4次活塞环断裂时的使用时间分别为4780小时、6879小时、1906小时、6648小时，位置几乎全在塔口附近，而且第2、3、4道活塞环较容易断裂，第1道活塞环虽少断裂却容易卡死。

3. 事故原因

测量缸套发现，缸套的磨损大于活塞环的磨损。缸套磨损最大达2.15毫米，而活塞环的磨损仅为1.0~1.5毫米，说明活塞环的材料与缸套的材料不匹配，这也是造成异常活塞环断裂的直接原因。"LC"号轮船后来换上新的活塞环备件后，情况确实有明显好转。

4. 事故教训和汲取的经验

（1）新出厂的主机在初期营运中，应缩短扫气箱的检查周期，以便关注新机的磨合情况和及时发现活塞环卡死或断裂情况，必要时缩短吊缸周期。

（2）出现活塞环断裂时，应适当减少该缸的燃油量和加大气缸油注入量。如果情况允许，应尽快安排吊缸，避免事故扩大。

（3）在吊缸工作中，要使用原厂提供的活塞环备件。认真按照说明书要求做好活塞环槽的清洁、新活塞环搭口处的整形处理及各道活塞环搭口的摆放位置，并认真测量、记录各种间隙数据。

（4）船上应该及时向公司主管部门汇报非常规吊缸的原因，以及活塞环等备件的消耗、使用情况。公司应该为初期营运的新造船提供从原厂订购的质量可靠的活塞环备件。

案例三："GL"号轮船主机活塞环断裂

1. 船舶概况

主机型号：MAN（曼恩）B&W 6L65MC；主机功率：8351千瓦。

2. 事故经过

2017年9月18日，"GL"号轮船在澳大利亚黑德兰港装载铝粉之前洗舱时，甲板人员发现2号燃油舱的透气管由于锈蚀，形成一个直径约0.5厘米的破洞，并且周围管壁也较薄。甲板人员将此情况告知轮机长。轮机长和大管轮前往查看，大管轮建议暂时用环氧树脂包扎止漏，以防止铝粉进入燃油舱，有机会再换新透气管。但是轮机长没有采纳大管轮的建议，认为此种小洞不需要采取任何措施。

该船装载铝粉之后，开航前往日本，主机状况正常。两天之后，开始使用2舱燃油，机舱值班人员发现有异常现象发生，燃油滤器严重脏堵；燃油自清滤器冲洗次数过多，导致无法使用；清洗燃油细滤器时发现有金属粉末，疑似铝粉。当班轮机员告知轮机长后，轮机长只是让各班人员加强滤器的清洗工作，并未采取其他措施。然而，细滤器的堵塞情况愈加严重，造成主机燃油严重低压，进而导致主机停车。轮机长到机舱了解情况后，决定让燃油不经过细滤器，直接旁通管路。主机重新启动后，船舶继续航行，没过多久状况严重恶化，停车检查发现主机6个缸的活塞环几乎全部断裂。此船只有5年船龄，船上仅有两套活塞环备件，无法进行所有缸的吊缸工作，船舶只能停航，等待公司安排拖船救援。

3. 事故原因

公司安排远洋拖轮把该船拖至中国台湾，组织岸基人员协助船员对主机所有缸进行吊缸工作；将所有混有铝粉燃油流经的管路拆卸，进行清除铝粉工作；清洗燃油沉淀柜、燃油日用柜以及2号燃油舱；换新2号燃油舱透气管，检查其他燃油舱的透气管并采取相应措施。这次事故给公司造成了巨大的经济损失。

4. 事故教训和汲取的经验

本例可以从机舱资源管理中情景意识方面的失误来寻找解决办法，防止此类事故的再次发生。

（1）判断力、注意力和理解力差。当发现燃油舱透气管有破洞以后，轮机长认为不需要采取措施，没有正确考虑将要造成的影响，判断力和理解力差，想当然地以为如此小洞不会有事。事后发现，货舱装载铝粉以后破洞增大，以至于透气管内破洞位置以下都是铝粉。在当时特定时间和环境下对影响因素和条件的准确感知能力不强。

（2）适应性和心理素质欠佳。在该船故障的处理过程中，轮机长对事态的发展缺乏掌控，在知晓燃油已经混入疑似铝粉时，并未及时换用其他舱柜的燃油，泄放沉淀柜、日用柜燃油，而是继续使用混有铝粉的燃油，完全属于非正常行为，心理与适应能力差。

(3) 轮机长操作与领导技能差。轮机长对燃油的异常现象及其后果不够熟悉,操作技能差,没有预计到活塞环会出现严重磨损断裂,造成船舶海上停车,需要拖轮援助。

(4) 经验与训练不足。此次事故也反映了轮机长对处理燃油混有金属粉末所应采取的措施缺乏经验与操作技能。

案例四:"LH"号轮船主机活塞断裂、裙部脱落

1. 船舶概况

主机型号:MAN(曼恩)B & W 6L35MC;主机功率:3351千瓦;主机转速:193转/分。

2. 事故经过

2017年4月4日,"LH"号轮船由某港至宁波港的航行途中,15时25分,值班人员在集控室听到主机有"咚!咚!"的敲击声,立即报告驾驶台和轮机长,要求主机停车。15时30分,主机停车后,打开扫气箱道门检查,发现主机1号缸活塞裙部已落入扫气箱,随即进行吊缸抢修。吊出主机活塞后,发现活塞头部8只螺栓的螺母全部脱落,其中1根螺栓根部断裂,5根螺栓脱落,活塞裙落入扫气箱,活塞头有周向裂纹,活塞裙、活塞杆损坏需换新。

3. 事故原因

经查该缸活塞曾因漏油由船员解体过,装复后使用了19 310小时,其中常规吊缸后运行了3056小时。该机型为直流扫气,活塞整体较短,活塞头、活塞裙和活塞杆用螺栓、螺母紧固在一起。从损坏的螺栓、螺母来看,由于螺母保险丝直角收紧过紧,长期在剪切作用下折断,原来紧固螺栓的螺母在活塞上下往复运动中因承受振动而逐步松脱;在几次定期对扫气箱进行清洁检查时,船员也疏忽了对活塞下部紧固螺栓螺母及其保险丝的检查,一直没有发现上述问题,最终造成活塞裙与活塞头脱离,酿成活塞裙和活塞杆相互敲击损坏、活塞裙掉入扫气箱的事故。

4. 事故教训和汲取的经验

(1) 活塞是主机的关键运动部件,船员在解体活塞更换活塞头、密封圈后的组装工作中,要严格按照说明书的规定要求认真做好每一步骤。

（2）利用扫气箱检查、吊缸的机会，对活塞紧固螺母保险丝的情况进行检查，如发现异常及时纠正，消除隐患。

（3）航行中，值班人员要切实做好巡回检查，及时发现各种油、水参数的异常变化，并对其进行认真分析，力争将事故消灭在萌芽之中。发现运行中的主发电柴油机有不正常敲击时，应尽早采取措施停车检查。切忌延误时机致使事故扩大，造成更大的损失。

案例五："DR"号轮船主机第5缸活塞杆填料函碎裂

1. 船舶概况

主机型号：MAN（曼恩）B&W 6L70MC；主机功率：15 720 千瓦；主机转速：102 转/分。

2. 事故经过

"DR"号轮船是一艘全集装箱船舶，2017年12月15日由新加坡至南非德班港的航行途中，主机定速为99转/分。17时20分，主机润滑油自动清洗滤器压差大报警（0.8千克），轮机值班人员确认后，去机舱底层查看主机润滑油自动清洗滤器，准备手动冲洗几次。但当走过主机缸头层时，听到主机有"嗵！嗵！"异常响声。轮机值班人员循声查找确认是5缸发出来的，迅速奔回集控室电告驾驶台和轮机长，要求主机停车检查。电话还没挂断，5缸曲拐箱油雾高报警，主机自动减至微速。轮机长和机舱人员到达后，经船长同意17时25分停车。待主机冷却后打开主机曲拐箱道门检查，发现活塞杆的压脚螺栓靠左后的一只螺母松脱，螺栓上部滑牙打毛，活塞杆填料函碎裂。因船上没有填料函备件，只能用专用工具取下填料函，做临时补焊修理；把损坏的一只螺栓、螺母换新，装复后恢复航行。

3. 事故原因

该机型的活塞杆与十字头相连，由四只螺栓紧固在一起。查记录得知该缸吊缸后运行1000小时左右。上次吊缸检修时，活塞杆压脚螺栓的左后一只螺母被液压拉伸工具卡住，操作人员误认为已经上紧，实际是没有上紧。在主机运行中，该螺母随着活塞上下运动，逐步松脱到顶部，打穿填料函，使扫气箱的垃圾落入曲拐箱，导致润滑油自动清洗滤器脏堵、压差变大和扫气进入曲拐箱，造成油雾浓度高报警，并使主机自动减速。

4. 事故教训和汲取的经验

主机活塞杆压脚螺栓的螺母未上紧,在主机运行中松动打坏填料函的事故确实罕见,要引起轮机管理人员的重视和警惕。

(1) 在每次主机吊缸时,必须严格按照说明书规定要求,进行活塞杆压脚螺栓螺母的上紧操作。

(2) 轮机长要提醒主管轮机员,在每次检查曲拐箱时,要用检验榔头认真检查活塞杆压脚螺栓的松紧情况,避免类似事故发生。

案例六:"DQH"号轮船主机第 4 缸活塞裙脱落

1. 船舶概况

主机型号:B&W 6S50MC;主机功率:849 千瓦;主机转速:123 转/分。

控制系统为 NORCONTROL 公司的 AUTO CHIEF-Ⅲ型;配备 VTR564-32 型增压器、低负荷时使用的电动辅助鼓风机各一台。

2. 事故经过

"DQH"号轮船是 2011 年由韩国大宇建造的 7 万吨散货船。2018 年 1 月 9 日,"DQH"号轮船航行在中国北方海域,当时海况良好。10 时 40 分,运转中的主机增压器突然剧烈喘振,随后曲拐箱油雾浓度高报警,主机驾驶台控制报警,主机自动减速,第 4 缸活塞冷却油无流量报警,扫气箱高温报警,增压器出口温度高温报警,主机循环油柜低位报警。值班人员立即减油门,将驾驶台控制转为机舱控制后紧急停车。

待曲拐箱油雾、扫气箱温度降低到安全范围,船员打开主机道门检查发现:

(1) 第 4 缸活塞裙已经脱落并卡死在缸套底部;

(2) 连接活塞头部和裙部的 16 根锁紧螺栓中有 10 根松脱,6 根折断并全部损坏;

(3) 大量活塞冷却润滑油进入盘根箱、扫气箱,致使 8 米^3 滑油受到污染而报废。

3. 事故原因

(1) 部分固定螺栓的锁紧垫片强度不够、锁紧方式不当,在活塞往复运动的冲击震动下变形、疲劳折断,导致松动脱离。没有松动的螺栓易因承受不住活塞裙的往复惯性力和冷却油的顶推压力以及裙部的重量而折断。

（2）每次吊缸或清洁盘更箱时，对活塞裙部的固定螺栓没有进行检查或检查不仔细。

4. 事故教训和汲取的经验

（1）严格按照说明书规定的周期进行吊缸，严禁超期工作。清洁、检查活塞时，要注意检查连接活塞头和裙部的连接螺栓的锁紧情况。

（2）在清洁盘更箱、扫气箱时，要仔细检查活塞裙部固定螺栓的锁紧情况，发现松动及时查明原因并予以纠正。

（3）使用强度足够的钢片做锁紧垫片，注意锁紧方式得当。建议从专业厂家订购钻有2毫米孔的专用螺栓和抗腐蚀、高强度的配套钢丝，代替以往的锁紧板，用钢丝锁紧固定螺栓，成对锁紧，避免松动。

（4）航行值班人员要密切注意、及时分析主机工况参数的变化。发现主机盘更箱集油柜液位不正常增长，或主机循环油柜油位不正常下降的现象，要尽快停车查明原因，避免酿成更大事故。

案例七："GHS"号轮船主机连续机损

1. 船舶概况

主机机型：SULZER（苏尔寿）6RLB56；主机功率：5640千瓦；主机转速：130转/分。

2. 事故经过

"GHS"号轮船自2018年8月5日到10月31日，在不足3个月的时间里，连续重复发生主机缸套严重拉缸、裂损、活塞头烧蚀、活塞环槽烧熔等事故，共损坏气缸套9只，活塞头5只。

（1）8月5日，在印度贝迪港锚地等候进港期间，第6缸（运转7208小时，没发现不良缺陷）正常吊缸检修。活塞吊出后，发现缸套气口处有多条裂纹，活塞检测正常，换新缸套、更换全部活塞环后装好。

（2）9月14日，船抵越南胡志明港，因第4缸缸套漏水吊缸，发现严重拉缸，缸套有多条横向、纵向裂纹，第1道活塞环卡死在活塞环槽中，更换新缸套和备用活塞组。

（3）9月21日，自张家港满载出航，第2天刚出长江口，因第6缸缸套裂损、大量漏水，漂航吊缸。发现缸套严重拉伤，内表面多处金属剥落，活塞头第1道活塞环槽以上部分被1~3毫米的金属包层裹住，明显是因为缸套高温摩擦形成的。此缸套自8月5日新换后仅使用557小时，只能做更换新缸套和备用活塞头处理。

(4) 2018年10月23日中午，即漂航吊缸续航后仅10多个小时，第2、4两个缸同时开裂漏水。因前方有10级台风，船上没有备用缸套，只好封两缸慢速开往福建三都澳锚地避风等候缸套备件。在锚地船员检查第2、4两缸，发现缸套气口处有多条横向裂纹，表层多处剥落，活塞环全部卡死，活塞头部第1道活塞环槽以上被金属包裹。船员敲除包层约1~3毫米后打磨换新活塞环装复。第4缸距9月14日换新缸套只使用了334小时。

(5) 10月28日9时15分由三都澳锚地开航，13时10分定速，18时又发生第3、5两缸严重敲缸和第6缸再次开裂漏水，船舶无法继续航行，29日锚泊福建建平海港外锚地。船员再次吊出第6缸换新缸套，因第1道活塞环槽烧熔无法取出活塞环，船上已无备用活塞和缸套，只得封第3、6两缸慢速开往厦门港锚地等待备件和安排厂修。

(6) 10月31日到11月3日，该轮船在厦门锚地航修，并由公司技术部门组织调查，查找分析原因。在厦门锚地，更换第1、6两缸的活塞头，第1、3、5三个缸的缸套。拆检中发现第1、3两缸的气缸油注油器积碳咬死；而裂损缸套的裂纹大多在扫气口附近，呈横向断裂状，少则4条、多则有16条横向裂纹。

3. 事故原因

该轮船在短期内连续损坏9只新缸套，5只活塞头。其中有3只缸套损坏时的工作小时分别为557小时、334小时和28小时。查阅轮机日志、维修记录、车钟记录、测量报告、轮机长和大管轮工作记录，以及查看损坏的部件，原因并不复杂。

(1) 严重违反主机安全操作规程，是导致维修时吊哪个缸哪个缸就出毛病的首要原因。主机换新缸套、活塞等重要运动部件后，船上必须要进行磨合。吊缸后重新注入的冷却水需要加热，以保证缸套和活塞进行充分的暖缸；吊缸后主机暖缸不充分就投入运转，以及不经过磨合就很快加速，这些都会对主机带来巨大的损伤。

(2) 机舱管理混乱，隐患很多。

①气缸油调节失误。2018年8月6日轮机日志记录，第一次吊第6缸

后将气缸油总成调到最大 8 格处，而不是只把第 6 缸气缸油调大。第 1~5 缸的气缸油过量，致使积碳严重和卡环故障。此后因事故频发，气缸油再也没调整回来。

②活塞冷却系统长期没有检查除油，致使活塞冷却不良，活塞头内部冷却腔碳化油层达 1~3 毫米厚，水中含有大量污油，严重影响活塞冷却的传热效果。

③口琴阀从不拆检，表面被油污严重污染；空冷器长期没有进行化学清洗；主机各缸排烟、冷却水温度长期温差大。

④扫气压力表长期失效，定死在一个位置，影响对故障的分析判断。

4. 事故教训和汲取的经验

（1）强化安全意识，严格执行安全操作规程，决不能为赶船期违反安全操作规程。

（2）加强机务主管部门对船舶现场监督的工作力度，提高对故障船舶的跟踪、技术指导。

4.5.4 船舶主机连杆、曲轴故障

案例一："JH"号轮船主机第 6 缸曲轴红套移位

1. 船舶概况

主机机型：B&W 662 VT2BF 140；主机功率：4600 千瓦；主机转速：130 转/分。

2. 事故经过

2015 年 4 月 11 日，"JH"号轮船从太仓浏河锚地起锚去宁波港。8 时 15 分起锚，驾驶台微速前进、主机转速 42 转/分；8 时 40 分驾驶台前进一、主机转速 55 转/分；8 时 52 分驾驶台前进二，当机舱人员把主机转速加到 68 转/分时，听到船艉部"嘭！嘭！"声响，感觉到船体震动两下，随即驾驶台电话停车，值班轮机员停止主机；过了一会儿，驾驶台微速前进，前进一、前进二逐步加速，当主机转速加到 68 转/分时，发现主机机架有明显震动，随着主机转速的上升其震动更加明显。在临近海上速度（98 转/分）时，第 6 缸排温上升很快且高温报警。机舱采取减速并减小第 6 缸油门的措施航行到宁波港。13 日抵宁波港后，船上并未做全面检查，因当时认为主

机机架震动是由于船舶空载、吃水浅引起，第6缸排烟高温是油嘴雾化不良的原因，所以更换了第6缸油头。

15日装完货后，自宁波开赴香港的途中主机第6缸排烟温度高，主机机架震动。18日抵达香港后，轮机长对主机进行全面检查，发现主机第6缸（后）主轴承螺栓上部断裂，轴承盖移位。换新两根螺栓后主机试车运行一段时间，在微速（42转/分）时，机架震动就很严重。请示公司后对主机做进一步检查，发现新换的两根螺栓再次断裂，第6缸主轴颈红套滑移约5厘米，曲轴也略有弯曲。后由香港高登修理厂对主机曲轴做了抛光修正并配置加厚轴承；对第6缸定时做适当调整等，"JH"号轮船恢复航行。

3. 事故原因

（1）在浏河锚地，运转中的主机螺旋桨打倒灯浮时，正值主机第6缸的膨胀做功过程，致使第6缸曲柄遭受巨大冲击力，造成曲轴红套移位，主轴承螺栓断裂和曲轴略有弯曲。

（2）主轴颈红套滑移导致该缸定时变化、排温升高；曲轴弯曲受伤后因中心线不对称，引发剧烈震动，造成新更换的新螺栓再次断裂。

4. 事故教训和汲取的经验

（1）驾驶台操纵船舶时，必须避免运转中的螺旋桨遭受碰击。无法避免发生撞击时，应尽快停止主机运转，避免事故发生，减小船舶损伤。

（2）当运转中的螺旋桨遭遇外来物体撞击后，驾驶台应立即通报轮机长，以使轮机管理人员尽快对主机、轴系、艉轴封等部件进行全面检查，及时发现问题并采取相应措施，防止更大的机损事故发生。

案例二："JYH"号轮船主机第4缸曲柄销机损

1. 船舶概况

主机型号：日本川崎 MAN（曼恩）B&W 5L60MC。

2. 事故经过

"JYH"号轮船于2016年2月26日在南非理查德湾港装货，轮机管理人员对主机内部进行检查时，发现第4缸曲柄销轴承有挤铅现象。打开轴承检查，看到该缸曲柄销上下瓦拉铅严重，曲柄销颈粘铅较多，轴颈表面形成环形拉痕。船上自行对销颈用帆布打磨后，开启润滑油泵冲刷油路、换上备用新轴瓦压铅至间隙正常，装复后开航。经过1小时35分钟运行后该缸曲柄销道门温度偏高，润滑油压力有所降低，再停车检查，发现该缸曲柄销瓦再次发生挤铅现象。

公司机务部门在了解了该轮船处置经过和事故损失情况后，考虑到理查德湾港技术条件有限，即指令船舶采取封缸措施，减速航行去南非德班港修理。由于公司提前联系了中远集中箱运输有限公司驻南非德班办事处请求协助，当船舶抵达德班港后，曼恩服务工程师、日本船级社验船师和修理厂家的人员及时对轮船开展调查、分析、检验和修理。3月16日该轮船连杆大端轴颈磨去2毫米，从丹麦新做的加厚瓦送船装复后，经过码头试车和海上试车正常。19日21时20分，恢复正常航行。

3. 事故原因

（1）第4缸前不久做过循环检验，在拆装施工中，对该缸轴颈造成过损伤，埋下了隐患。

（2）第4缸有损伤的轴颈在运行中，缺陷日趋加速发展，导致轴承过度磨损，润滑、散热状况恶化，再次加剧轴瓦与轴颈的磨损，最终发展为高温挤铅损伤。

（3）发现第4缸曲柄销轴承有挤铅现象后的自修措施不当，轴颈表面粗糙度不符合技术规范要求，没能消除隐患就装复运转，酿成事故。

4. 事故教训和汲取的经验

（1）船舶发生主机曲柄销和轴瓦这种重要机件严重损伤，应该及时报告公司机务部门以取得正确的技术指导意见，不应私自处理。

（2）加强对船员的业务技术培训，提高轮机员科学分析故障和处理事故的综合应变能力。

案例三："TH"号轮船主机曲轴红套移位，缸头、缸套裂缝

1. 船舶概况

主机型号：B&W 984VT2BF-180。

2. 事故经过

2016年11月9日，"TH"号轮船从上海港至欧洲航行在台湾海峡附近海域，上午值班轮机员发现主机缸套冷却水压力有较大波动，第2缸缸头出

水温度比其他缸高。轮机长接到报告下机舱检查后判断为第2缸缸头裂缝，经船长同意，停车并更换缸头后恢复航行。该轮船又航行了4天后，主机第1、2缸的安全阀先后起跳，轮机长适当减小主滑油门，当时因示功阀不通没能测取爆炸压力。

到新加坡靠泊后，清通示功阀，又在开航后测取了主机爆炸压力，发现第1、2缸的爆压明显高于正常值。查询以往记录，2015年3月主机第1~6缸的定时曾超前调了5度。轮机长把定时调回原位，但主机前几个缸的爆压仍然较高。之后又发生了第4缸缸头裂缝，排气阀吹坏；第2缸活塞头烧蚀，缸头启动阀损坏；最严重的是第5缸缸头、缸套同时裂损。为进一步查找原因，再次漂航检查，在对主机曲拐箱内部详细检查中发现主机曲轴第5缸前部，主轴颈和曲柄臂的红套向后移动大约9度。经公司研究决定将主机凸轮轴第4缸的考比林拆除，把前面第1~4缸的凸轮轴向后调节9度，然后把考比林焊牢，调节后主机爆炸压力恢复正常，缸套、缸头再没有发生异常损坏。

3. 事故原因

（1）该轮船是2008年出厂的老龄船，因各部件已有一定磨损，2015年3月才把第1~6缸的定时前调5度。

（2）该轮船发生红套移位后，由于主机第1~4缸喷油、气阀定时超前而产生的过高爆压，导致缸头安全阀起跳，缸头、缸套因超负荷产生裂纹，附件损坏。

4. 事故教训和汲取的经验

（1）主机运行中发生安全阀起跳，说明该缸爆炸压力过高，应该及时降低负荷并查明原因。

（2）主机各缸示功考克必须保持通畅，以便随时能测取示功图，分析主机气缸工况。

（3）主机曲轴红套移位比较罕见。当旋转中的螺旋桨打到水中异物后，轮机管理人员必须立即检查主机曲拐箱内部，确定曲轴是否发生红套移位。

案例四："YH"号轮船主机十字头导板损坏导致曲轴损伤

1. 船舶概况

主机型号：MAN（曼恩）B&W 6L50MC；主机功率：7330千瓦。

2. 事故经过

2010年9月17日，"YH"号轮船第13航次由荷兰至印度尼西亚航行于印度洋途中，突然主机曲柄箱油雾浓度探测器报警，主机自动减速，当即停车检查。发现第5缸曲柄箱内，十字头推力滑块的前侧板脱落；推力滑块侧板6只固定双头螺栓全部从滑块的根部切断，推力滑块侧板折断；十字头固定连杆小端的推力块的两只螺栓从头部拉断，推力块脱落；连杆前移，造成连杆瓦边缘脱铅。18日，打开连杆大端瓦后，发现曲柄销轴颈的粗糙度变差，磨损严重，有明显划痕、拉毛和裂纹；上瓦脱铅严重。因在海上漂航无法自修，只得封缸开往最近的也门亚丁港。

24日抵达亚丁港锚地后，曼恩公司上船磨轴。磨轴工作于10月19日完成，曲柄销直径磨小4.5毫米。由于当地流行黄热病，服务工程师及备件均不能及时到船。为了节省船期、封缸航行到斯里兰卡科伦坡港修理。

10月30日，"YH"号轮船抵达科伦坡港，曼恩公司的服务工程师上船指导船员安装、调试，并对主机其他缸进行检查，做试车航行。在从科伦坡开往印度尼西亚的途中，主机工况基本正常。

3. 事故原因

(1) "YH"号轮船这次主机机损事故的发展过程：先是第5缸十字头推力滑块前侧板固定螺栓因受力从根部剪断，接着十字头后推力块的固定螺栓拉断，造成连杆小端移位。由于连杆大、小端的润滑都是通过十字头一条油路，连杆小端的移位切断了通往曲柄销轴承的油路，致使连杆大端断油，轴瓦抱轴，曲柄销烧蚀裂纹。润滑油高温产生油气致使第5缸烟雾浓度探测器报警、主机自动减速。

(2) 连杆大端和曲柄销的椭圆度严重超标。在针对事故的检查测量中发现，第5缸曲柄销的椭圆度为0.27毫米，而曼恩公司规范要求小于0.02毫米；连杆大端的椭圆度达到0.28毫米，而曼恩公司规范要求小于0.03毫米。由于曲柄销椭圆度和连杆大端椭圆度超标，使曲柄销瓦不能与曲柄销完全贴合。在主机运转中，连杆大端受力而运转不平稳、出现跳动；大端轴承前后窜动，造成连杆小端摆动；出现前后方向的水平侧推力，使推力块受力——这个侧推力随连杆的摆动而产生，是一个交变的力，固定螺栓就是受这个交变应力而断掉；十字头在上下运动中受到前后方向的分力，推力滑块导板滑片受力过大，固定滑片的6只螺栓全部剪断。最终由于十字头销的前推力滑块侧板脱落而前移，连杆小端的推力块脱落而后移，使油路被切断，导致大端断油、抱轴。

4. 事故教训和汲取的经验

"YH"号轮船这起事故是因主机建造质量差所致。虽说产生的修理费用都由制造厂家负担，但对船舶安全营运影响极大，船期延误使公司效益遭受很大损失。

（1）监造人员应该对重要设备的测量数据进行认真核查、验证，以确保新造船舶的质量及营运安全。

（2）在投入营运前两年的新造船上工作的船员，更应该严格按照说明书的要求，认真做好对重要设备的检查维护工作，如检查主机内部各螺栓是否有松动迹象、检测主机各部位轴承间隙等，以便及早发现、消除隐患，避免事故发生。

4.5.5　船舶主机气缸盖故障

案例一："TZH"号轮船主机缸头裂纹

1. 船舶概况

主机型号：B&W 5L80GFCA。

2. 事故经过

2015年3月20日，"TZH"号轮船在航行中主机一缸头有裂纹，经船长同意停车更换缸头后恢复航行。事后将换下的缸头裂纹处用手动砂轮打出20毫米的坡口，用不锈钢焊条焊好后留船备用。

3. 事故原因

"TZH"轮船在挪威的挪控公司营运期间，主机燃用380厘斯燃油，因燃油加温设备跟不上，进机燃油雾化不良，燃烧工况恶劣，致使主机缸套、缸头、活塞头热应力超极限。

同在挪控公司服役的几条同类型船已多次不同程度出现过缸头、缸套、活塞头裂纹及排气阀烧蚀，为此挪控公司投入大量备件费用。

4. 事故教训和汲取的经验

（1）使用380厘斯燃油的船舶，要严格按照主机说明书中的规定要求，控制好燃油的进机黏度。

（2）认真做好主机各项维修保养工作，保证喷油器和主机各运动部件处于良好的技术状态。

（3）切实做好开航前和每次临时抢修后、恢复航行前的主机暖缸工作。在冷却水温度偏低时，主机不能投入运行和加速太快，以尽量避免或降低热应力的伤害。

（4）在航行中，尤其在恶劣海况情况下，将主机热工参数控制在安全合理的范围，严格避免主机超负荷运行。

案例二："ZH"号轮船主机第3缸缸头螺栓连"根"拔起

1. 船舶概况

主机型号：日本川崎 MAN（曼恩）B&W 6L70MCE；额定转速：91转/分；营运转速：85转/分。

2. 事故经过

2015年11月28日，"ZH"号轮船在航行途中，营运转速为85转/分。8时50分，值班人员发现主机第3缸右前方缸头与缸套接触面处漏气。轮机长下机舱先把主机减速到80转/分，在检查时发现第3缸右前一根缸头螺栓松动。因主机经减速后漏气现象消失，该轮船继续维持航行。12月1日，抵瓦伦西港做进一步检查时，发现第3缸松动的那根缸头螺栓已从底部螺牙处拔起，起不到固定作用。经查2010年第3缸也曾损坏过一根缸头螺栓，情况与这次一样。这次损坏的螺栓在上次隔1根的位置。主机减速至75转/分航行，5日驶抵纽约港。船厂修理人员上船后，在原螺栓孔处打深孔后攻牙，再换上加长螺栓装复，返航时主机开84转/分左右，情况良好。

2016年2月7日19时，该轮船驶离新加坡，20时43分定速航行，主机84转/分。20时50分，值班轮机员突然听到"砰"的一声巨响，检查发现主机气缸水压力波动、第3缸冷却水喷出，膨胀水柜水位下降，第2缸有一根缸头螺栓从底部螺牙处损坏，并使缸套的冷却水套底部也遭损坏。值班人员立即减速并做了堵漏工作。请示公司后，返回新加坡修理。在这次修理中，发现有两根螺栓底部裂缝，同样采取螺孔加深、换用加长螺栓的措施修复后恢复航行。

3. 事故原因

(1) 该轮船主机运转工况正常，各缸爆压、定时都在正常范围。发生缸头螺栓"连根拔起"的主要原因是部件强度不够。后经查证，日本川崎厂对该机型做了改进，减少缸头螺栓底部的机架宽度，导致该部位强度减弱。

(2) 船员检修中，因多种原因造成各个缸头螺栓上紧力不同，致使预紧力大的缸头螺栓容易受到伤害，最后发展到"连根拔起"。

4. 事故教训和汲取的经验

(1) 该轮船缸头螺栓"连根拔起"事故，因应减负荷而没减，一直按说明书标定的营运转速航行。

(2) 公司机务部门没能把制造厂或建造时掌握的设备缺陷，以及营运史上发生的大事件及时反馈给船上，并对船舶进行有效的监督、指导。

(3) 船员在拆装缸头螺栓时，要严格按照说明书的规定预紧数据，正确使用专用液压工具实施对缸头螺栓的拆装。严禁采用"接长管"的错误方法上紧缸头螺栓，预紧力不均匀易导致事故发生。

案例三："GBK"号轮船主机连杆螺栓断裂

1. 船舶概况

主机机型：日本川崎-MAN（曼恩）7L52/55A 中速机两台；主机功率：4430千瓦+5200千瓦；主机转速：434转/分。

2. 事故经过

2013年1月14日，"GBK"号轮船停泊在澳大利亚墨尔本港，轮机部利用装卸货机会对2号主机第8缸进行常规吊缸。吊缸完成后于17时开航去里斯本港，航行途中该缸运行工况未发现异常现象。经过三天航行，于17日下午抵达里斯本港锚地。

抛锚后，大管轮便利用锚泊时间对该缸做一次检查。打开该缸曲拐箱道门后，第8缸连杆大端上的4只螺栓中编号为第4的螺栓断成两段，较长的一段已在曲拐箱底部，较短的一段仍留在连杆头本体上的螺栓孔内。断裂的部位在下螺栓头第5个牙位置。为了保证准时靠泊，轮机长组织全体轮机管理人员进行紧急吊缸，将断头螺栓取出，并仔细检查了轴承等各部件后，把4根连杆螺栓全部换新,按说明书要求上紧,装复后冲车、运转试验正常。

3. 事故原因

因大管轮及时检查发现了这次事故的苗头,没有酿成大祸。

(1) 第8缸连杆螺栓断裂为疲劳断裂,其原因是主机工作中,该缸连杆4只螺栓受力不均匀,其中有一根螺栓产生交变应力集中现象,导致在螺纹根部产生疲劳裂纹,逐步扩展而引起断裂。

(2) 说明书要求拆卸和上紧连杆螺栓螺母时,要用4只液压拉伸器同时操作。而该轮液压工具4只拉伸器有两只是坏的,拆装时使用两只好的拉伸器对角先后上紧,这就容易造成4只螺栓受力不均匀。在拆卸连杆螺栓螺母时,还往往忽视螺栓松动的情况。在取出留在连杆本体螺栓孔中的断头螺栓时,是用手拧出来的,说明原来就没有上紧。

4. 事故教训和汲取的经验

(1) 主机吊缸中对各种螺栓的拆卸、上紧工作,必须严格按照说明书的规定,认真做好每一步操作,决不能因时间紧迫应付了事。

(2) 主机造船时配备的液压专用工具如有缺陷、损坏,要及时修理和配齐,不能凑合使用,埋下隐患。

(3) 认真记录主机各螺栓的使用时间,每次拆检要测量螺栓的永久变形伸长量,并记录在案,超过标准要换新。

该轮船大管轮对上一港口急促吊缸中连杆螺栓的拆装质量存有疑问,事后能够主动检查,发现事故苗头,亡羊补牢,避免了一次严重事故的发生。

4.5.6 船舶主机控制系统故障

案例一:"GJT"号轮船主机失控引起碰撞

1. 船舶概况

主机型号:GOTAVERKEN(瑞典戈特维肯)DM75/160 VGS6U;功率:7610千瓦;主机转速:120转/分。

2. 事故经过

2019年1月6日14时45分,"GJT"号轮船停靠在北海港3~4号泊位进行卸货作业。11日凌晨2时30分卸空,港口安排当天16时离港开航。

驾驶台15时30分通知机舱备车,32分机舱冲车、试车时主机失控:

在冲车时就正车发火运转，直至港内全速100转/分，致使船舶挣断艏艉共十条大缆，拖着抛下的三节左锚前进，38分船艏撞到横向系泊在2号泊位的"新上海"号客轮艉部左侧。

该轮船备车时，主机控制置于机舱集控室"遥控"位置。初次冲车没成功，轮机长未检查冲车不来的原因，又进行两次试验仍不能启动。因轮机长在本港刚接班，对机器情况还不太熟悉，大管轮告诉轮机长以前也发生过冲车不来的现象，可能是启动系统的应急启动阀不动作，可用手按应急启动阀进行冲车。轮机长随即手按应急启动阀上的手柄进行冲车。此时各缸示功阀处于开启状态，但主机仍然自行供油运转并不断加速。轮机长和值班轮机员见主机不能停车，立即将集控室的车钟手柄、油门手柄拉回零位，但主机还是停不下来；随即又到机房控制台，想把油门控制杆拉回零位，由于情急之中没在集控室将主机控制转至机旁操作位置，即转换阀未转到机旁位，故此油门杆拉不动；大管轮又将主机启动空气截止阀及主机控制空气截止阀关闭，结果主机不但停不下来反而加速；最后人工强行将应急停油阀切断，主机才慢慢停止了运转。但因延误的时间太长，已经发生了碰撞事故。

3. 事故原因

事故发生后，机务主管与主管轮机员、自动化维修人员对该轮船控制系统做了逐步分析检查。该轮船操纵系统在启动时的工作流程是：从气瓶来的压缩空气减压为0.8兆帕的控制空气，经过滤器、油雾润滑器进入主机控制管系。其中一路通往转车机连锁阀，备车时转车机脱开，连锁阀处于开启状态。接通转换阀，供气到精密调节阀。

检查中发现主机转车机连锁阀的阀芯卡阻，处在半开启状态，致使控制空气压力不足，经过精密调节阀到调速器伺服器的气压不足。当通到调速器伺服器的气压在0.4兆帕时，为主机设定的最低转速油门。控制空气压力下降，对应的转速就升高。最高转速对应的控制气压为0.1兆帕；主机定速的转速是通过精密调节阀设定。这次备车时：

（1）控制台上的控制空气压力指示为0.35兆帕，因不符合启动条件，所以三次冲车不成功。

（2）轮机长和大管轮没能查明原因，就在主机控制方式没有转至机旁操作位置的情况下，盲目使用手按应急启动阀，使主启动空气直接进入气缸、主机运转起来。由于主机的控制方式仍处在集控室"遥控"位置，主机就按照比正常启动大很多的油门信号指令加速运转。

（3）轮机长、大管轮对冲车时发生了运转不停反而加速的现象手忙脚乱，没能直接使用应急停车按钮来切断供油，而是盲目地去机旁拉油门杆、关主启动空气阀，延误了停车时间，最后错误地关闭控制空气。由于该主机在遥控运转情况下，控制气压越小、主滑油门越大、转速越高，致使主机的转速升高到最高时速，造成该轮船缆绳拉断后的撞船事故。

4. 事故教训和汲取的经验

（1）大管轮和轮机长要认真阅读所在船舶的主机说明书，应能熟悉主机操纵系统工作原理和流程，并掌握管理要点，提高故障分析和应变的综合能力。

（2）切实加强对船员应急操作的技能训练。做到人人懂得原理、人人会应急操作，确保船舶发生各种突发事件时能采取正确应急措施，避免或减少事故发生。

案例二："DL"号轮船主机启动故障

1. 船舶概况

主机型号：SULZER（苏尔寿）6RTA70；主机功率：8203 千瓦。

2. 事故经过

2018 年 3 月 19 日，"DL"号轮船在韩国釜山港开航前备车，做冲车准备，经连续启动主机数次后方成功，随即转换到驾驶室遥控。离泊开航船长一直没有使用过停车，所以在上海港内未再次遇上启动不灵的情况。后在港外抛锚避风时，当班轮机员才提起开航前主机启动不顺利之事。轮机长与大管轮听到后认真对待，立即投入检查。当主机冲车运转后发现不能马上喷油发火，判定是断油伺服器未及时释放油量调节杆的缘故，于是在电路与气路方面做了一些检查。当听到断油伺服器顶杆处有漏气声，决定将其解体，发现断油伺服器工作气缸内"Y"形密封的橡胶圈老化并严重磨损。因船上一时无此种备件，即选用其他一般的"O"形圈暂代，勉强还能保持密封使用。

3. 事故原因

由于断油伺服器气缸中密封圈老化磨损而泄漏，致使气压不足以克服活塞背面弹簧力，推动不了活塞，因此位于活塞杆一端连接的油量调节杆始终被顶住不放，导致高压油泵无油进入而不能启动。当连续启动数次之后，由于不断向气缸内供气，气量增大后，克服了瞬时的漏气量将活塞推动，活塞杆移动后也就释放了油量调节杆，高压油泵得以进油，主机发火动车。

4. 事故教训和汲取的经验

由于主机遥控系统的组成较为复杂，其分析和排除故障的技术含量较高，大多数阀件的结构较为复杂、零件较为精密，维护管理的难度较大，令许多轮机员望而却步，对系统维护不能及时进行。等到系统出现故障时，说明系统的技术状况已经非常差了。气动系统失效的主要形式有：密封圈橡胶老化、零件磨损或锈蚀、脏堵等。针对这些失效形式，遥控系统说明书中都有明确的维护要求，只要遵循这些要求进行维护，系统就能保持较好的技术状态。

（1）影响主机安全的重要备配件，在安装之前尽可能解体检查一遍再装上。

（2）备件装机后，如果时间上有富余，应尽可能暖缸后进行冲车启动试验，避免正式用车时发生故障。

（3）当主机启动失灵时，可派人在气缸旁听音或手摸各缸启动空气管，判断哪一只气缸在启动时启动阀不起跳。

（4）定期对主机各缸上的启动阀进行检修和加注润滑油。

案例三："HDJ"号轮船主机气缸启动阀控制气路泄漏

1. 船舶概况

主机型号：6VD29/24AL；两台四冲程主机；主机功率：4803千瓦。

2. 事故经过

2016年7月15日10时，"HGJ"号轮船左主机多次发生主机冲车不动，后采取盘车再启动，启动成功。经观察飞轮刻度初步判断第3缸或者第4缸不能发火，多次检查清洁启动空气分配器，拆检第3缸和第4缸气缸启动阀，主机冲车不动现象仍然存在。后发现第4缸启动空气分配器到气缸启动阀控制气路"三通卡套"通气后脱离，大量漏气，加固后启动正常。

3. 事故原因

事后据轮机值班人员回忆，上次厂修时工人配合不当曾导致吊缸葫芦挂住控制气路"三通卡套"短管，使其受力。时间长久后震动磨损加剧导致通气后脱离。因"三通卡套"短管距离短小，断气后状态还原，位置低下贴近机体平面，多次冲车都没有注意到第4缸控制气路漏气，最后还是因为冲车时有轮机员正巧站在第3和第4缸之间感觉气体泄漏才发现问题。

4. 事故教训和汲取的经验

（1）管理不严。对外协修理人员专业修理能力没有严格把关，导致外协人员在修理过程中出现低级错误。公司管理部门应该加强对船厂技术质量要求，船舶轮机管理人员应加强监督修理工人的维修质量。

（2）相关轮机工作人员情景意识薄弱。当日轮机值班人员看到外协修理吊缸葫芦挂住控制气路"三通卡套"短管时，仅用肉眼观察相关部位有没有断裂破损以及变形，没有考虑是否松动，所以没有用工具检查收紧管路。

（3）轮机员关联研究缺乏，注意力过于集中，全面判断能力不足。轮机员因为缺少案例学习，把简单问题复杂化，没有及时想到问题会出现在管路接口上。

（4）轮机管理人员团体协作需要提高。故障现象发生后，轮机长曾多次指派各班轮机员处理。各班轮机员虽然考虑过管路泄漏问题，但因为"三通卡套"短管距离短小，断气无压力后状态还原，并且手拽无明显松动感，加上轮机长（怕主机启动飞车）要求主机启动必须是轮机员亲自动手，所以单班次轮机员无法及时发现气体泄漏。应充分发扬团体协作精神，早发现、早处理，避免分散无效的处理方式。

案例四："HH"号轮船主机加速时发生敲缸

1. 船舶概况

主机型号：MAN（曼恩）B&W6S60MC；主机功率：8310千瓦。

2. 事故经过

"HH"号轮船自新造出厂试航始，多次发生车速由75转/分加速至105转/分时，推动油门杆略为快一些，主机则出现剧烈的敲缸声，在集控室仪表板上的转速表波动很大，负荷指示针从刻度5一下跳到刻度8。若将油门杆再拉小，这种状况就会消失。同样在开倒车时，如前操作也会发生敲缸现象。

3. 事故原因

怀疑调速器中增压空气控制式的燃油限制器有问题，因为它的功能是防止主机加速时因增压空气一时不能与燃油量的增加同步而引起主机燃烧恶化，故它设有用增压空气压力来限制调速器中动力活塞的功能，随转速上升扫气压力增大，其相应拉大油门。根据以上敲缸情况，说明控制油门方面未起到作用，故在返厂维修时提出拆检调速器及有关连接。厂方将调速器拆检调试装妥后，未再发生敲缸现象。

4. 事故教训和汲取的经验

调速器的维修应采取谨慎态度，尤其是液压式调适器。这也导致一些技术人员虽然对其装置的原理和结构清楚，但是担心拆解后不能装复，加上船上调试困难，所以不敢拆解。如果船上备有备件总成或公司船技部门有若干备件，在故障发生时及时更换，也可以防止操作中出现意外。

PGA58型调速器是一种液压调速器，在其内装有气动转速设定机构控制车速和增压空气压力控制燃油限制器及超速停车等装置。前两种机构都是通过一种波形膨胀装置的伸缩来起调节作用，故其一端受外界气压变化后，引起内部的液压压力变化，推动活塞产生位移传递到连杆，再利用杠杆原理最后传递到油门控制机构上，从而达到调速的目的。正常运行时，在外界变化极小情况下，双方基本上处于平衡状态，但只要有一方发生故障，就不可能达到平衡，不管是低速或中速都会出现失控的故障。开车过快一般易引起敲缸，因短时间内喷油过量而转速一时未能跟上，再加上迟燃严重会发生爆燃，导致敲缸。

案例五："NJ"号轮船主机失控造成重大碰撞

1. 船舶概况

主机型号：SULZER（苏尔寿）5RTA62；主机功率：7203千瓦。

2. 事故经过

2016年12月14日10时40分，"NJ"号轮船满载6.4万吨货物从美国密西西比河的拉佩斯锚地出发，顺流而下，出河口返东南亚卸货。11时03分主机转至驾驶台控制，11时30分主机港内全速（72.5转/分），14时06分主机滑油泵低压报警并随即自动停车。当时船舶刚过新奥尔良大桥，14时07分驾驶台值班人员感到船舶震动，主机转速只有30转/分左右，即询问机舱控制室，并将控制转向机舱。当时另一台滑油泵处于自动备用位置，但没有启动，机舱人员立即人工启动了备用油泵。14时09分主机重新启动恢复航行，但为时已晚，船艏已扫过河岸的停车场和商店，14时11分船舶沿岸边坐浅。损失修理费用120万美元，修期56天。

3. 事故原因

（1）主机滑油压力在事发前就偏低。根据该轮船自动打印记录显示，这次报警前的滑油压力为0.26兆帕。这与报警压力值（0.25兆帕）、自动停车压力值（0.23兆帕）相差不大。主机运转引起的油温正常升高、滑油滤器压差的正常加大，船舶摇摆较大时可能引起滑油泵吸入压力的瞬间降低，这些都有可能造成滑油压力下降到0.23兆帕而致使主机停车。

（2）滑油太脏，滤器前后压差太大。该轮船主机滑油由于分离不当和漏入燃油等原因，先后造成黏度超过允许极限，滤器前后压差长期为0.06~0.07兆帕（正常应≤0.04兆帕），这也是造成该轮船平时滑油压力偏低的原因之一。

（3）该轮船主机滑油泵的自动转换未起作用。该轮船自动转换采用压力型开关，压力源来自进主机的滑油管路，自动转换压力设定为0.24兆帕，压差为0.03兆帕，装置具有下列三个特点。

①滑油泵初次启动后只要压力超过0.27兆帕，另一台泵就自动置于"备用"，即当系统压力低于0.24兆帕时自动启动投入运行。

②滑油泵初次启动后，在设定的时间内（原设定时间为起动后的10~30分钟）油压未达到0.27兆帕以上，另一台泵将置于"备用"位置，当系统压力低于0.24兆帕时，自动投入运行。

③滑油泵初次启动后，在设定时间以后，才将另一台泵置于"备用"位置，如果油压低于0.24兆帕时，另一台泵就不会自动投入运行。如果油压高于0.24兆帕时，另一台泵会自动投入运行。

由于该轮船平时滑油压力偏低，滑油泵的设定转换时间被船上主管人由10~30分钟改调为10秒，导致转换功能形同虚设，当油压低于0.24兆帕时，另一台泵根本就不能自动投入运行。

（4）主机循环油柜油位太低，是导致瞬间滑油压力过低主机停车的直接原因。该轮船主机循环油柜容积量为 17.5 米^3，油深 1.16 米，油位低位报警为 9.3 米^3，油深 0.6 米。事发时循环油柜实际存油只有 7.5 米^3，油深 0.44 米。这种油位偏低情况已存在几个月时间，主管人员因此还调改了报警值。事发时，船速为 12.5 海里左右，正值大角度向右转弯，船舶向左倾斜。本来就过低的油位加上船舶突然左倾，使位于油柜右侧的滑油泵吸入口骤然露出油面，滑油泵抽空，导致滑油失压，主机自动停车。

4. 事故教训和汲取的经验

（1）加强责任心，强化滑油管理工作。这次事故暴露出该轮船在滑油管理工作中存在不少问题，滑油系统和滑油状况长期处于不正常状态，如滑油脏、黏度高、压力偏低等。事发前一个多月公司曾指令"认真清洗循环柜，更换滑油"，并于 2016 年 11 月 5 日收到该轮船已清洗油柜和更换滑油的回复，事实上没有清洗油柜。该轮船准备另找时间清洗油柜，为减少润滑油污染，有意少加了循环油柜的油量，致使滤器前后压差大和系统压力偏低的问题没能解决，还埋下了循环油柜油位过低这个祸根。

（2）擅自改动安全设施设定值的做法后患无穷。该轮船对滑油泵自动转换设定时间和循环油柜油位低报警值做了擅自改动，这可能带来设施的损坏，严重更可能造成重大事故。

案例六："SZ"号轮船主机遥控系统故障

1. 船舶概况

主机型号：MAN（曼恩）B&W6S50MC；主机功率：8310 千瓦。

2. 事故经过

2019 年 5 月 9 日，"SZ"号轮船在船厂坞修结束后，出坞试车时主机磁感应脉冲探头警报，主机遥控系统故障。检查发现两组磁感应脉冲探头（4 个）全部砸坏，只找到两个备件，一组更换一个确保遥控系统和调速系统工作。电子电气员更换好备件后试车，故障依旧，而且多了一个调速器警报。根据当时的情景判断，调速器故障很可能是由于输入故障引起的输出故障，调速器本身不应该有问题。打开电动执行器端盖，拨动微动开关复位，调速器警报消失。电子电气员在重新检查磁感应脉冲探头输出时，发现线接错了，重新接线后，恢复正常。

3. 事故原因

船厂坞修在推力轴承循环检验拆检时，没有注意对磁感应脉冲探头的保护，四个磁感应脉冲探头分为两套，两个用于遥控系统、两个用于调速系统，每个系统均有一个为热备用。在找到两个备件的情况下，两个系统各更换一个能保证系统工作。电子电气员接线时，没有注意颜色对比，线接错导致再生故障。

原轮机长和主管轮机员在进厂拆检推力轴承时，没有意识到对转速检测装置的保护，缺乏足够的情景意识；电子电气员操作技能不足，在更换磁感应脉冲探头时，线路接错导致更深层次的故障。新任轮机长对遥控系统的熟悉程度高，判断力和适应性强，具有较高的情景意识，在出现调速器故障时能迅速判断并解决后续引发的调速器故障，找到保护继电器复位。

4. 事故教训和汲取的经验

（1）进厂坞修推力轴承循环检验拆检时，船厂和船上轮机管理人员以及船公司机务主管都没有意识到对磁感应脉冲探头的保护。

（2）电子电气员接线时应注意磁感应脉冲探头接线的颜色对比，防止接错。

（3）现代船舶机舱对轮机管理人员的技术要求较高，船员培训机构要加强对主机遥控系统方面的技术培训力度，船员应该加强此方面的学习，本案例体现了情景意识在解决船舶机舱故障的重要性。

案例七："XZ"号轮船主机调速器故障

1. 船舶概况

主机型号：MAN（曼恩）B&W6S50MC；调速器型号：MG-800。

2. 事故经过

2017年8月9日，"XZ"号轮船载重4.8万吨散货，操纵台出现故障警报，应答后消失。电子电气员查找主机负荷指示器故障，在查找油门杆上的同步电动机时，误将电动执行器线路拔下。开航试车时，主机启动失败，且无任何报警。在仔细查阅遥控系统说明书时，注意到电动执行器线路拔下等几种情况会导致执行器零位丢失，立即联想到电子电气员的行为和当时出现的报警情况，按说明书步骤进行零位恢复操作。

3. 事故原因

本案例是由于电子电气员业务能力较差，拔下电动执行器接线后引起零位丢失。在切换到机旁操纵时，机旁油门手柄在零位，而调速器由于零位丢失输出不在零位，两凹槽不对应，不能切换，这时可以发现调速器的输出不在零位。当电动执行器接线拔下后，产生警报，操纵台应答后，故障警报消失，但故障记录在伺服驱动器中，可以在伺服驱动器历史警报中查到。

4. 事故教训和汲取的经验

电子电气员的专业知识薄弱，误将电动执行器接线拔下是造成这次故障的根源。主管轮机员对遥控系统机旁切换结构原理不熟悉，未能及时发现调速器零位丢失。船员应该加强相关技术的学习。

4.5.7　船舶主机燃油系统故障

案例一："SHH"号轮船燃油舱进海水，主机燃烧恶化裂缸套

1. 船舶概况

主机型号：MAN（曼恩）B&W 6L70MCE；主机功率：9630千瓦。

2. 事故经过

2016年1月17日，"SHH"号轮船在新加坡加装380厘斯燃油1450吨，分别装入第5左和右、第7左和右燃油舱。23日，该轮船自我国香港至美国航行途中，按照大副要求，机舱同时使用第5左和右燃油舱的燃油。当天下午发现重油沉淀柜中有大量海水，但没能查出进海水的原因。在单独使用第5右燃油舱时，燃油中的海水含量越来越多，且第5右燃油舱油位有上升趋势。改用第5左后仍有海水。2月7日开始使用第7右舱燃油，沉淀柜中还是有大量的海水。轮机长怀疑几个油舱都含有海水，就改回使用第5右舱的燃油。在第6压载水舱排空后，燃油中含海水的情况才有所好转，从而确认是第5右燃油舱进海水。

在这段时间里，主机工况自1月29日开始恶化，排温上升，2月5日高达400℃，废气锅炉烟管多数脏堵、增压器网栅脏堵，而且情况还在进一步恶化。按公司指示曾停车清通废气锅炉、排烟管及增压器网栅，但效果不大，主机只能在72转/分下维持运行。

2月23日，该轮船主机第4、5缸排温又升高，气缸和活塞的冷却温度

上升。停车检查发现这两只缸各有两道活塞环断裂，立即吊缸抢修，换新活塞环后继续航行。25 日，由于主机燃油输送泵的进口滤器不断脏堵，轮机长决定抽出燃油输送泵进口滤器的滤芯。26 日，该轮船抵美国某港加装 380 厘斯燃油 468 吨。从美国开出后燃油输送泵的进口滤器一直没有装复。

自 3 月 5 日起，该轮船使用美国加装的燃油，主机的工况仍没有好转。18 日，主机第 1 缸排烟温度过高，停车吊缸换活塞环；26 日，燃油分油机解体检查，发现分离筒结垢咬死不能排污；28 日，主机第 4 缸缸套裂缝，再次停车换缸套；4 月 6 日，主机第 2 缸缸套裂缝；11 日，主机第 2 缸水套裂缝。直至 12 日，在新加坡更换第 2 缸缸套、水套做临时修理，对第 3 缸吊缸换活塞环后，主机才逐步恢复正常运行。

3. 事故原因

（1）该轮船第 5 右燃油舱与它上面的第 6 压载舱之间的隔板有一条 40 厘米长的裂缝，第 6 压载舱内的海水由此处漏入第 5 右燃油舱中；在第 5 左与第 5 右同时使用时，因两舱能相互串通致使第 5 左也混入海水。

（2）轮机管理人员没能充分认识到含有海水的燃油会导致燃烧工况恶化，只简单地沉淀、放残水，根本不能消除海水的危害。

（3）两台燃油分油机两个多月不能排污，造成燃油严重脏污、输送泵的滤器频繁脏堵。轮机长不但没有解决分油机不能排污的故障，反而把燃油输送泵的进口滤器滤芯拆除，使主机长期燃用含有海水的燃油，导致严重后果。

4. 事故教训和汲取的经验

该轮船自 1 月 23 日至 4 月 11 日航行期间，由于燃油舱进入海水，处置不当，使主机工况恶化，吊缸 7 次，损坏活塞环 28 根、缸套 2 只、缸头水套 1 只，损失巨大、教训深刻。

（1）当确定第 5 右燃油舱中含有大量海水时，应立即停止使用，查明原因。而该轮船盲目继续使用第 5 右燃油舱，造成严重后果。

（2）增强责任心，杜绝违章操作。该轮船燃油输送泵进口滤器频繁堵塞，应该查找、消除分油机排污不正常的故障，然后采用两台分油机串联运行、增加排污次数的措施，提高分油机的分离效果。而轮机长把燃油输送泵进口滤器滤芯拿掉的做法是极其错误的，这是导致故障发生的主要原因，应引以为戒。

案例二："MH"号轮船主机燃用劣质燃油，缸套异常磨损

1. 船舶概况

主机型号：MAN（曼恩）B&W 6L80MC；主机功率：10 800千瓦。

2. 事故经过

2016年1月5日，"MH"号轮船在美国长滩港加装180厘斯燃油1904吨。开航后先使用过去的380厘斯燃油，21日开始使用180厘斯燃油。

2月2日起，该轮船燃油滤器出现堵塞，每天要清洗3~4次；燃油自动清洗滤器不停地冲洗，到后来无法使用，只能旁通。当时该船维修人员认为是混油所致，但混油烧光后脏堵情况仍没有好转。17日，第2缸出现活塞环断裂，采取减少单缸油门和加大该缸气缸油措施坚持航行；21日，抵长滩港，第2缸吊缸发现第1、2、3道活塞环断裂，第4道活塞环失去弹性并严重磨损；26日，抵西雅图港，通过扫气箱检查发现第1缸上两道活塞环断裂，第3道活塞环磨损严重，立即吊缸更换。

3月1日航行中，又发现第6缸活塞环断裂，漂航吊缸。对其他缸进行检查时，发现第3、4、5缸的第1道活塞环也已断裂，但船上备用活塞环已用完。请示公司后，该轮船自2日起采取停用180厘斯燃油，加大第6缸气缸油注油量，降低主机转速至78转/分，改无人机舱为有人值班，加强巡回检查等措施。因第3、4、5缸活塞环断裂情况无法解决，不久主机增压器发生喘振，主机转速一减再减，到9日主机转速已降到53转/分，该轮船继续维持航行。12日，抵日本横滨港，主机第3、4、5缸吊缸换新活塞环；14日，靠神户港，主机第1、2缸再次吊缸更换活塞环。

3. 事故原因

该轮船自1月21日开始燃用在美国加装的180厘斯燃油，主机就燃烧不正常且缸套、活塞环发生异常磨损，致使短期内吊缸9次、多次减速航行和漂航吊缸抢修。

根据该轮船在清洗燃油滤器时曾发现很多细小坚硬的颗粒，在吊缸中也发现活塞结碳严重且很坚硬，以及后来公司对燃油取样化验的结果显示，有的指标已经超过国际标准化组织的标准、有的指标接近突破规格要求，说明在美国加装的180厘斯燃油的质量是有问题的。

4. 事故教训和汲取的经验

(1) 注意做好加装燃油的取样工作。要在整个加油过程中分3次提取，即油泵开始泵油5~10分钟后取1/3、加油中间取油1/3、油泵停止前5~10分钟取油1/3。

(2) 对于那些信誉不好的供油公司，最好申请公证人员一起提取油样，并在加好油后立即送去化验。化验结果一旦有问题，由公证人员直接通知船舶，避免机损事故发生。

(3) 燃用低劣燃油的船舶，要特别注意提高分油机的分油效果：两台分油机采用串联方式；在满足主机使用量的前提下，尽量降低分油机的分离量；日用柜分满后继续循环分油。

(4) 燃用低劣燃油的船舶，可以考虑向公司申请使用一些有助燃和稳定作用的燃油添加剂。严格禁止使用超标的劣质燃油。

案例三："JLH"号轮船主机1号缸燃油凸轮损坏

1. 船舶概况

主机型号：MAN（曼恩）B&W 5S60MC；主机功率：7500千瓦；主机转速：102转/分（服务转速95转/分）。

2. 事故经过

2012年1月3日，"JLH"号轮船由南美洲至美国航行途中，轮机长发现主机1号缸排烟高温报警，主机已自动减速至80转/分运行。4日凌晨2时，该轮船主机停车检查，发现是由于主机1号缸高压油泵的换向机构滚轮剥蚀磨损后卡死所致。该缸换向机构滚轮2/3以上的圆周面积磨损严重；油泵鸡心凸轮正车位置磨损划痕较重；换向机构与换向槽之间的间隙超标。对其余4只缸凸轮滚轮检查没有发现异常。当日10时装复后，将该缸凸轮抬起实施单缸停油、主机运行转速61转/分，预计抵达美国长滩港的时间为14日，比原船期9日严重推迟。

为避免进一步损失，该轮船决定采取以下应对措施：

(1) 恢复1号缸工作，加强对该缸燃油凸轮的工况监控；

(2) 提高主机转速至辅助风机停止运转为限；

(3) 每天早晚两次向公司汇报相关情况；

(4) 注意主机滑油情况。

采取上述措施后，主机转速提高到 74~78 转/分，该轮船于 12 日抵达长滩锚地。但在抵达锚地后做第二个倒车换向时，1 号缸空气换向气缸端盖被撞破，内部气动活塞破碎。14 日 15 时 15 分，卸完货离开码头，16 时 20 分在长滩港内锚地加油及修理主机。公司委托美国远华公司帮助安排当地的服务工程师于 17 时带着凸轮等备件上船，19 时 15 分修复，试车正常后于 22 时 30 分开航。事故损失船期 82 小时 20 分、备件费 15 万元人民币、修理费 8 万元人民币。

3. 事故原因

日常忽视了对主机高压油泵换向机构的检查保养。当油泵换向布司与滑块间因磨损而间隙增大后，增大了换向过程中气动活塞杆的位移空动，造成换向不到位、滚轮不能自锁。滚轮在长期运行中一直在凸轮上窜动，最终导致换向滚轮及燃油凸轮的损坏。

4. 事故教训

(1) 定期检查凸轮轴箱内运动部件的润滑情况，检查换向机构各部件有无松动。

(2) 注意观察换向气缸内活塞杆有无轴向窜动移位，定期检查换向布司与换向滑块间的磨损情况。如有偏磨要及时调整使其两边间隙相等，如间隙过大要及时更换备件。

(3) 公司主管部门应指导同类型船舶进行必要检查，做好防范，避免类似事故发生。

案例四："GZ" 号轮船主机高压油泵故障

1. 船舶概况

主机型号：B&W 6S60MC；主机功率：7800 千瓦；主机转速：103 转/分。

2. 事故经过

2013 年 12 月 12 日，"GZ" 号轮船抵美国旧金山港口锚地，4 天后计划由锚地移泊靠港，但在备车时发现主机无法正常启动，短时间内又未能找到故障原因，只得被迫取消靠泊。在其后的数天里，经反复检查和测试，终于发现主机不能启动的原因是 6 个缸的高压油泵柱塞、套筒偶件全部磨耗过大，造成泵压过低，导致油头针阀不能开启，主机不能正常启动运行。后来更换了6套新的柱塞、套筒偶件，主机恢复正常。

3. 事故原因

从上述故障船舶油泵柱塞、套筒偶件的拆检情况来看，事故原因主要有两方面：一是每个柱塞、套筒偶件的配合明显感到较"松"；二是柱塞表面虽未发现明显的机械受损（如拉毛、划痕）和过热，但柱塞头部斜槽部位有明显磨损痕迹。

制造商建议该船型每4年左右更换一次柱塞、套筒偶件，有专业人士也提出其使用的极限时间为30 000小时左右。从实际情况看，后者的使用极限时间较可取。特别应该指出的是，近年来国际上广泛使用高黏度重油，燃油供货商出于各种利益的考虑，造成燃油质量的参差不齐，往往很难从其构成成分的化验得出明显的结论；某些地区的重油在提炼过程中使用的添加剂，如果未能得到较好地清除，会变成柱塞、套筒偶件之间的"磨料"，伴以高温更可能加快柱塞、套筒偶件的磨损，引发提前损坏。上述船舶的6个油泵柱塞、套筒偶件同时损坏，与近期使用的燃油有很大关系。

4. 事故教训和汲取的经验

（1）船舶在接受各种不同产地的燃油时，除了认真做好规范取样和正确储存外，应尽可能做好燃油的分离工作，把好燃油进入主机前的重要关口。分油要切实有效，滤器不应有破损。

（2）各轮应认真注意检查各缸高压油泵的运行状况、各缸功率、压力和温度变化及是否漏油、凸轮轴滑油是否被燃油污染等，有计划地定期拆检各缸高压油泵，将每次检查结果详细记入"轮机员维修记录本"，发现异常尽快报告公司，更换备件应有详细记录。

（3）按照船级社主要备件最少在船存量的要求，通常主机高压油泵柱塞、套筒偶件备件只需备用1套。考虑到现实情况，可适当增加2~3套。各轮应认真清点备件存船情况，分清新旧件，并将情况报告公司，以便统筹订购供船。

（4）控制主机燃油进机温度，通常不应超过135℃，因为过高的温度对柱塞、套筒偶件更加不利。有时同样的重油在同样温度下黏度也会有区别，如果在超过135℃时黏度仍偏高，黏度的设定取上限。

（5）对于发电柴油机高压油泵的维修保养应同主机接近，保持主机高压油泵处于良好状况，在确保安全的前提下，尽可能延长其使用寿命，以降低成本。尽管客观上会有很多因素，但相信只要尽心尽力加以科学管理，就会达到安全行驶的目的。

案例五："SJ"号轮船主机凸轮轴、凸轮传动齿轮损坏

1. 船舶概况

主机型号：MAKITA（日本牧田）KSLH654；主机功率：3820 千瓦；主机转速：213 转/分。

2. 事故经过

2015 年 12 月 22 日 7 时 26 分，"SJ"号轮船值班轮机员巡回检查发现主机各缸排烟温度温差较大，主机原有轻微的"轰！轰！"声响逐渐加大。正待进一步查明，突然"咚！"的一声主机停止了。轮机长下机舱后进行全面检查，未能找到原因。又经多次正、倒车启动，都没有启动起来，船舶被迫漂航。主管轮机员虽怀疑是定时错乱所致，但又无法解决。经船长报告公司后，公司 23 日安排由"JAC"号轮船拖航。

25 日 17 时 05 分，"SJ"号轮船被拖到青岛锚地。26 日，船厂工人上船检查修理。当拆开主机凸轮轴箱时，发现凸轮轴定时齿轮的紧固螺母已松开，凸轮轴严重损坏；凸轮轴传动齿轮的小齿轮出现裂纹，并有 6 个齿牙被打碎；轴锥面上的键槽被打落一块，键已碎裂；3 副凸轮严重拉毛，4 根排气阀顶杆碎裂。

3. 事故原因

（1）该轮船船龄近 20 年，由于主机凸轮轴传动齿轮的紧固螺母松动，在运行中产生轴向窜动，造成齿轮因异常啮合和撞击而损坏，最终导致凸轮定时严重错乱，主机无法启动。

（2）主管轮机员缺乏经验，缺少理性分析问题和解决问题的业务能力。该轮船事发前一段时间，主机运行中有"轰！轰！"的声响，且有的缸排烟温度不正常，有的缸定时已有错乱现象，但被误认为是排气阀间隙和凸轮轴间隙过大的问题，而延误了纠正的机会。

4. 事故教训和汲取的经验

（1）老龄船舶主机各运行部件经长时间运行易导致磨损或发生紧固部

件松动，要加强对传动部件检查，及时发现和纠正，避免由此引发的各种机损事故。

（2）轮机管理人员应该自觉加强业务学习，提高分析问题、解决问题的能力。这次事发前，轮机长如能测取示功图、分析主机的燃烧工况，就能判断出定时情况，及早采取措施，避免事故的发生。

案例六："CFD"号轮船主机燃油管路爆炸

1. 船舶概况

主机型号：B&W 6S70MC；主机功率：9600千瓦；主机转速：103转/分。

2. 事故经过

2013年5月13日下午，"CFD"号轮船在日照岚山港锚地海域等待靠泊，由于两名船员操作失误，引起燃油管路爆炸，其中一名船员小腿被炸断、皮肤大面积烧伤，另一名船员面部严重烧伤。

3. 事故原因

船舶在靠离码头或者过狭窄水道时需要换油，老龄船的燃油黏度自动控制装置多已失效，换油完全靠手动。船员应按照适合本船的操作说明操作换油，进港换柴油的时候，先将"重油—柴油"转换阀转换至"柴油"位，但不要马上关闭加热阀，因为这时候通常是主机低速运转，耗油很少，管路和集油井里还有大量的重油。让这部分重油完全或者相对而言大部分在高温的情况下进入主机，需要转换重油阀至轻油位后等油温降到70~80℃后再关加热器。船员在重油换轻油后忘记关闭加热阀，轻柴油被无限制加热，达到一定温度后由液态变为气态，体积增加很多，油管是密封的，这样造成管路内的压力急剧增加，进而发生爆炸。

4. 事故教训和汲取的经验

（1）船公司应该加强对船上监督，船长要定期召开安全会议。安全会议应包含与船舶安全操作有关的各个方面，通过这种教育加强各部门船员的工作责任心。

（2）轮机部加强对船员关键性操作技术方面的培训。

（3）管理级的船员注意观察具体操作级及支持级船员的精神状态，加强交流，避免因为船员自身状态的原因造成关键性操作失误。

(4) 作为船员应该加强自身对安全操作重要性的认识，这不仅对自身是个很好的保护，对别人也是一种保护。

案例七："NB"号轮船轻油气化导致主机无法启动

1. 船舶概况

主机型号：MAN（曼恩）B&W6S70ME。

2. 事故经过

2019 年 12 月 16 日，"NB"号轮船修船出厂试航后，晚上到锚地抛锚，第二天早上在锚地备车主机无法启动。该轮船进船厂前换用了轻油，在船厂修理了 1 个月左右，出厂前所有设备都检查并试运行，一切正常。该轮船出坞时，主机启动一切正常，船一直试航到锚地，一切设备运行正常，本以为可以顺利开航，可是第二天备车时主机和机旁操车都无法启动。

3. 事故原因

轮机长和大管轮首先判断是燃油管路系统油路不畅，检查油柜和滤器、燃油加热器、油压等都没问题。考虑到燃油温度较高，怀疑是轻油气化导致主机没法启动，轮机长随即指示大管轮将主机系统的轻油换成重油，将系统回油转换阀转换至重油日用柜，让轻油不与新进入系统的重油混合。当时重油舱、重油沉淀柜、重油日用柜都已加温，重油分油机正常运行，当系统轻油全部放干净后，将燃油系统恢复到正常使用状态。再次启动主机，一次启动成功。

该轮船在进坞前已将主机系统重油换成轻油，燃油管路的蒸汽加温管全部关闭，等系统换好油后锅炉主蒸汽阀也关闭。由于燃油系统蒸汽加温阀关不严，主机停止后燃油系统内部的轻油被不断地循环加温，经过一天一夜造成燃油气化，主机无法启动。

4. 事故教训和汲取的经验

(1) 所有轮机管理人员必须对自己所管设备相当了解，并能够预判自己所管设备的好坏可能对机舱其他设备产生的影响，在熟练精通的基础上做事尽量细化，遇事能够冷静考虑和分析问题。

(2) 所有船员在允许的情况下一定要保证充足的休息，时刻保持一个清晰的思维，遇事能够冷静处理，避免事故的发生。

4.5.8 船舶主机滑油系统故障

案例一："XH"号轮船主机中间轴承断油烧毁

1. 船舶概况

主机型号：MAN（曼恩）B&W 6L70MCE。

2. 事故经过

2015年5月21日，"XH"号轮船厂修结束离开船厂。当日6时，驾驶台车钟推至前进二，主机转速逐渐增加，大约加到65转/分时，主机中间轴承高温报警。值班轮机员到艉轴处查看，手摸轴承壳很烫手，布油环无油带上来，中间轴承底座周围有一大片油迹。经查发现，轴承油位玻璃管根部断裂，轴承内滑油已漏光。值班人员先将油位表堵死，补足滑油，再到集控室向轮机长汇报。轮机长通知驾驶台把主机减速为前进一，随即到中间轴承处查看情况。中间轴承在主机减速后滑油温度有所下降，但轴承座有明显扭振现象。待中间轴承温度降到正常后，轮机长把主机转速逐渐加到前进三，但中间轴承的温度又快速上升，只得再次减速并报公司要求回厂修理。20时30分返回锚地抛锚，船厂人员上船打开中间轴承转出下半块轴承，看到合金层已经严重烧毁。

3. 事故原因

（1）船厂工人在拆装艉轴液压考必林时不小心将中间轴承的油位玻璃管根部碰裂，当时未能及时发现，致使中间轴承滑油流失。

（2）主机动车时，又没有发现中间轴承已经没有滑油，致使轴承在干磨状态下合金层被烧毁。

4. 事故教训和汲取的经验

（1）在厂修或航修期间，对一些关键部件实施拆装时，主管轮机管理人员一定要在现场做好检修和验收。

（2）在结束厂修出厂时，轮机长应督促各主管轮机员对所有检修过的设备进行全面检查。

案例二："GJS"号轮船主机凸轮轴断裂

1. 船舶概况

主机型号：B&W VT9EF 160。

2. 事故经过

2016年6月5日凌晨3时，正在印度尼西亚附近全速航行的"GJS"号轮船主机突然自动停车。轮机长与机舱人员立即下机舱检查，发现主机凸轮轴在第5缸燃油凸轮与排气阀凸轮之间的轴承处断裂、断口横向平齐，明显为剪切性损坏。因地处海域水深无法抛锚，且海盗出没频繁，四周岛屿众多，不适宜长时间漂航。船公司接到船舶报告后，迅速从国内派遣海上救捞拖轮前往出事海域，同时指导船舶自救。船员将断裂的凸轮轴拆下，焊接、打磨后装好，于8日启动主机低速航行，避免了船舶与珊瑚岛碰撞。10日与救助拖轮船相遇，在停车系缆后再次重启主机时，凸轮轴焊接部位再次断裂，由救助拖轮船拖回国内港口。

3. 事故原因

（1）该轮船主机机身较长，有9只气缸，纵向刚性较差。航行中各缸之间有一定的上下错动，有肉眼可见的上下起伏现象，细长的凸轮轴除了受到扭转剪切力外，还要承受交变的弯曲应力损害。第5缸凸轮处于中间接点位置，是交变应力和扭矩剪切应力最集中之处，最先疲劳损坏、断裂。

（2）第4、5、6缸贯穿螺栓松动。用液压工具检查第4、5、6缸四周贯穿螺栓时，液压在30~40兆帕就可松开螺帽，而说明书规定为45兆帕。贯穿螺栓的松动引起机器上下部件的跳动，加剧了凸轮轴交变弯曲幅度和应力的强度。

4. 事故教训和汲取的经验

（1）严格按照说明书的规定要求，至少每5年对主机贯穿螺栓做一次全面检查。发现有松动，要按说明书规定的操作程序进行收紧。

（2）主管轮机员应对主管设备、重要部件的运行时间做好认真统计，避免部件因超时使用造成疲劳损坏，引发事故。

（3）在各种环境下，均严禁主机在超负荷状态下运转。航行于恶劣海况期间，主机应适时降低负荷运行，特别是老龄船的主机更应注意。

案例三:"FNH"号轮船主机十字头滑油增压泵损坏

1. 船舶概况

主机型号:B&W 6L67GBE;主机功率:7467千瓦;主机转速:101转/分。

2. 事故经过

2018年7月10日,"FNH"号轮船在巴西贝伦港卸货期间,船员按照PMS(计划保养体系)要求对主机第5缸十字头进行拆检,打开上下瓦后发现下瓦有脱铅现象。船员自行更换轴瓦后,又拆检了十字头的两只滑油增压泵,发现其铰链销子弯曲,后油泵因柱塞卡阻,用铜棒将柱塞敲出;而前油泵柱塞向内弯曲,在校正过程中柱塞下部断裂,换上了原来换下的油泵备件,并对卡阻的柱塞进行了修整。装复后盘车检查时活塞上行正常,下行时两只柱塞均断裂。由于船上已无备件,只好封缸航行先去巴西卡贝德卢港装货。公司在兄弟公司一艘船上借到了备件,并安排专业厂家工程师上船指导修理,更换备件、安装调试正常后开航。

这起事故损失情况:因封缸航行,损失船期两天半;修理费和备件费约合人民币115万元。

3. 事故原因

经向厂家咨询并指导船上检查,发现两个油泵出油管均被垃圾堵塞,油管无法回油,产生的阻力施加给柱塞及下部的销子和摇臂,使摇臂弯曲变形,造成柱塞变形卡阻断裂。

4. 事故教训和汲取的经验

(1) 各项检修工程的拆装,要严格按照主机说明书的规定要求执行。

(2) 加强主机滑油的日常管理。加强对滑油分油机的分离效果、各滑油滤器的过滤性能的检查;定期对滑油进行化验,确保主机系统滑油的质量;

(3) 船公司主管部门要将该机型构造特点及容易引发的事故及时通报同类型船,引以为戒,杜绝同类事故发生。

案例四:"HTH"号轮船主机滑油超时使用,主轴承、连杆轴承损坏

1. 船舶概况

主机型号:中速机 MAN(曼恩)12V40/54;主机功率:4900千瓦;主机转速:400转/分。

2. 事故经过

2015年某月18日,"HTH"号轮船第387航次由新西兰至日本神户港的航行途中,9时20分,主机第5道主轴承高温报警,随即主机自动减速、停车。轮机长得悉情况后立即下机舱检查,确认后与驾驶台联系,经船长同意后漂航抢修。打开主机第5缸曲拐箱道门检查,发现第5道主轴承下瓦边缘拉毛,并有一小部分脱落的白合金。进一步拆检,发现轴承已烧损,曲轴颈烧蓝,因无法探伤,仅观察无裂纹痕迹,换新轴承,并测量拐挡差在正常范围后,试车继续航行。磨合主机开200转/分,随后逐渐加速。一天后主机开350转/分,直至神户港。在这段运行期间,主机各道轴承温度普遍较高,但还在正常范围内,只怀疑是因为海水温度高引起。

19日晚,抵达神户锚地。20日,靠码头后由日本某船厂工人上船进行拆检,又发现第5道主轴承下瓦有拉毛呈线状露铜,轴颈还呈蓝色,经红外探伤、测硬度等均无大问题。对轴颈人工抛光后,换上备用的下瓦。接着对第4道主轴承进行拆检,发现其下轴承也拉伤严重,但没有烧毁,轴颈也没有发蓝。根据这种情况,轮机长要求进一步扩大拆检范围。在以后拆检中又发现主轴承8道、连杆轴承6道有不同程度的过度磨损和烧伤。

3. 事故原因

该轮船在较短的时间里发生主机多道主轴承、连杆轴承不正常的磨损损坏,其原因是润滑油质量差所引起。

(1)该轮船从接船到发生事故,主机滑油已使用了55 000小时,说明书规定36 000小时换新,每次只根据消耗情况加补新油。因此,润滑油超期使用,氧化变质,性能发生变化,失去正常润滑作用,导致主轴承、连杆轴承烧毁。

(2)该轮船主机曲拐箱较脏,沉积较多的油泥,循环油柜的油泥更多。主机运行中,脏污滑油在循环中造成滤器脏堵阻力增加,加大压力冲洗,

致使滤芯破损，滑油中的杂质进入滑油系统，造成轴承异常磨损。

4. 事故教训和汲取的经验

（1）中速机的滑油使用时间应该严格控制，禁止超时使用。

（2）定期清洁主机曲拐箱和循环油柜。一般情况下，每三年左右对循环油柜进行人工清洁，清除油泥和杂质。

（3）定期送交油样化验，及时掌握润滑油性能情况，发现问题及时处理或换新。

（4）主机运行中，对主轴承温度普遍升高要高度重视。应认真比较、分析排查，并及时采取减速、停车检查等措施查明原因，避免烧损轴承、曲轴的严重事故发生。

案例五："XYC"号轮船主机减速齿轮箱轴承损坏

1. 船舶概况

主机型号：MAN（曼恩）16V40/54（有减速齿轮箱）；主机功率：6610千瓦。

2. 事故经过

2016年11月19日23时，"XYC"号轮船从香港到宁波的航行途中，值班三管轮巡回检查发现主机减速齿轮箱透气孔有烟雾冒出，齿轮箱内还有不正常响声，随即打电话告知驾驶台和轮机长，并要求主机减速至慢速。轮机长得知情况后立即下机舱检查，确认是主机减速齿轮箱故障后，即与船长联系要求停车检查。12时06分，船长同意停车检查。打开主机减速齿轮箱道门，发现减速齿轮箱内主动轴前端轴承的内钢圈碎裂，减速齿轮箱油泵吸入滤器上有较多黄铜屑，主机已无法使用。船上无备件，无法自行解决。

公司接报后派拖轮拖航，于25日17时30分将该轮船拖至厦门锚地，由船厂修理解决。船厂技术人员登船对主机减速齿轮箱进行全面拆检，吊出减速齿轮箱的主动轴后发现前端轴承的双排滚珠外钢圈断成两半，内钢圈碎成两节；两圈铜质弹子保持架有较多磨损；轴承挡约有25%的镀铬层脱落。直到12月20日，从日本空运的减速齿轮箱轴承等备件运到厦门，才由船厂修复。

3. 事故原因

该轮船是一艘20年的老龄船，主机减速齿轮的主传动齿轮滚珠轴承使用时间已超过说明书规定的要求，减速齿轮箱内的润滑油也很脏。即由于轴承超时使用和润滑油质量差，造成轴承的滚珠材料疲劳损坏，直至碎裂。

4. 事故教训和汲取的经验

（1）老龄船的主机不能为赶班期而加大负荷运行，以避免机件疲劳损坏，引发事故。

（2）对老龄船主机的主要运动部件，尤其是轴承，应认真做好时间统计，如有遗漏要及时补正，避免部件超时使用。

（3）做好重要轴承的备件清查、记录，对已消耗的重要轴承要及时申请订购。

案例六："XM"号轮船主机拉缸

1. 船舶概况

主机型号：G8300；主机功率：3530千瓦；双主机。

2. 事故经过

2012年8月21日，"XM"号轮船在广州南沙工地疏浚施工时，泥泵柴油机自动停车，值班轮机员立即合上滑油预供泵，并进行手动盘车，但盘车不来。值班轮机员电话通知轮机长到泵舱，轮机长检查后，判断该泥泵柴油机已存在严重的拉缸问题，并组织人员进行抢修。吊缸之后，发现该泥泵机第1、4、5、6缸活塞与缸套已严重拉伤。

3. 事故原因

该轮船是1500米^{3}小型挖泥船，船龄在20年左右，属于老龄船，船舶报警系统大部已切除或失灵。当天，该泥泵柴油机淡水管一法兰接头纸垫破损，造成大量淡水溢出，报警系统先后发出膨胀水箱低位与淡水压力低报警，值班轮机员在未到现场检查时，错误认为该报警为误报警。此次重大事故的发生，直接原因是某些轮机管理人员责任心不强，未及时对机舱进行巡回检查，致使某些设备的小故障由于未及时被发现造成大的事故。由于此次事故，该船舶停工15天左右，直接与间接损失200多万元。

4. 事故教训和汲取的经验

事故的发生不是偶然的，说明值班轮机员的责任心不强。该船舶应提高人员素质，值班人员应充分履行值班职责，按时对机舱进行巡回检查，及时发现机械设备存在的问题，并采取有效措施。同时，机舱警报与监视系统的维护保养对船舶机舱设备的安全起到十分重要的作用，轮机管理人员必须引起高度重视。

案例七："DQ20"号轮船右主机重大事故

1. 船舶概况

主机型号：ZC6300；主机功率：4530千瓦；双主机。

2. 事故经过

2009年6月15日23时左右，"DQ20"号轮船从汉口王家屋锚地编队作业。23时30分，二管轮周某、机工张某开过交接班工班会，23时45分进入机舱巡回检查，并做重油使用转换准备工作，机工张某即启动滑油分油机，对右主机滑油进行分离。16日0时30分，周某发现右主机滑油压力表无滑油压力，下机舱后立刻对右主机进行停车，并叫张某通知轮机长和大管轮。40分轮机长和大管轮下机舱后对右主机进行盘车检查，已经无法盘动，检查右主机滑油循环油柜发现无滑油，初步检查判断为缺油造成抱瓦。

20日早晨拖轮到芜湖后，机务部有关人员及指导轮机长立即到船与轮机部人员一起对右主机抱瓦情况进行了认真的检查，详细询问了值班人员的值班工作情况，查阅了轮机日志和设备维护检查记录，对报警系统进行了测试，现场决定对该柴油机全部解体，对主要部件做进一步详细检查、测量和分析，及时召开事故分析会，积极做好备件准备，以利尽快修复。

3. 事故原因

经对主机全部解体，第2、3、5道主轴瓦烧蚀严重，第4、6道主轴瓦有部分拉痕，第1、7道主轴瓦正常，连杆瓦及其他各部件正常，更换了主轴瓦5副。

主机解体检查后，机务部和船舶有关人员在船舶召开了事故分析会。经过分析认为造成右主机抱瓦事故的主要原因是：

（1）在分油机分右主机滑油时，通往左主机循环油柜的进油阀处于开启状态，值班人员未做检查导致右主机滑油全部分到左主机。

（2）右主机报警系统不正常，如循环油柜液位低、滑油压力低均未报警。

4. 事故教训和汲取的经验

值班人员未按操作规程操作，对开、关阀件未做检查是造成这次事故的主要原因。为确保不发生类似事故，实施以下整改措施：

（1）积极开展机务安全的宣传教育，不断提高轮机管理人员安全意识，强化安全责任，落实船舶航行值班制度，严格执行设备操作规程，加强设备和系统的巡回检查，发现问题及时处理。

（2）加强对设备和系统的维护管理工作，确保设备和系统正常工作。

（3）针对当前轮机管理人员业务技术水平不足，继续开展技术培训，使轮机管理人员掌握设备操作和维护使用知识，提高应急应变能力。

案例八："MY"号轮船主机自清滤器机故障

1. 船舶概况

主机型号：MAN（曼恩）B&W 6L80MC。

2. 事故经过

"MY"号轮船是一艘散货船，主机设有排烟温度报警并自动减速功能，温差设定值为50℃。2018年10月16日，该船海上航行途中，主机第6缸排温底报警，同时自动减速。更换油头和排气阀后故障依旧存在，在低转速加速时，该缸高压油管脉动手感明显小于其他缸，爆发压力偏低。经拆解该缸高压油泵的进油阀，发现已卡死，更换后正常航行。第二天第5缸高压油泵的进油阀又卡死，更换后正常航行。该轮船到港后对高压油泵的进油阀进行检查、清洁、研磨，清洗自清滤器时发现里面少装了一个细滤器，清洗装复后未出现类似故障。

3. 事故原因

上一任轮机员在清洗自清滤器时少装了一个滤芯，有杂质进入高压油泵，导致其进油阀过度磨损和卡死。

4. 事故教训和汲取的经验

由于专业知识不扎实，对关键设备的重要性认识不足，以及对本职工作的极端不负责任，导致该船舶自清滤器少装了一个滤芯，造成主机发生重大事故。所以，轮机员的专业知识和责任心是船舶安全营运的关键。日常工作保养需认真，仔细检查，否则效果适得其反。

案例九："ESD"号轮船主机滑油系统污染

1. 船舶概况

主机型号：B&W 6L80MC；主机功率：9630千瓦。

2. 事故经过

"ESD"号轮船在印度尼西亚受载，2013年3月15日凌晨3时左右航抵目的地韩国锚地时，发生主机滑油压力低而自动停车，并同时出现主机滑油油底壳油位高位报警。由于当时船舶接近韩国锚地，船舶处在航道中，附近有很多船只和岛屿，主机又一时启动不起来。情急下，船长采取紧急抛锚措施，并命令所有轮机员紧急检查主机情况。经轮机员检查后，发现主机滑油油底壳中有大量的重油，并污染了整个滑油系统，使主机滑油泵吸不上油而失压，进而导致主机安保停车。由于船舶长时间在航道附近停留抛锚导致韩国海事局登轮检查扣船，给公司造成直接经济损失近30万美元。

3. 事故原因

二管轮和0~4时值班机工在接班巡视检查时，进行了从油舱往重油沉淀柜的驳油操作。因二管轮和值班机工工作疏忽，把正在驳油操作的工作忘了，而该船舶的主机滑油油底壳透气管和重油沉淀柜、重油日用柜及其他一些油柜的透气管设计在一起，并置于一个三面密封的油池内，油池高于各透气管的高度，重油从沉淀柜的透气管溢出，又从主机滑油油底壳透气管灌入，使整个主机滑油系统全部污染。

4. 事故教训和汲取的经验

（1）该船舶二管轮和值班机工安全意识薄弱，对值班工作的重要性认识不足、麻痹大意，以及轮机部门安全教育不够。

（2）对机舱内一些机械操作的安全意识不够，没有明显的作业提示和警示。没有充分的情景意识培养，部门员工没有充分了解失误操作对机械甚至船舶造成的危害。

（3）船舶原有的设计存在很大缺陷，没有在燃油沉淀柜设置高位警报或自动停止装置。

（4）应加强船员的专业素质以及职业道德教育，当值人员值班期间不允许从事与值班无关的事宜，必须对运行中机械进行认真巡视检查，发现问题及时处理。

案例十："XYW"号轮船主机气阀传动机构滚轮磨损

1. 船舶概况

主机型号：SULZER（苏尔寿）7RTA84；主机功率：20 853千瓦；主机转速：95转/分。

2. 事故经过

"XYW"号轮船为载箱量2917TEU集装箱船，主机为韩国造7RTA84型柴油机，经济航速为72转/分。因经济低迷，应船公司要求，船舶一直处于50转/分转速航行，本航次要求转速恢复到72转/分。

改变航速第二天，三管轮于7时接班检查，主机各缸工况正常，8时与大管轮交接班。半小时后下机舱巡回检查时，发现主机高压油泵层有轻微不明烟雾，仅数秒后，烟雾浓度加大，发现是从第2缸凸轮轴箱冒出，手摸道门温度明显升高，立即返回集控室，主机降速，电话至驾驶台准备停车，通知轮机长和大管轮下机舱后立即停车。轮机长来现场后，打开第2缸凸轮轴道门检查，发现大量浓烟，浓烟散去后检查凸轮轴，发现第2缸排气阀凸轮磨损拉痕，排气阀传动机构滚轮表面已全部拉伤，甚至变形，此缸已无法继续工作，立即通知驾驶台，准备单缸停油，将船开至锚地抛锚修理。

3. 事故原因

在锚地，使用油石、磨光片将排气阀凸轮表面慢慢修磨光滑，排气阀传动机构更换新的顶杆、顶头及滚轮后，启动滑油泵和十字头油泵盘车检查，发现传动机构滚轮与排气阀凸轮间表面完全没有滑油，面与面之间完全处于干磨状态，原先应该用于润滑的滑油全部从传动机构顶头直接流入凸轮轴箱。经过现场观察和分析，判断原因为排气阀传动机构顶头与机架本体间隙超极限，滑油无法建立足够的压力润滑凸轮和滚轮，直接流失，两者面与面干磨至高温磨损；凸轮材质比滚轮材质偏硬，而使滚轮表面脱铅，面接触变为点接触，最后造成拉蚀，高温产生浓烟。再打开其他各缸道门检查，发现均有不同程度的滑油断流或润滑不均匀的情况。临时加入一路独立的润滑管路，将滑油直接喷至各缸排气阀凸轮表面，使其润滑。

4. 事故教训和汲取的经验

此次事故没有任何预兆，发生故障时主机滑油压力、负荷指示、排气温度等均正常，直至凸轮轴箱产生浓烟时才发现。主要原因是船龄偏大，机械设备正常磨损造成的突发事件，很难避免；加上长时期的低速航行，突然的高速运转，会让一些隐藏问题显现出来。但从中我们还是可以通过一些常规检查来避免，如日常保养中，在凸轮轴盘车检查时要注意滑油对凸轮的润滑状况；主机运行时，可以通过手摸凸轮轴箱道门来感知温度，了解是否有异常，从而提早发现、及时解决。

由此可见，面对一些大龄船舶，对主管轮机员和值班人员提出了更高的要求。如何避免一些突发事故，需要主管轮机员认真仔细地做好每一项保养计划，值班时要注意观察每一个细节。

4.5.9　发电柴油机故障

案例一："JC"号轮船1号发电机的第5缸伸腿

1. 船舶概况

发电柴油机型号：B&W 5T23HH；功率：470千瓦；转速：750转/分。

2. 事故经过

2013年4月12日14时20分，"JC"号轮船航行途中，值班机工在巡回检查1号发电柴油机附近时，突然听到有"咚！咚！"异常敲击声，迅速报告二管轮，二管轮立即奔到1号发电柴油机进行强制停车。14时22分，全船失电。14时25分，备用发电柴油机投入工作。恢复供电后，对1号发电柴油机进行检查，发现第5缸连杆伸腿，第5缸连杆大端轴承脱离曲轴打到左面道门上，道门被打破，道门上方机架有一条125毫米长的裂纹；连杆右边两只螺栓的螺母脱落，前面一只螺栓弯曲变形，后面一只断成两部分，下部分落入曲拐箱中，上部分弯曲变形，仍留在连杆大端上；连杆左边两只螺栓的保险开口销折断，螺母脱落；缸套、活塞被打坏；连杆大端轴承及轴承座损坏；曲柄销表面有轻度敲伤痕迹和拉毛。上述损坏只能进厂修理。

3. 事故原因

从第 5 缸连杆大端四根螺栓损坏的情况判断，该缸在上次吊缸时 4 只连杆螺栓的螺母上紧不均，导致右边 2 只螺栓的螺母在运行中松动，在交变应力的作用下右边 2 螺栓先疲劳断裂，造成连杆伸腿事故发生。

4. 事故教训和汲取的经验

(1) 发电柴油机吊缸，应严格按照说明书的要求安装连杆螺栓，确保受力均匀；检查曲拐箱时，主管轮机员应仔细检查各缸连杆螺栓固定螺母保险装置的情况；用作保险的开口销不能重复使用。

(2) 加强船员应变能力的培训和演练。该轮船值班机工听到发电柴油机异常声响，没能立即采取停车措施，而是寻找二管轮汇报，延误了时间。

(3) 对船龄较大的船舶，公司机务主管应加强监督和跟踪指导。

案例二："HMH"号轮船第 2 发电柴油机飞车损伤

1. 船舶概况

发电柴油机型号：DAIHATSU（日本大发）6BSHTB-22；功率：370 千瓦；转速：720 转/分。

2. 事故经过

2013 年 1 月 3 日，"HMH"号轮船在某港锚地待命，13 时 10 分二管轮带领两名机工对 2 号发电柴油机进行常规保养，对曲拐箱内部检查和进排气阀间隙检查、调整。16 时 30 分工作完成进行冲车试验，检查无异常后关闭示功阀准备启动运行试车。当二管轮把调速器放在启动位置，按下启动按钮，发电柴油机启动后就高速运转发生飞车，二管轮迅速把调速器拉回停车位置，但发电柴油机停不下来，就立即去关闭燃油进油阀，并用扳手将各缸高压油泵柱塞抬起停止供油，发电柴油机才停了下来。事后在轮机长带领下，对 2 号发电柴油机进行全面检查，发现飞轮与发电机的连接螺栓断裂，发电机转子与定子擦碰损伤需要进厂修理。另外，发电柴油机盘车盘不动，打开曲拐箱检查，发现第 1、3、4、5、6 连杆轴承有不同程度损伤，第 7 道主轴承已拉毛损坏，需要换新。

3. 事故原因

(1) 由于该发电柴油机调速器失效，导致启动时，在大油门下运转后飞车。

（2）发电柴油机超速保护装置失灵，不能起保护作用，最后通过抬起各缸高压油泵柱塞进行强制停车，致使飞车时间过长、损失扩大。

4. 事故教训和汲取的经验

（1）加强对发电柴油机安全保护装置的定期检查和测试。

（2）发电柴油机调速器是比较精密的器件，要根据说明书要求的保养周期进行检查，注意传动连接件及其润滑情况，发现异常要及时进厂修理、调试。

该轮船二管轮面对发电柴油机飞车，在超速保护装置失灵的情况下能够头脑清醒、冷静处理，通过抬起高压油泵柱塞停止发电柴油机运转，是一种行之有效的做法。

案例三："TC"号轮船发电柴油机跳电，船舶失控碰撞码头

1. 船舶概况

发电柴油机型号：DAIHATSU（日本大发）6PSHTB-26；功率：550千瓦；转速：720转/分。

2. 事故经过

2013年9月29日中午，"TC"号轮船由上海港第83~84浮筒去吴淞锚地途中，于13时08分航行在民生路段的黄浦江上时，正在供电的第3号发电柴油机突然停车跳电，备用2号发电柴油机自动启动投入工作，但运转了一会儿也停止了；接着备用1号发电柴油机启动，但启动失败，使全船失电、船舶失控。

当时"TC"号轮船正处在过江电缆区，无法抛锚；虽已临近码头，但又无法动车。13时15分，该轮船撞在民生路正在建设中的第4泊区，造成7根码头水泥桩弯曲变形。此时，机舱值班人员已经清洗了严重堵塞的发电柴油机燃油总滤器，13时16分发电柴油机启动成功正式供电，轮船恢复动力脱离了危险。

3. 事故原因

（1）发电柴油机相继自动停车跳电，船舶失控而碰撞码头的主要原因是发电柴油机燃油总滤器堵塞造成断油引起的。

（2）在新加坡加装的船用燃油油质较差，船员要经常清洗燃油总滤器。

为了减少清洗次数，错误地把双联滤器并联使用。

（3）值班的二管轮和值班机工已经发现燃油的供油压力下降到 0.1 兆帕，因仍在正常压力范围内（0.1~0.15 兆帕），没引起足够重视和及早清洗滤器。

4. 事故教训和汲取的经验

（1）发电柴油机燃用品质较差的船用燃油，应注意加强燃油沉淀柜、燃油日用柜放残检查和采用分油机连续循环分离的措施，还要定期清除发电柴油机燃油沉淀柜和燃油日用柜内的油泥。

（2）燃油总管上的双联滤器应该单个使用，另一只备用。在日常管理中，值班人员要根据脏污情况及时转换、清洗。

（3）提高安全意识，加强值班检查。发现发电柴油机运行参数有异常变化，要及时采取防范措施，避免发生意外事故。

案例四："HJH"号轮船因发电柴油机误操作引起海损

1. 船舶概况

发电柴油机型号：DAIHATSU（日本大发）6PSHTB-26H；功率：480 千瓦；转速：720 转/分。

2. 事故经过

2016 年 1 月 23 日晚，"HJH"号轮船在青岛港装完货离港。23 时 21 分，驾驶台通知机舱"主机开海上速度，准备定速"。三管轮按照正常航行的要求，将并联运行第 3 号发电柴油机的负荷转到 1 号发电柴油机，再对 1 号发电柴油机的频率做了调整，随后想停下 3 号发电柴油机，却错把正常供电的 1 号发电柴油机停掉，造成全船电网失电。应急发电机自行启动供电。二管轮发现全船断电迅速奔进集控室又重新启动 1 号发电柴油机，合闸供电，接连启动为主机服务的各泵；轮机长把应急自动停车按钮复位后，仍由驾驶台遥控操纵主机。"HJH"号轮船失电时正在左转向，舵叶停在左舵 3~4 度位置，失控后朝着锚泊的"DT"号轮船而去。虽然恢复供电后驾驶台立即用车由前进三拉到后退三，但还是撞了"DT"号轮船，造成海损事故。

3. 事故原因

（1）由于值班三管轮误操作，停错发电柴油机造成全船失电，车舵一时失效,船舶失控。

(2)驾驶人员应变能力差,贻误了时机。"HJH"号轮船的应急电源能够给1号舵滑油泵供电,驾驶台竟无一人知道,所以在应急发电机供电后,驾驶台没有立即启用1号舵滑油泵,失去利用船舶的余速调整航向进行避让的时机。

4. 事故教训和汲取的经验

(1)提高安全意识,加强船员应变能力的培训和演练。

(2)船舶在靠离码头或在狭窄水道航行时,机舱备车航行期间,轮机长应按规定在机舱指挥,尤其是在三管轮值班期间,轮机长更要坐镇机舱,确保安全。

(3)船还没离开锚地,驾驶台就过早地下达正航命令,这是不妥当的做法,应引以为戒。

案例五:"XGH"号轮船发电柴油机活塞、缸套异常磨损

1. 船舶概况

发电柴油机型号:DAIHATSU(日本大发)6DL-20;功率:600千瓦;转速:720转/分。

2. 事故经过

2015年6月26日,"XGH"号轮船在航行途中,二管轮在清洗1号发电柴油机滑油滤器时发现有较多的金属屑,报告轮机长后即打开1号发电柴油机曲拐箱道门进行检查,发现在第2缸下部曲拐箱滤网上有一些金属屑并被磁铁吸附。第2天对第2缸进行吊缸检查,发现活塞的左右侧严重拉毛损坏;活塞销孔处左右侧各有一条约20毫米长的裂纹;缸套中下部表面严重拉伤和裂纹。更换了活塞、缸套后,恢复正常使用。

3. 事故原因

该发电柴油机活塞结构的特点是:活塞头部有1个冷却通道,有4个漏油孔,其中3个用螺栓拧紧封堵,仅留1个作为回油通道。在这次事故发生之前,船员对此一直不了解,所以在吊缸中也忽视了检查。

由于3个封堵螺栓中的2个在活塞上下运动中松动、脱落,被运动中的连杆挤入连杆小端与活塞左右侧内的表面之间,随着连杆摆动螺栓受挤压

而碎裂，导致活塞内壁损坏而向外突出变形裂开，造成活塞和缸套之间的间隙过小或直接接触，破坏了润滑，引起缸套内表面严重拉伤和裂缝。

4. 事故教训和汲取的经验

（1）主管轮机员必须认真阅读发电柴油机说明书，熟悉结构特点，掌握管理要求，在吊缸中注意检查发电柴油机活塞头冷却器通道丝堵的松紧情况。

（2）公司机务主管要切实掌握所管船舶重要设备的结构特点，做好对船舶的跟踪管理和技术指导。对"XGH"号轮船发电柴油机活塞头的构造特点及事故情况，应及时通报给同机型船舶，杜绝同类事故发生。

案例六："WZ"号轮船发电柴油机燃油压力波动失压停车跳电

1. 船舶概况

发电柴油机型号：ZC210Zl；功率：420千瓦；转速：720转/分。

2. 事故经过

2014年7月8日15时，"WZ"号轮船航行于太平洋航道，发现1号发电柴油机燃油进机压力下降报警。在轮机人员处理警报、查找原因时，燃油压力继续下降而且燃油压力表还不停地抖动。轮机管理人员一边通过燃油滤器放气阀排放空气，一边将机旁和油柜出口处燃油滤器换成备用，但压力依然波动且还在下降。随着燃油压力的持续下降直到失压，1号发电柴油机停止运行导致全船跳电。与此同时启动2号发电柴油机运行，但机器的运行情况和1号发电柴油机出现的故障现象一样，燃油压力波动下降失压导致再次停车跳电。

3. 事故原因

由于以前曾经发生过燃油日用柜出口燃油滤器脏堵导致发电柴油机燃油失压停车跳电的事故，船上立即准备清洗油柜出口及机旁的燃油滤清，但打开后发现很干净。考虑到燃油压力表波动厉害，分析有大量的空气进入燃油管路，检查了燃油日用柜出口到机旁的所有管路及相关的法兰，结果都显示正常。放净燃油系统里的空气，重新起动1号发电柴油机运行，但燃油压力依然和先前一样波动且很快下降，1号发电柴油机运行了很短时间又停车，在这个过程中发现油头冷却油的压力表在波动，于是怀疑油头冷却油里有空气，立即关闭1号发电柴油机的油头冷却油的进出口阀。放净2号发电柴油机燃油系统里的空气，再次启动2号发电柴油机，这时2号发电柴油机运行平稳，燃油压力、油头冷却油压力均正常，恢复航行。

通过对1号发电柴油机的检查，测试1号发电柴油机1~6缸的油头，发现第3缸的油头喷油嘴由于长期腐蚀有一小洞，导致燃气窜入油头冷却油管路中，造成大量的燃气混入整个燃油系统，所以在机旁燃油滤器处放空气时就始终有空气存在。

4. 事故教训和汲取的经验

该船舶开航前在巴布亚新几内亚停泊时，轮机长已要求二管轮对1号发电柴油机的油头进行保养。但二管轮刚接班，他想开航后再进行维护保养，结果出现了问题。通过这起事故的发生，说明轮机管理人员在设备的维护保养上缺乏情景意识，计划执行不力，保养不到位；轮机长布置任务后检查和监督不够。

案例七："ST"号轮船发电柴油机飞车

1. 船舶概况

发电柴油机型号：SKL（德国马格德堡）8NVD36A-1；功率：400千瓦；转速：450转/分。

2. 事故经过

"ST"号轮船有三台发电机组、一台应急发电机。2015年8月15日，该轮船在新西兰惠灵顿卸货，一直使用1号和2号两台发电柴油机并车供电。19日卸货完毕，2号发电柴油机停机。22日起，二管轮带领三名机工对2号发电柴油机做常规保养，更换滑油，清洗滤器，更换8个缸的油头。23日下午，油头更换完毕，二管轮带机工、实习生各一名做完油头放气工作后，由二管轮自己冲车、试车。二管轮检查了各缸示功阀都在开启位置，但没注意检查油门杆的位置就压下了启动手柄，所以冲车时各缸示功阀都冒出了浓烟和火星，在启动手柄松开后仍有带火星的浓烟冒出，又糊涂地叫机工和实习生关闭示功阀，使发电柴油机运转起来。这时二管轮试图拉回油门杆但已拉不动，发电柴油机不能停车，反而还在加速运转。发电柴油机额定转速425转/分，但此时转速表指针已卡在转速表最大量程600转/

分位置，且还在加速、飞车运转。二管轮关闭燃油供应阀、机工关闭燃油滤器出口阀以后，待燃油管路内燃油用完后，2号发电柴油机才从飞车状态停止下来。

2号发电柴油机停机后泵油、盘车很重，二管轮认为是热机的缘故，没有立即实施检查，也没有向轮机长报告。两天后二管轮要试车，使用2号发电柴油机再盘车时才发现有问题，打开道门检查，第4、5缸道门的机体处有金属末，第6道主轴承已挤铅；第5、6、7三个缸的高压油泵油量调节杆的球头已跑到拨叉杆的外侧，油门卡死在最大位置，根本无法复位。进一步拆检发现第5、6、7三道主轴承均有熔铅、挤铅；轴瓦发蓝烧损；轴瓦内口缩小变形；第6道主轴颈2/3的表面烧伤发蓝、粘有铜合金，轴颈跳动量达0.1毫米。轮机长试图用帆布油石打磨轴颈，更换了主轴承，再试车空载200~420转/分，运转不到30分钟，第6道新换的主轴承再次烧熔脱铅，曲轴第6缸轴颈烧坏，曲轴中心线严重变形；主轴瓦3副烧熔；转速表损坏；超速保护的传动钢丝拉断。

3. 事故原因

油头放气时违章操作且机工操作用力过大，把高压油泵油门杆拉大到极限位置，致使第5、6、7三个缸的高压油泵油量调节杆的球头已跑到拨叉杆的外侧，没能落回拨叉槽口内，等于把油门卡死在最大供油位置，在此时冲车致使发电柴油机启动运转。冲车时气缸内有燃烧现象已属不正常，二管轮错误地指示关闭示功阀启动发电机，导致发电机飞车。发电柴油机处在飞车状态期间，该轮船采取的停机方法错误，延长了飞车时间，加大了损失。本故障暴露出二管轮及机工缺乏足够的安全意识。

4. 事故教训和汲取的经验

发电柴油机有故障，二管轮没有向轮机长报告，缺乏有效的沟通，未获得轮机部其他人员的支持，没有团队合作的精神。该轮船二管轮的表现，反映了船公司未做好对操作级船员的聘用培训工作。

案例八："TJ"号轮船全船失电

1. 船舶概况

发电柴油机型号：ABU6BBC36A-1；功率：440千瓦；转速：550转/分。

2. 事故经过

2017年8月8日，"TJ"号轮船航行于印度洋——航道，18时机舱发电柴油机缸套冷却水高温报警。轮机长和当班轮机员下机舱处理警报，期间发电柴油机缸套水温度继续上升，结果导致电网的两台发电柴油机相继跳闸，应急发电机自动启动并提供照明电源。机舱立即启动第三台发电柴油机并电工作，但没有多久也由于缸套水高温跳电。此时轮机长又多次启动发电柴油机想尽快恢复供电，结果把两个气瓶的空气全部用完，发电柴油机无法再次启动。此时，由于应急发电机的风门挡板没有打开，导致应急发电机过热故障，造成全船失电，且没有恢复的可能，船舶只能漂航，等待公司安排拖轮救援。最后公司安排远洋拖轮把该轮船拖至斯里兰卡，由岸基协助船上把气瓶补足空气，启动发电柴油机恢复供电，船舶恢复航行。

3. 事故原因

事故原因主要有以下四个方面：

（1）判断力、注意力与理解力差。轮机长和当班轮机员在发电柴油机缸套冷却水高温报警下，没能正确考虑可能面临的跳电状况，仅把注意力集中到发电柴油机上，在特定的时间对影响发电柴油机正常运行的因素和条件的准确感知能力不强。

（2）适应性与心理素质欠佳。海上环境多变，机舱工作繁重，船员身心容易疲劳，需要很强的心理适应能力。在故障处理中对事态的发展缺乏掌控，在原因尚未查清前多次启动发电柴油机，导致两个气瓶的空气全部用尽。

（3）轮机长操作技能与领导能力较差。由于应急发电机的风门挡板没有打开致使电机过热，同时没有及时安排电子电气员参加故障排除，结果造成没有恢复供电的可能。

（4）经验与训练不足。值班轮机员对自己主管机舱的设备熟悉程度不够，操作技能差，没有预料到由低温冷却器脏堵引起的冷却水高温可能导致全船跳电。

4. 事故教训和汲取的经验

（1）该事故的根本原因是轮机长缺乏足够的情景意识，由此造成判断和决策失误。当值轮机员业务能力不强，操作技能差。

（2）轮机部团队管理混乱，对轮机设备的维护保养不到位。

(3) 轮机部团队内部成员之间缺少协调、配合。

(4) 轮机部缺乏对安全意识和应急预案的培训。

案例九："MGW"号轮船发电柴油机自动停机失灵

1. 船舶概况

发电柴油机型号：Yanmar（日本雅玛）T240L-ET；功率：550千瓦；转速：720转/分。

2. 事故经过

"MGW"号轮船有三台柴油发电机组，冷却海水由两台发电柴油机冷却海水泵（并联，每台排量110米^3/时）供给，从海底阀经过滤器吸入海水，依次经过滑油冷却器、空气冷却器和淡水冷却器后排出船外。每台发电柴油机的冷却海水进口处，设有一个由润滑油压力控制的进口阀，以保证该机运转时有冷却海水供应，而停机时停止冷却海水。

2018年11月17日，该轮船在港内卸货，2号发电柴油机冷却淡水温度95~100℃（正常温度为75~85℃），高温警报，3分钟后润滑油低压警报，由于自动停机装置未响应，机器继续运转。

值班轮机员做了如下紧急处理：

(1) 紧急人工停止2号柴油发电机，应急发电机自动启动供电，紧急启动1号柴油发电机供电。

(2) 2号发电柴油机不断盘车，避免润滑油失压造成活塞及曲轴黏着。

(3) 检查2号发电柴油机，发现润滑油底柜缺油，附近舱底有大量润滑油，润滑油油压控制冷却海水阀油管接头处不断喷出润滑油。

(4) 修复2号发电柴油机，上紧润滑油油压控制冷却海水阀油管接头；确认润滑油失压而未自动停机的原因是紧急停机装置控制空气阀被关闭，打开被关闭的控制空气阀；开启曲轴箱盖，盘车检查机器有关相对运动摩擦部位，包括各活塞及气缸套、轴承、齿轮等，确认无任何损坏，补充系统润滑油至正常运转油位。

(5) 检查三台发电柴油机的压力控制管，上紧部分已松动接头。

(6) 重新启动2号发电柴油机，观察冷却海水温度，测试润滑油低压警报及紧急自动停机装置，一切正常。

3. 事故原因

(1) 由于机器振动，2号发电柴油机润滑油控制的冷却海水进口阀铜管接头松动，无足够控制油压开启冷却海水阀，造成机器冷却水中断，淡水高温、机器润滑油大量漏泄舱底，润滑油低压。

(2) 紧急停机装置控制空气被关闭，使发电柴油机自动停机装置不动作，无法瞬间保护停机。

4. 事故教训和汲取的经验

(1) 设备维护不到位。轮机长应监督二管轮对发电柴油机的测试，以维护其功能正常。二管轮平常应多加注意发电柴油机的状况，尤其到港卸货前更应详细检查，排除潜在故障及泄漏。

(2) 值班检查不到位。值班机工在港当值期间，必须注意检查设备运转情况，以及各阀门开关状况，发现任何不正常征兆必须尽快处理，并及时报告当值轮机员。当值机工和二管轮均未发现自动停机装置控制空气阀被关闭，险些造成电机烧损，是当值机工和二管轮严重失职。

(3) 发电柴油机润滑油消耗过大未及时查找原因。面对润滑油日耗量突增，值班机工和二管轮未意识到事态发展可能的严重后果。轮机长月报时，原已发现上月发电柴油机润滑油消耗量过多，曾通知二管轮注意改善，但二管轮并未多加注意，导致严重失职。

(4) 关键性接头及螺栓未定期检查。2号发电柴油机控制冷却海水进口阀的润滑油铜管接头松弛漏泄，导致润滑油低压，是这次故障的直接原因。经验显示，雅玛发电柴油机本身振动较大，螺栓及接头易松动漏泄，当值人员必须经常检查并随时处理，以免造成严重后果。

(5) 管系不熟悉。值班轮机员和值班机工必须确实熟悉机舱各管路系统，紧急时才可能迅速处理事故。查找发电柴油机冷却淡水高温报警原因过程中，值班轮机员认为问题出在冷却海水泵及管系方面，未迅速找到关键点——润滑油压力控制的冷却海水进口阀，说明轮机员不甚熟悉发电柴油机冷却水系统。

案例十："BJ"号轮船发电柴油机主轴承故障

1. 船舶概况

发电柴油机型号：陕柴6DSD；功率：500千瓦；转速：700转/分。

2. 事故经过

2015年11月，"BJ"号轮船3号和1号发电柴油机连续出现第4道主轴承损坏故障。3号发电柴油机第4道主轴承抱瓦，轴颈烧损。1号发电柴油机第4道主轴承上瓦盖振动开裂，轴瓦烧蚀。

3. 事故原因

生产厂家陕西柴油机厂两名工程师到船，曲轴及机座和机架送大连海事大学董氏镀铁修理。陕西柴油机重工有限公司（简称陕柴）6DSD型发电柴油机第4道主轴承出现此类故障已经不是第一次了。陕柴的工程师介绍，机座轴承孔在制造时定位后一刀切过，设计上上瓦盖安装在机座上是没有齿型定位的，因此上瓦盖的安装很关键，上瓦盖与机座的间隙左右测量以3丝[1]为宜，不能超过5丝，而在实际操作过程中这一数值较难控制。滑油自上瓦盖进入，对主轴承润滑。

通过后来的管理实践，该轮船轮机长对此种发电柴油机有不同的认识。陕柴6DSD型发电柴油机的转速为700转/分，发火顺序为1—2—4—6—5—3—1，单缸平衡。根据柴油机曲柄连杆机构的运动理论可知，这种发火顺序的设计本身存在缺陷。作用在曲柄连杆机构中的不平衡力和力矩是引起柴油机振动的震动源。对多缸柴油机来说，柴油机的离心力和1次2次往复惯性力矩不平衡。陕柴6DSD型发电柴油机采用各缸平衡法来平衡每个曲柄的离心力，但是曲柄的排列方式和发火顺序的设计导致处于中心位置的第4道主轴承工作条件恶劣，振动交替变化，挠曲变形，长期运转产生疲劳、轴瓦失去弹性，一旦碰到突加负荷时主轴瓦的油膜会被破坏、发生干磨，严重时会烧瓦抱轴，高速运动中振动和摩擦产生的热量会波及瓦盖和机座使之破坏。查看以前的记录，基本上是损坏—修理—使用—损坏—再修理。厂家介绍，此种机型已经停产，这不能不让人考虑到设计的弊端。而其公司其他姐妹船装配的6PSHTC-26H型发电柴油机从未发生此类故障，其发火顺序为1—5—3—6—2—4—1。

4. 事故教训和汲取的经验

船上监控的手段有限，根据实际情况能做的是控制好滑油的质量，勤检查，早发现故障的苗头。对此，在后面的工作中须有针对性地对其进行

---

[1] 1丝=0.01毫米

重点检查。

(1) 及时清洗滑油滤器,发现异物如脱铅等应停用检查,力争将事故损失降到最小。

(2) 及时检验、更换滑油,保证滑油滤器运转。

(3) 每次周期检查要测量拐档差并分析,形成连续的数据化观察。

(4) 用塞尺测量上瓦盖与机座之间的间隙,看是否超标。

此类情况的发生,主要原因是其本身在设计上存在一定的缺陷,船员在使用和维护中也没有意识到前期现象的严重性,没有及时地规避重大故障的发生。

重点提醒,每条船有自己的特性,刚上船要更加注意每个细节,尽可能避免人为原因酿成大的事故。针对这一情况,在以后的工作中,船舶和公司要同时加强管理与设备维护,避免再发生类似事故。

案例十一:"XJ"号轮船发电柴油机机损

1. 船舶概况

发电机型号:TBRHS-526S;功率:425千瓦;转速:900转/分。

2. 事故经过

2014年11月23日,"XJ"号轮船在航行途中,于19时15分值班轮机员巡回检查到第3号发电柴油机附近时,发现高压油泵道门处有一股油雾飘出,漏油槽中积有存油,但没发现发电柴油机有异常声音。值班轮机员怀疑是高压油管渗漏,就去集控室准备叫当值机工打开道门查漏,但他未没走进集控室,因该发电柴油机烟雾迅速增多、扩散,致使机舱烟雾探测器报警。值班轮机员马上奔回第3号发电柴油机旁进行应急停车。19时20分全船失电,而后启动备用发电机于25分恢复供电。第3号发电柴油机停车后,主管轮机员打开示功阀进行盘车,待机器散热后关闭示功阀,再次启动发电柴油机时听到有"咚!咚!"异常敲击声。二管轮立即停车,但没进行检查就休息去了。第二天上午二管轮对第3号发电柴油机进行检查,发现第2、3、4缸曲拐箱内有大量白合金铜末;第4缸连杆轴承严重烧损,上轴承背断裂;轴承座发蓝变形,轴颈严重损伤拉毛,最严重深度达0.5~1.0毫米;两只连杆螺栓变形拉长;第3、4道主轴承抱轴;第2道主轴承上下轴承已收口变形。

3. 事故原因

（1）船舶的检修保养工作不到位。

（2）发电柴油机曲拐箱滑油氧化变质，轴承润滑效果不好，加剧了轴承的磨损，最终导致连杆轴承、主轴承高温烧毁，主轴颈损伤。

（3）二管轮未查明曲拐箱内大量烟雾的原因就启动3号发电柴油机，加大了事故损失。

4. 事故教训和汲取的经验

必须严格执行各项机务管理的规章制度，强化船舶的安全管理工作。

（1）管理不严，相关轮机管理人员情景意识薄弱。应该加强轮机管理人员的工作责任心，严格按照说明书规定做好各项维修保养工作。该轮船3号发电柴油机工况不好，应该认真分析原因，抓紧检修，尽早恢复正常使用状态。

（2）燃用劣质燃油的发电柴油机，要注意加强对发电柴油机滑油的管理工作。对发电柴油机系统滑油如无法分离和净化，应适当缩短使用周期。更换滑油要把曲拐箱和油底壳残留污物清除干净后，才能加入新油。

（3）增强安全意识，提高船员业务素质。在设备故障缺陷没能排除之前，不得起启运转相关设备。既然没有把握完成此项工作，应该及时汇报轮机长，可以实现团队协作，共同完成检修工作，避免机损事故发生。

4.5.10 船舶火灾、碰撞

案例一："DS"号轮船火灾沉没

1. 船舶概况

总吨：9843吨；净吨：5118吨；载重吨：2888吨；主机型号：NKK-SEMTIRPC-5V；主机功率：4629千瓦；双主机。

2. 事故经过

1999年11月24日13时20分，"DS"号轮船经山东省烟台港航监督签证，载旅客264人（检票数262人，另有两名未购船票的儿童），船员40人，各种车辆61台，载重1722.12吨（未超载），自烟台开往大连。当天11时烟台气象台寒潮警报："受西伯利亚一股较强冷空气影响，北到东北风，烟台沿海海面、渤海海峡逐渐增强到7~8级，阵风9级。冷空气前峰过后，气温将明显下降10℃。"11时41分，"DS"号轮船驶过烟台港6号灯浮，船长令主机定速后离开驾驶台，由二副指挥出港。11时45分，左舷正横小山子岛，定向018度，航速15.5节❶。

15时，船位北纬37度53分/东经121度34.5分，风力7~8级，大浪，船舶发生剧烈颤抖，船长、大副、轮机长等先后上驾驶台。15时03分，为缓解和减轻风浪对船体的影响，船长令备车减速，将定速改为港内前进三（12海里/时左右）。几分钟后，值班乘警报告，汽车舱内有车辆碰撞，车辆可能移动。船长既没有派人去查看车辆的移位情况，也未采取其他措施，只是决定掉头返航，回烟台港避风。15时20分，风向西北，风力8级，浪高5米，船位北纬37度56.0分/东经121度36.2分，船长下令减速为前进二（10海里/时左右），并向右转向掉头。因船位已偏原计划航线东侧，加之向右掉头后船位更明显偏东，为驶回烟台港，船长又逐步调整航向至220°，致使船舶更接近横风横浪，船体横摇达30°，水手操舵十分困难，舱内车辆移位、碰撞加剧，船体出现左倾，船长命令施放防摇装置。

16时21分，船位在小山子岛东北约10海里，驾驶台烟雾报警系统报警：D层甲板（从上数第四层）汽车舱6区、7区起火。船长命令大副、二副组织人员灭火。二副打开汽车舱侧门，发现舱内浓烟滚滚，在没有探明火情的情况下，就立即关闭舱门，并通知驾驶台开启水雾系统灭火。同时，轮机长、大副带人去关闭汽车舱通风筒，但艉部一个通风筒没能关闭。16时30分，船位北纬37度41.5分/东经121度37.4分，船长通过单边带电话向山东烟大汽车轮船股份有限公司（简称烟大公司）调度室报告险情并请求救助；二副与水手使用4支消防水枪冲水冷却C层甲板（上数第三层）；服务员组织旅客穿救生衣并在救生艇甲板集合。后来，D层甲板火势蔓延至上一层的C层甲板，C层甲板压力水雾灭火系统被开启。烟大公司将"DS"号轮船险情通报山东省烟台港航监督和山东省海上搜救中心烟台分部。烟大公司派本公司的"齐鲁"号轮船、"兴鲁"号轮船（均为空载客滚船）前往救助，但由于风浪太大，两船均未能抵达现场。16时35分，左舵机失灵，20分钟后右舵机失灵。通往舵机间的通道被大火封堵，无法启用应急舵，船舶处于失控状态。16时45分，交通运输部烟台海监局（现中华

---

❶ 1节=27.5米

人民共和国烟台海事局）总值班室（本次搜救的临时指挥部）接烟大公司险情报告，并立即报告中国海上搜救中心和山东省烟台市有关领导；通知和组织协调烟台救捞局、烟台港务局和当地驻军等方面的船舶前往施救。出动参与施救的船舶有"烟救13"号（2600马力❶拖轮）等共17艘，除"烟救13"号和"岱江"号两轮船外，其他船舶均未出港或未抵达"DS"号轮船遇险海域。

17时25分，根据烟大公司抛"活锚"的建议，船长为了减轻船舶横摇，命令抛左锚1节（长度27.5米）入水。至船舶倾覆时止，平均以约2.2海里/时的速度随风浪拖锚向岸边漂移。17时30分，途经的空载杂货船"岱江"号轮船受命抵达现场施救。因风浪太大操纵困难，救助失败。此后该轮船按照指挥部的命令，在"DS"号轮船东侧约1000米的海面上抛锚待命。

19时21分，"烟救13"号轮船抵达遇险现场并试图拖带，先后5次在下风舷接近"DS"号轮船、4次向"DS"号轮船发射撇缆枪，"DS"号轮船也两次向"烟救13"号轮船发射撇缆枪，但都因风浪太大带缆失败。此过程持续约2小时。此后，根据指挥部的命令，"烟救13"号轮船一直守候在"DS"号轮船附近，伺机救援。30分后，因风大、浪高、天寒等原因，"DS"号轮船甲板上的旅客陆续回舱。此后，船上没有再组织到甲板集中。

20时45分，在同一海域遇险的"银河公主"号轮船观测，风向偏北，风力9~10级，阵风11级，狂浪。

21时30分，"DS"号轮船火势加大而无法控制，并引燃B层甲板（载客甲板，从上数第二层）的被服仓库。23时，"DS"号轮船消防水枪因停泵打不出水，同时船体左倾加剧。23时38分，船体左倾加剧到90度，并突然倾覆，倒扣在离烟台牟平姜格庄云溪村海岸1.5海里处，船底露出水面，艏向320°，船位北纬37度28.5分/东经121度47.6分，当时水深约21米（含潮高4米）。

3. 事故原因

（1）气象、海况恶劣是这起事故的客观原因。受西伯利亚强冷空气影响，在寒潮降温、大风和大潮的共同作用下，24日中午以后烟台沿海出现

---

❶ 1马力=0.735千瓦

了1991年以来第二个最恶劣的气象、海况，致使"DS"号轮船遇险，并给施救带来极大困难。

（2）船长决策失误，操纵不当是这起事故的主要原因。①"DS"号轮船在开航前收到当天烟台气象台发布的寒潮警报，但船长对这一季节性恶劣气候的形成和影响缺乏足够的认识和准备，盲目指挥船舶开航出港。"DS"号轮船离港后不到2小时，遇大风大浪，船长认为难以抵御，匆忙指挥船舶返航避风，造成掉头返航过程中船舶大角度横摇，舱内车辆及其货物倾斜、翻倒、移位、碰撞，使汽车油箱内燃油外泄，汽车相互撞击摩擦产生的火花或汽车电源线短路打火引起火灾，进而导致舵机因通往舵机间的通道被大火封堵而无法启用，船舶失控。②船长采取向右掉头措施，并企图返回烟台港，船舶掉头后因风压造成船位进一步大幅度向下风漂移，处于只有采取接近横风横浪航行才能返回烟台港的困难和危险境地。③船舶失火后，在没有探明火情的情况下，盲目打开D层甲板压力水雾灭火系统，且未能关闭艉部的一个通风筒，影响了灭火效果。④在灭火过程中，除打开所有高压水雾灭火系统外，还长时间往船舱灌水，又因排水不畅，造成舱内大量积水，形成自由液面，船舶稳定性被破坏。⑤船长对船舶倾覆的可能性及其严重后果估计不足，没有及时宣布弃船，也没有组织旅客重新回到甲板，致使船舶倾覆时多数旅客被扣在舱内。

（3）车辆超载、系固不良是这起事故的重要原因。①"DS"号轮船所载车辆中，经核实的34辆货车总额定载重为225.5吨，实载487.6吨，为额定载重量的2.16倍。其中33辆货车超载。②对打捞起的"DS"号轮船沉船进行验证：C层甲板汽车舱内甲板地铃350个，其中327个完好无损、14个受外力切割、9个变形，舱内所载14辆汽车无系固痕迹，前舱右侧舱壁两旁系固索具排列整齐；D层甲板汽车舱内甲板地铃357个，其中325个完好无损、30个无铃无环、2个变形，舱内47辆汽车无系固痕迹。由于C层甲板、D层甲板汽车舱所载车辆没有有效系固，造成车辆及货物因船舶大角度操纵和大风浪航行颠簸、摇摆而发生倾斜、移位、碰撞，进而引发火灾，导致舵机失灵、船舶失控。

4. 事故教训和汲取的经验

综上所述，"DS"号轮船在恶劣的气象和海况条件下，因船长决策和指挥失误，船舶操纵不当，船载车辆超载、系固不良而导致重大责任事故。烟大公司等有关单位的安全管理存在严重问题，对这起事故负有重要责任。

案例二："THH"号轮船机舱火灾

1. 船舶概况

船长：189.94米；船宽：32.2米；型深：16.6米；载重：47 377吨；主机型号：B&W 6L67 MCE。

2. 事故经过

2010年4月28日，"THH"号轮船第53航次从南非德班港开往伊丽莎白港装货。5时48分，发电柴油机燃油压力低报警，约30秒后火警警报报警，显示机舱1号发电柴油机顶部及排烟管着火。5时49分，机舱报告驾驶台，船位显示南纬33度46.7分/东经26度47.2分，随即驾驶台发出火警警报，并向全船广播了机舱着火的消息；5时53分，发电柴油机跳电、主机停车；5时54分，船长命令机舱人员撤离，机舱风、油应急切断，关闭通风装置；5时57分，在确认机舱人员全部撤离后，向机舱释放二氧化碳，同时启动应急救火泵向烟囱及机舱风机层的舱壁喷淋降温；6时，108瓶二氧化碳释放完毕。6时30~38分和6时50~57分进行两次探火，确认火情全部熄灭后，打开天窗和机舱门进行自然通风，清理现场。8时30分，启动发电柴油机供电。11时25分，启动主机复航。

3. 事故原因

4月26日"THH"号轮船离德班港，空船开航后遭遇恶劣天气，风力8~9级，船舶剧烈颠簸，震动严重，使1号发电柴油机燃油滤器的紧固螺栓断裂，燃油喷溅到增压器及排烟管上引发火灾。

4. 事故教训和汲取的经验

（1）清洗拆装滤器时，要按说明书的规定要求上紧螺栓。发现漏油要认真检查密封面及垫床，不可采用加大收紧力的办法除漏。一旦发现使用中的螺栓存在缺陷，应及时更换。

（2）定期检查发电柴油机排烟管等高温部件的隔热包扎和遮挡板情况，如有缺陷要及时修复纠正。

（3）加强对船员的安全教育，熟悉相关安全管理体系文件及相关操作规程，提高安全意识。船舶航行在狭窄水道，或遭遇恶劣天气期间，机舱要加强值班，当值人员应认真巡视检查，发现问题及时处理。

（4）二管轮未能意识到高温排烟管需按照规范包扎，大管轮和轮机长未能及时监督和督促。

（5）二管轮上紧螺栓用力不均。在滤器清洗完毕后，防溅板未装妥，致使燃油朝上喷至发电柴油机顶部及排烟管。交接班时也未告诉大管轮，导致大管轮未能意识到需加强检查。

（6）大管轮及值班人员未能及时进入现场确认，关闭油路。

（7）加强值班巡回，大管轮、值班轮机员及本班值班人员应进行有效的监督与提醒。

案例三："GDL"号轮船机舱锅炉间起火

1. 船舶概况

船长：216米；船宽：35米；型深：17.6米；载重：57 308吨。

2. 事故经过

2018年6月15日，"GDL"号轮船在泉州换人，船上人员除机工长、水手长外全部换新。20日20时，在台湾锚地抛锚避风，机舱只留一个机工值班。21日0时30分，机舱锅炉间起火，全体船员在船长和轮机长的指挥下，开启应急消防泵，向舱壁喷淋降温，向锅炉舱内喷水灭火。约1时30分，全船人员奋力把火扑灭，经检查确认没有余火，机舱人员清理现场。

该事故造成机舱锅炉舱的主电缆、控制电缆、保护系统电缆烧损；锅炉控制箱烧毁；锅炉的各压力传感器、温度传感器及发送器烧毁；锅炉间照明电缆、插座、开关及火警探测器烧毁。

事故发生后，在轮机长的带领和指挥下，机舱人员自己修复了因火灾烧损的设备，没有船期损失。

3. 事故原因

根据现场检查，发现是锅炉燃油压力表松动，燃油滴到风门上引发火灾。值班机工发现后没有立即采取有效的措施，而是先直接向轮机长报告，耽误了最佳的救火时机，使火势增大，烧毁机舱设备。通过事故分析可知，产生这种情况的根本原因是主管轮机员没有做好日常维护保养，值班机工交接班的时候没有仔细检查，起火后值班机工表现慌乱，在初火时没有使用合适的消防器材进行扑救，也没有使用报警设施报警，而是去找轮机长报告，耽误了最佳的救火时机，使小火变成大火。

4. 事故教训和汲取的经验

本次事故的发生固然有船上人员换新的原因，也存在船上人员检查不仔细、船员心理素质不过关等因素。

（1）加强船员海上责任意识教育。船公司、船长、轮机长可利用影像资料、书籍和典型案例学习等手段加强船员的责任意识，提高船员的业务水平，使船员各司其职，做好本职工作。

（2）认真组织船员开展消防演习。消防演习是提高船员救生技能、保护船上公私财产的重要途径，船舶必须按要求定期开展。

（3）定期检查锅炉的燃油压力表，防止滴漏，如有缺陷要及时修复。

（4）加强对船员心理素质的锻炼，提高船员的应变处事能力。

案例四："HP"号轮船机舱辅锅炉火灾

1. 船舶概况

主机型号：MAN（曼恩）B&W 6L50MC；主机额定功率：8720 千瓦；额定转速：187 转/分。

2. 事故经过

2017年9月16日，"HP"号轮船在船厂修理后空放去东南亚。因刚修完船，轮机长晚上休息前不放心机舱情况，又在23时左右再次下机舱巡检，突然听见警报，发现辅锅炉层有火光且伴随大量浓烟，辅锅炉处发生火灾。轮机长立即冲进集控室向驾驶台报告并指挥三管轮与值班机工迅速前往查看火情，驾驶台随即发出机舱着火警报。经船长同意，停止主机，集控室留下二管轮值班，轮机长迅速赶到辅锅炉层指挥。此时三管轮和机工长正手持泡沫灭火器灭火，而早先赶到的电子电气员已将锅炉油柜速闭阀关闭，并切断了辅锅炉电源。因火势不是太大且处置及时，火很快被扑灭。轮机长报告驾驶台，启动主机，恢复航行。检查火灾损坏情况，辅锅炉燃烧器多处连接电线被烧坏；点火变压器及相连电线烧坏。

事故发生后，按公司要求，边航行边组织船员自行修复，在抵港前将锅炉燃烧器等修复，未造成船期损失。

3. 事故原因

在船厂检修锅炉时，工人干活粗糙，三管轮检查不仔细，关闭烟道入孔道门时边缘缺失一小段石棉，致使锅炉工作时火星从该处掉出，落在燃烧器下集油槽中，点燃集油槽中的残油，引发火灾。

4. 事故教训和汲取的经验

（1）不管是自修还是厂修，船员都要仔细检查，特别是容易有火星漏出的道门盖等，一定要用石棉等隔热材料垫好，防止火星外泄。

（2）各集油槽应保持干净，及时清除残油。

（3）油管接头处勤检查，及时清除油类"跑、冒、滴、漏"现象。

（4）定期检查排烟管、烟道道门等高温部位的隔热包扎和遮挡板情况，如有缺陷要及时纠正。

（5）加强对船员的安全教育，提高安全意识。

（6）加强对船员的心理素质锻炼与技能培训，提高船员的应变能力。

（7）在机舱出现应急情况时，要严格按应变部署表执行。

案例五："DQ236"号轮船碰撞、救生

1. 船舶概况

主机型号：B&W 6L65MB；主机功率：9120千瓦；主机转速：187转/分。

2. 事故经过

2013年10月6日18时30分，"DQ236"号轮船自秦皇岛满载15 449吨原油驶往黄埔港。11日6时20分，该轮船正航行在广东汕头附近海面上，此时该海域刮起6级大风，海面海浪滔天。驾驶员注意到在轮船后面偏左方向有两艘船正在驶近，其中一艘集装箱船很快就超过"DQ236"号驶远了，另一艘船名为"克拉巴特山"号的印度尼西亚货船9时35分驶到"DQ236"号左舷正横0.3海里处。

10时17分，"克拉巴特山"号船驶到"DQ236"号左前方1000米处时忽然向右转向，横在"DQ236"号的前方。"DQ236"号三副立刻拉响一长声汽笛，但该轮船仍然继续向右转向，两船的相对位置已经处于危险状态；三副拉响五短声警告汽笛信号，并命令值班水手右满舵紧急避让。

"DQ236"号船长听到五短声警告信号立刻登上驾驶台,发现"克拉巴特山"号轮船有横越本船艏部之势,采取紧急停车、后退四的措施,可是该轮船继续向右转向,似乎是向"DQ236"号冲来。船长为了防止本船艉部被撞,采取左满舵、前进四等措施。尽管船长采取了一系列的紧急避让措施,依然摆脱不了这艘反常转向的船舶。

"克拉巴特山"号对"DQ236"号的撞损之严重,使"DQ236"号已不可采取堵漏、排水等措施自救。根据这种情况,船长果断下达弃船命令,得到命令的船员们有条不紊地展开行动,高级船员更是在第一时间抢出工作文件并携带离船。

3. 事故原因

造成这场事故的主要责任是"克拉巴特山"号轮船违反国际避碰规则,追越、横越"DQ236"号轮船。该轮船驶到香港后向香港海事局报告,它本航次是从日本驶往中国香港,在离开日本不久舵机就失灵了,当追越"DQ236"号轮船时,该轮船正在修理试验操舵系统,正是因为舵机发生故障才使该轮船忽然反常地转向撞向"DQ236"号轮船,引发严重事故。

4. 事故教训和汲取的经验

海上两艘大船发生碰撞时,往往只有在驾驶台的船员知道即将发生危险,而在机舱和房间内的船员大多是被撞击后受到惊吓。人在受到惊吓后本能反应是寻求安全,只有训练有素、心理素质好的人才能做出正确的判断。尤其是弃船求生时,有组织、有领导地采取行动才是最有效的脱险措施。

案例六:"HLHHJ"号轮船与"DY"号军舰碰撞

1. 船舶概况

"HLHHJ"号轮船配备4套基本的发电装置,其中2台额定值为450伏交流电、1625千伏、60赫兹的主柴油发电机,1台额定值为450伏交流电、1625千伏、60赫兹的辅发电机,1台额定值为450伏交流电、1125千伏、60赫兹的涡轮发电机。

2. 事故经过

2008年9月26日约22时30分,"HLHHJ"号轮船从长江口锚地起锚,驶往上海港。行至黄浦江河口时,该段水域中有许多小船,引航员叫了许多车令。27日3时50分，大副接班换下二副。4时30分，所有船员到位，准备靠泊。船长命令在船头的大副和水手长备好左右锚，以防万一。4时38分，引航员下令停船，以让清航道。约4时43分时，引航员又开始用车。5时04分，两条协靠拖船中的一条到达艉部。5时08分，在进入黄浦江河口时，第二条拖船驶至左舷艏部。5时13分，"HLHHJ"号轮船失去所有电力和推动力。当时二管轮离开集控室去机舱巡回检查，刚到发电机平台就断电了。至应急发电机开始向应急线路供电，全船有30~60秒没有电力。

大管轮回到集控室启动2号主发电机。当大管轮走到发电机平台时，发现控制面板上的2号主发电机"启动失败"指示灯亮着，于是按下重新启动键，2号主发电机立即重新启动。在大管轮试图启动2号主发电机时，轮机长已经从集控室遥控重新启动了辅发电机，这样主配电板上就恢复了所有的电能。约5时15分，轮机长恢复了全部电力并试图将车钟由驾驶台控制转为机舱控制。约5时17分时，在主机被开至全速后退的几秒钟内，"HLHHJ"号轮船的艏部碰上靠泊于岸边船舶中一船的艉部，后被证实是我国的军舰"DY"号。

大管轮回到发电机平台，开始重新启动1号主发电机，刚启动就停止运转了，控制面板上显示"滑油低压"。大管轮继续检查1号主发电机，发现滑油压力感应器线路的连接阀脱掉了，使感应器失去油压，致使1号主发电机停止运转。

3. 事故原因

安全系统的第一个故障是1号主发电机滑油压力感应器线路上的连接阀。通过对该连接阀的调查，可以确定连接该连接阀线路中的压力促使该连接阀与线路脱离。在对该阀门进行检查时，可看到连接感应器线路的连接阀主体部分和螺帽上的螺纹严重磨损，而且有迹象表明该线路已经漏油了一段时间。如果在线路开始漏油时就换下该连接阀和螺帽，感应器线路也许就不会脱离。

第二个缺陷是2号主发电机。在1号主发电机感应到失去油压并开始停止运转时，这时处于备用状态的2号主发电机本应自动启动并与辅发电机并行，却启动失败。失败的原因有很多，有一种可能是2号主发电机在最近的测试中，使用其中一种自动关闭保护装置使机器停止工作，然后没有重新设置自动关闭装置就将机器处于自动备机状态。所有发电机在该处的控制面板上只有一个"重新设置"按钮，当按下"重新设置"按钮时，所有发电机的自动关闭装置都被重新设置。

4. 事故教训和汲取的经验

（1）尽管"HLHHJ"号轮船的船员尽力去恢复电力和推进力，但该轮船还是在几分钟后与泊船军舰"DY"号发生碰撞。

（2）在船舶跳电、船长命令全速后退时，已经错过关键时机。在轮机长指示大副将车钟归零时，大副延误了恢复推进力的时机。

案例七："SY"号轮船触碰 TC 在建码头

1. 船舶概况

船舶种类：散货船；总长：159.40 米；型宽：24.40 米；型深：14.00 米；总吨：15 953 吨；净吨：7738 吨；主机型号：7S35MC7；主机功率：5180 千瓦。

2. 事故经过

2018 年 6 月 2 日 23 时，"SY"号轮船自河北秦皇岛装载煤炭 22 491 吨，计划驶往镇江大港。5 日下午，轮机长向船长和在船的公司管理人员反映电机低温淡水温度偏高，要求选择适当时机清洗相应的冷却器。在未得到明确答复的情况下，轮机长未能安排相应的清洗工作。6 日 8 时 40 分，"SY"号轮船按照船舶交通服务要求在长江#65 浮锚泊扎雾，期间轮机长要求安排清洗低温淡水冷却器，船长未同意。

14 时 28 分，行至 TC 在建码头工程下游水域，"SY"号轮船失电，失电时航速 7 节左右，航向约 330，船位距离北岸 150~200 米，失电后该船舵机卡在"右舵 5"。14 时 32 分，船艏右舷与码头成 60~70 度发生触碰。造成该码头 5 排桩基部分（长约 30 米）塌陷，"SY"号轮船艏右舷水线附近船体外板开裂、凹陷，右锚丢失，直接经济损失达 1800 余万元。

"SY"号轮船经救助在大新圩锚地锚泊，船艏尖舱进水，无沉没危险。

3. 事故原因

（1）"SY"号轮船失电、失控，直接引发触碰事故。该轮船在长江航行过程中，未保持两台发电机并车供电状态，船舶轮机管理人员未能按照要求将相关设备处于自动状态，未能及时自动循序启动其他发电机；船舶主电源失效后，应急发电机未能及时自动启动、供电，船上主机、舵机等设备无法操作，直接导致本船触碰 TC 在建码头。

（2）船舶管理混乱是事故发生的深层次原因之一。为了满足船舶航行长江条件，船舶所有人调派一名持有船长适任证书和"海船船员内河航行资格证明"的人员上船，对外任职船长，实际在船任职大副。持有适任证书而未持有"海船船员内河航行资格证明"的大副，实际在船履行船长职务。船舶管理混乱，责任船长未能明确，未能对船管理负全部责任。

（3）船舶设备存在隐患，未能及时开展维护保养也是事故发生的深层次原因之一。低温淡水冷却器脏堵，影响到发电机滑油系统的冷却效果。轮机管理人员发现后向实际管理船舶的船长汇报要求清洗，但该船船长未明确同意，低温淡水冷却器未能得到及时的清洗，致使发电机滑油冷却效果不佳，滑油温度上升，滑油压力下降，直至滑油低压自动停车保护，导致船舶失电、失控。

4. 事故教训和汲取的经验

（1）该公司应及时采取有效措施，切实加强所属船舶的安全管理，落实船舶管理责任，明确船长在船的权利和义务。

（2）该公司应严格按照安全管理体系和维护保养计划的要求对船舶进行设备管理。

案例八："BJX"号轮船与"CT"号轮船碰撞

1. 船舶概况

"BJX"号轮船，国籍：蒙古；船舶种类：杂货船；总吨：1666 吨；净吨：965 吨；载重吨：2900 吨；船长：79.3 米；型宽：11.88 米；型深：6.6 米。

"CT"号轮船，国籍：巴拿马；船舶种类：杂货船；船质：钢质；总吨：5479 吨；净吨：2824 吨；载重吨：8008.71 吨；船长：96.79 米；型宽：18.00 米；型深：12.70 米；发生事故时吃水：前 7.60 米/后 8.20 米；载货种类/数量：杂货/6621.895 吨。

2. 事故经过

2016 年 5 月 31 日，"CT"号轮船靠泊在连云港港一码头中部，左舷靠码头，0 时 20 分装货完毕，由于潮水不够，等待开航。2 时"BJX"号轮船靠泊在港一码头南部，左舷靠码头装完货，等待开航。

4时，两名引航员登上"BJX"号，询问船长有关船舶操纵信息。船长告诉引航员，该轮主机是可变螺距，后退时船艏向左偏转，右锚2节下水，开航准备就绪。于是船舶开始绞紧锚链，解缆，向右甩尾，0时10分船离开码头，采取向左调头的离泊方案。0时15分停车，由于后退速度过快，船艉已接近4号泊位靠泊船，采用前进二、前进三，稳住船位，使船不再后退，左满舵向左调头，"BJX"号轮船开始前进。0时18分停车，然后引航员叫后退二、后退三，驾控指示器到停车位置，当要后退时，驾控突然失灵，倒车不来。由于机舱内噪声太大，船长在驾驶台用对讲机与机舱联系不通，立即跑去机舱要倒车，同时让大副紧急抛右锚1节下水。此时船艏距系泊在一码头中部的"CT"号已很近，倒车仍未来，"BJX"号继续前冲，于5时20分船首碰撞"CT"号右舷第二货舱中部，直接经济损失约400万元。

3. 事故原因

(1)"BJX"号轮船倒车不来直接导致本轮船与"CT"号轮船发生碰撞。"BJX"号横在港池调头时，引航员命令其后退，驾控突然失灵，倒车不来，以致其船艏在距"CT"号很近的情况下继续前冲，撞向"CT"号。

(2)"BJX"号轮船驾机通信联系不畅是造成事故的原因之一。该轮船为驾驶台控制推进器操纵船舶，机舱内没有集控室，且噪声很大，驾驶台与机舱的直通电话在机舱内很难听到，通常使用手提对讲机进行联系。在驾控失灵的情况下，船长在驾驶台用对讲机与机舱联系不通，立即跑下机舱，延误了驾机操控转换或驾驶台控制复位的时间，导致碰撞事故的发生。

(3) 离泊开航计划考虑的因素不周密也是造成事故的原因之一。"BJX"号轮船位于一港池底部泊位，相邻泊位船舶较多，离泊操纵具有操纵水域小、调头困难的特点，且该轮船主机为可变螺距，且船龄较长，车况较差，引航员虽已考虑上述因素的影响，但不够充分，制定的应急防范措施不周密。

4. 事故教训和汲取的经验

(1) 建议船长与引航员进行及时、全面沟通，船长应把船舶操纵特性、影响船舶正常操纵所存在的问题让引航员有全面的了解，加强相互沟通，以便在船舶操纵中避免其不利因素。

(2) 建议强化对引航员的管理。引航员对港口、码头等通航环境情况有全面、系统的了解，对船舶进出港和靠离泊有非常丰富的经验，在船舶进出港和靠离泊的操纵中起着举足轻重的作用。引航员应对船长说明其操纵意图，互相沟通，采纳船长对操纵安全方面的合理化建议。

（3）建议船公司加强对船舶的正常维修保养，保障机械设备的正常运转，船舶进出港之前全面检查机械设备和应急设备，特别是主机的正车和倒车，防止在关键时刻主机失灵。

4.5.11 其他事故

案例一："HP"号轮船救生

1. 事故概述

2018年6月28日约3时25分，"HP"号轮船在黄海南部北纬33度11.4分/东经122度38.8分附近海域沉没。该轮船从出现险情到完全沉没经历近1小时，船员在释放救生艇筏失败后，各自跳水逃生。该事故造成6名船员死亡，4名船员失踪，仅有4名船员获救。

2. 事故原因

根据现场搜救情况显示，6名死亡船员都因逃生时救生衣穿着方法不正确，船员落水后没有在水中进行有组织自救而是各自逃命。通过现象分析可知，产生这种后果的根本原因是船上没有组织有效的救生行动，船员各自跳水。另外，船舶没有按照有关规则的要求组织高质量的救生演习，没有通过演习来锻炼船员的应急求生能力，也没有在对救生设备的试验和使用中发现缺陷、消除缺陷。

3. 事故教训和汲取的经验

为提高演习质量，达到救生演习的目的，提高船员海上求生能力，保障救生应急设备的可靠性，建议采取以下几个措施。

（1）加强船员海上求生意识教育。船公司、船长应鼓励船员利用影像资料、书籍、典型案例学习等手段提高船员对救生设备和救生演习的认识，鼓励船员积极主动学习海上求生知识，利用业务技能竞赛等有效手段锻炼船员海上求生技能。

（2）按时认真组织船员开展救生演习。救生演习是提高船员求生技能的重要途径，每一船舶必须按要求定期开展船舶救生演习，真正锻炼船员处变不惊的心态和精湛的海上求生技艺。

（3）加强海事监管，督促船舶做好救生演习。强有力的外部监管可以从另一个侧面督促船舶做好救生演习。主管机关对船舶实施的港口国控制和船旗国检查中，不仅要检查船舶救生设备的配备是否符合规则，还应检查设备是否可用；并应通过演习等手段检查船员的实操能力，以及在紧急情况下的应变能力，从而防止船员在演习记录方面的作弊现象，促进船员救生及求生能力的提高。

案例二："FQ"号轮船防海盗袭击

1. 事件经过

2009年11月12日5时45分，"FQ"号轮船大副在雷达上发现12海里处有一回波，通知防海盗值班人员加强戒备。6时15分，防海盗值班人员用望远镜发现回波是一条渔船大小的白色小船，在左前方6海里处，旁边有一艘快艇以时速20千米左右的速度向"FQ"号轮船逼近，大副马上通知机舱开消防水，广播通知所有船员全力防海盗。

6时28分，小艇接近左正横0.5海里并转向艉部，"FQ"号轮船用甚高频发出警报，呼叫中国海军请求援助。海盗向"FQ"号右舷七舱靠拢并鸣枪开火，船员带着防海盗用品匍匐前进，向小艇扔火把、汽油弹、煤油弹、石灰粉等。海盗登船失败后，就在离船舶0.1海里处观察，3分钟后快速向右舷六舱靠拢并不停向船员扫射，试图将铁梯挂上船舷，被船员用力拔出。僵持约10分钟后，海盗又暂时离开船舷观察船上的动态，随后再一次快速向三舱右靠拢并向船员开火，船员匍匐前进至三舱右阻止其登船，对抗约5分钟后，海盗船放弃进攻。所有船员伏在甲板进行反击，小艇缓缓驶向艉部，并企图寻找攻击时机，船员集合在后甲板观察，并准备好工具，以防海盗再次进攻。10分钟后，小艇离开约1海里并减速。"FQ"号全速前进，慢慢甩开海盗船。1小时后海军直升机到达"FQ"号上空，船舶相对安全。在整个对抗过程中有2名船员手臂受伤，经请求得到海军的医疗援助。事例证明，船员防海盗意识和技能的提高是成功的关键，船员自防自救能力与外部救援相结合是击退海盗劫持的有效途径。

2. 事件教训和汲取的经验

为避免、阻止和拖延海盗进攻，船长在任何情况下都对船舶和船员的安全具有指挥决策权，同时建议船舶采用以下措施。

（1）在船舶保安计划中制订并执行防海盗程序，采纳国际海事组织和相关行业指南。

（2）对受到海盗威胁的海区和港口要有充分的认识。

（3）制订应急计划，在进入危险海区前演练、修订，使全体人员明白各自职责，熟悉警报系统。

（4）制订应急通信计划，在通信装置中提前输入重要的应急通信号码和通信信息，将重要通信号码张贴于通信装置面板。

（5）进入危险海区前，船长应向船员全面介绍可能面临的风险和应对方案。

（6）如果可行的话，航经东非的船舶应考虑在马达加斯加东部航行，或保持与东非海岸线450海里以上的距离。

（7）建议使用推荐的航行走廊。

（8）在黑夜通过最危险的海区。

（9）任何情况下，船舶都应遵守《1972年国际海上避碰规则》，夜晚不要关闭航行灯，按照船旗国的指南行事。

（10）以最高或接近最高的航速航行，关键设备保持可用，任何保养应在进入危险海区前完成。

（11）船长应适当安排日常工作以保证船员得到足够休息，确保在任何情况下都能够有效组织全体船员应对海盗袭击。

（12）目前绝大多数海盗袭击来自艉部，航行中应加强瞭望，特别是艉部方向。

（13）使用灯光、警报、汽笛和船员的活动警示海盗。

（14）采取防止海盗登船的措施时，应首先保证船员的安全。

（15）在保证航行安全的前提下，尽可能多地使用甲板照明。

（16）准备一个供船员集合的安全处所，如封闭的舱室或机舱。

（17）进入危险海区前，向有关机构报告。

（18）按照推荐的航向、航速航行，以受到最好的保护。

（19）除非安全需要，尽可能减少与外界通信。

（20）不进行室外活动。

(21) 在最危险的方位，放置消防皮龙，并做好向外喷水的准备。

(22) 检查并确保备用发电机、舵机等辅助设备随时可用。

(23) 增加驾驶台瞭望和值班人员。

(24) 机舱有人值守。

(25) 锁闭、控制进入驾驶台、机舱、操舵间、生活区的通道。

(26) 紧急情况下使用甚高频16频道与军舰联系，备用频道是8频道。

(27) 确保所有梯子（包括引水梯）收藏在甲板上。

(28) 在保证船员安全和不妨碍逃生的前提下，考虑在艉部或较低的登船点设置障碍物。

(29) 考虑加宽船舷上缘，增大海盗抓爬的难度。

(30) 调整船期，尽量参加护航编队。

案例三："JZH"号轮船油水分离器污染

1. 船舶概况

主机型号：B&W 7L67GF；主机功率：9630千瓦；油水分离器型号：UST-30N；油分浓度计型号：FOCAS-1500A。

2. 事故经过

2019年4月21日11时35分至13时15分，韩国光洋港水警到"JZH"号轮船进行针对性的防污检查，"JZH"号轮船的油水分离器无明显缺陷。随后，检查官强行要求将油水分离器的出海管路拆下检查，发现污水排出管管内壁有油迹。为此，"JZH"号轮船被罚款3万元人民币。

3. 事故原因

"JZH"号轮船返回国内后，该轮船所属公司派员工登船现场调查，分析船上的事故报告和在韩国光洋港水警检查的报告，询问了轮机长、三管轮等相关人员，并对油水分离器进行仔细检查和试验。结论是油水分离器无任何异常，警报正常。

(1) 根据该轮船污水管系，理论上有三种可能性使污水排出管内壁有油迹。①与污水出海管路旁通的污水管路，现已用盲板封死；②强行开启控制排放的电磁三通阀；③污水排出管内壁的污物为年久积累。

(2) 通过操作试验，否定第②条；在现场查验旁通管路盲板及法兰连接螺栓现状，根本无松动迹象，也可以否定第①条；现场查验污水排出管内壁的油迹，只能是第③条原因所致。

4. 事故教训和汲取的经验

（1）对防污专项检查准备不足，处理突发事件缺乏经验。

（2）船员英语表述能力差，不能与检查官进行有效交流、沟通。

（3）根据《MARPOL 73/78 防污公约》要求，船上应将污水泵直接通海的管路，做永久性封死，即用电焊焊死。

案例四："TAH"号轮船主机链条张紧装置调节螺杆断裂

1. 船舶概况

主机型号：B&W 6L60MCE。

2. 事故经过

2015 年 11 月 6 日，"TAH"号轮船经太平洋返回国内途中，主机链条箱内有异常响声。减速、停车检查，发现链条张紧装置调节螺杆断裂，链轨固定螺丝全部松动，链轨减振橡皮全部脱落。采取临时固定措施后，减速航行回到国内。在卸货港湛江修理中发现，调节螺栓严重弯曲；底轴后端轴磨成椭圆，轴套与轴颈间隙已达 19 毫米。

3. 事故原因

因船厂制造和安装质量问题，致使底轴后端与轴套磨损严重，调节螺杆因承受的弯曲应力过大而断裂。

4. 事故教训和汲取的经验

（1）提高工作责任心，加强对新造船舶的监造或厂修期间的验收工作力度。

（2）不断强化安全意识，严格按照主机说明书的要求，定期做好内部检查工作。及时发现设备缺陷，以消除隐患、避免事故发生。

案例五："YGH"号轮船主机链条断裂

1. 船舶概况

主机型号：MAN（曼恩）B & W 6L80MC；主机功率：18 540 千瓦。

2. 事故经过

2018年5月30日，"YGH"号轮船由意大利那不勒斯港至以色列海法港的航行途中，距海法港约50海里处，运行中的主机突然"轰!"的一声巨响，随之自动停车。主管轮机员立即进行检查，发现主机双排传动链条断裂掉入曲拐箱，链条导轨损坏；滑油管大部分损坏；曲轴齿轮共64个齿，其中34个齿局部严重缺损，12个齿严重变形；凸轮轴链轮个别齿牙缺损，平衡齿轮两只，其中一只全部变形，另一只32个齿中有11个齿缺损。船上无法修理，主机瘫痪，船舶失去动力。经公司安排拖轮拖至海法港，由造船厂安排技术人员上船修理。

3. 事故原因

"YGH"号轮船是2017年12月投入营运的新船，事故发生在保修期内。经船厂确认，该事故是由于船厂安装工艺和松紧度调整不当引起传动链条断裂，造成其他连带附件损坏。

4. 事故教训和汲取的经验

虽然"YGH"号轮船这起主机双排传动链条断裂的机损事故是由造船厂负责，但也给监造人员敲响警钟。在新船建造中应该加强监督力度，提高新造船舶质量，确保船舶安全投入营运。

案例六："SY"号轮船走锚避让应急措施

1. 事故概述

2016年12月19日，"SY"号轮船从上海空载北上秦皇岛。20日海上风起，由于渤海湾风浪比较大，船长决定到成山头锚地抛锚避风。船长选好锚位后，抛左锚，安排值航行班。在该船左前方大约300米处，有一条已经抛锚几个月的船。夜里海上风浪继续增大，值班人员发现左前方抛锚船发生走锚，并以较快的速度向"SY"号轮船左舷船头靠近。值班人员用无线电话和打灯光与走锚船联系，但一直没有人应答，便立即通知船长上驾驶台，机舱备车。船长上驾驶台后，发现走锚船离左舷船头只有几十米了，并以较快的速度靠近，这时起锚避让已经不可能了，果断决定丢左锚避让，最终避免了碰撞事故的发生。

2. 事故原因

(1) 走锚船抛锚已经几个月了，船上只留几位普通船员在船上看船，驾驶台晚上没有人值班，外船发现它走锚时无法与该船人员联络。

(2) 船长选锚位时，错误地认为走锚船已经抛几个月了，一直没有走锚，应该不会走锚了。而且船长选择的锚位与走锚船太靠近，没有留下足够的安全距离。

(3) 驾驶台值班人员责任心不强，没有及时掌握走锚船动态，直至离自己船头只有几十米时才发现，错过了最佳避让时间。

3. 事故教训和汲取的经验

在日常工作中，要严格执行船舶各项规章制度，不要想当然地认为"一直没有发生的事情，就永远不会发生"。大风浪中锚泊时应注意以下事项。

(1) 按航行状态保持有效的安全值班。

(2) 影响航行和备车的各项维修检查工作必须立即完成，保持良好工作状态。

(3) 定期检查所有运转和备用的机械设备。

(4) 按驾驶台命令使主发电柴油机保持备用状态。

(5) 采取措施，防止本船污染周围环境并遵守防污规定。

(6) 所有安全设备和消防系统均处于备用状态。

(7) 注意做好大风浪中航行的各项准备工作。

案例七："ZB"号轮船前舱进水船舶沉没

1. 事故经过

2008年2月7日约22时40分，"ZB"号轮船从印度驶往我国的行程中，在恶劣天气和海况下前舱进水，沉没于我国南海海域，34名船员中30名失踪，直接经济损失约316万美元。

由于"ZB"号船长、轮机长、驾驶员及事故发生时的当班人员均已遇难，生还人员有限且不了解事故发生前后的全部情况，对事故原因的调查分析十分困难。调查组经认真调查分析，结合有关理论计算认定。"ZB"号轮船在航行期间受到6~7级东北风、3~4米大浪及东北季风长期作用下形成的东北—西南的涌浪的影响，由于船舶老化及可能存在的潜在缺陷，致使船舶艏部一舱或一、二舱接合部船壳破损，船舱大量进水并向后波及邻舱，船舶迅速失去浮力，船艏向下急剧沉没。

2. 事故原因

调查组认为，尽管这是一起非责任事故，但教训仍然是比较深刻的。

(1) 对险情发现太晚、估计不足，没有意识到险情的极端严重性和紧迫性，采取措施不果断。当机舱发现险情时，一舱、二舱都已进水，情况比较紧迫。从机舱发现异常到船舶沉没约有 1 小时的时间，但在弃船前只采取了"准备排水"的措施，没有证据表明采取减速、转向等有效措施，即使在 16 频道上发出求救呼叫后，仍没有做出准备弃船的决定，致使可供船员逃生的时间太短。

(2) 大风浪中航行操纵措施不当。据调查，该轮船在大风浪中航行并没有采取减速、转向等措施，也未按公司关于老龄船管理的规定，在大风浪中采取减速和报告公司的措施，说明公司规章制度在该轮船执行不到位。

(3) 遇险时，通信方式选用不当。"ZB"号轮船遇险后，船上未使用遇险呼叫，一直是常规通信。甚至在几次采用常规呼叫不能接通和接通后又掉线的情况下，仍然采用常规呼叫方式，说明船舶对应急通信及应急计划不熟悉。

(4) 船舶救生设备使用和管理不当。船上有四只救生筏，其中三只配有静水压力释放装置。在搜救过程中，只发现两只（一只打开、一只未打开），说明救生筏系固不当。船舶沉没后，"应急示位标"本应自动发射，但没有任何证据表明已经发射，说明"应急示位标"放置位置或所处状态不当。

(5) 公司安全管理体系（SMS）运行存在不足。该轮船所在公司已通过 SMS 审核，并拿到 SMS 证书。但调查发现，公司的文件控制、船岸应急反应及船岸联系等方面未能完全按 SMS 运行。

3. 事故教训和汲取的经验

为避免类似情况再次发生，提出如下建议。

(1) 建议公司及有关方面加强对船员遇险通信及应急计划方面的培训，提高广大船员的应急应变能力。

(2) 对老龄船，建议公司在航区的选择、货种的限制及加强检查等方面采取更为严格的安全措施。

(3) 建议加强对有关公司及其所属船舶的 SMS 审核，严格按 SMS 运行，全面提高安全管理水平。

案例八："WF"号轮船舵机失灵

1. 船舶概况

主机型号：MAN（曼恩）B&W8K90MC，驾驶台全自动控制；舵机型号：阀控型舵机液压系统（HATLAPA-R4V）。

2. 事故经过

2017年4月16日，"WF"号轮船在长江备车航行。13时30分，该轮船过长江江阴大桥时，船长命令加强舵机值班。中国大管轮带菲律宾实习生去舵机间值班。其间大管轮教导实习生如何从自动舵转应急舵，之后回机舱备车值班。13时53分，该轮船过完大桥，船长命令取消舵机房值班，大管轮电话通知实习生回机舱。由于噪声，电话里无法听清，实习生以为转应急舵，按应急操舵步骤把随动舵转为应急舵。13时57分，驾驶台和机舱报警且舵失灵，轮船如脱缰之马横冲直撞。大管轮匆忙跑到舵机间把舵转为驾控，并打电话告知船舵可以使用，此时船长方寸已乱，没有采取任何措施。13时58分，紧急抛双锚，大副反映锚链无法刹住，轮船继续向前冲去。14时，主机3次倒车失败，3次启动失败报警，启动空气低压报警，轮机长停车复位。但螺旋桨在水流带动下依旧高于换向转速，无法换向。14时05分，该轮船撞上5000吨黄沙船，黄沙船在5分钟内沉没，幸亏没人伤亡。15时，该轮船被通知去锚地抛锚，接受海事局调查。15时30分，左锚链被沉船压住，无法起锚，割掉锚链，开船去就近锚地。

3. 事故原因

经海事局调查，该轮船为混派船员，管理级船员是中国人，其他船员为菲律宾人，船员之间沟通不够。由于常跑远航线，平常对消防、救生、溢油及舵机失灵等演习不重视，也疏于操练。

（1）大管轮带实习生去舵机间值班，不该留下实习生单独值班。

（2）不该电话通知实习生回机舱，特别是碰到语言交流有障碍、没任何实际经验的实习生。

（3）大管轮转回自动舵并电话告知驾驶员及船长，船长没有采取有效措施控制住局面。

4. 事故教训和汲取的经验

外派船员要多学习外语，与外籍船员多沟通交流。加强船员各种演习，防止在特殊情况发生时手忙脚乱。作为船舶领导应具有良好的情景意识，心理素质要过关。

船舶航行中，值班轮机员应加强对舵机的监护，尤其是在狭窄水道航行时。舵机房至少应每两小时巡回检查一次，及时消除故障隐患。一旦舵机失灵，应采取应变措施。

案例九："RZ"号轮船连续操作失误导致瘫船

1. 船舶概述

"RZ"号轮船是大型集装箱自动化船舶，机舱为AUTO-0（无人机舱）配置。该轮船设有四台发电柴油机，1号和2号机布置在机舱左侧，3号和4号机布置在机舱右侧，应急发电机在机舱外的艇甲板层，有电动机启动和手动液压启动两种启动方式。

2. 事故经过

2014年12月16日20时，该轮船从上海港开出，航行在东海。当时主机为全速行驶，发电机因为负荷较高，2号和3号机并机运行。

次日凌晨03时10分，机舱2号发电机区域出现火警报警，值班轮机员前往现场察看，发现2号发电机处直冒浓烟，立即返回集控室，手动停止2号发电柴油机，并汇报驾驶台和轮机长机舱着火。此时因为2号机的负荷突然卸载，3号机出现分级卸载。

3时15分，船舶发出消防警报。3时16分，轮机长到达机舱集控室并前往2号发电柴油机处察看，只见整个机舱烟雾弥漫，2号发电柴油机处根本看不清。3时18分，发电机跳电，机舱一片黑暗，后来才知道，船舶发出消防警报后，大管轮在赶到机舱时按了"风油应急切断"按钮。3时19分，应急发电机供电。鉴于2号发电柴油机旁边是燃油柜，船长在听取轮机长的情况汇报后，在3时22分下令人员撤离机舱，并要求三副到主甲板消防控制站做好大型二氧化碳释放准备。3时28分，人员全部撤离机舱。3时29分，大量二氧化碳释放到机舱。

4时，电子电气员去查看应急发电机时，无意中发现生活区后面有亮光，是离港前上的物料在着火燃烧，立即将此情况汇报给轮机长和驾驶台。原来由于物料上船太晚，没及时搬进舱内，而在航行中，主机烟囱带出的火星掉落到物料上，引发火灾。黑烟被旁边最近的风机全部吸入到机舱，而该风机在机舱2号发电柴油机处出风量最大，所以很像机舱着火。4时25分，甲板火灾扑灭后，船长下令开启机舱各进出口，进行自然通风。

7时30分，应急发电机出现冷却水高温报警而停止运行，此时船舶用电全靠蓄电池供应。原来是控制应急发电机间两扇百叶窗在失去空气控制的情况下自动关闭。在手动开启百叶窗后，冷却水温度恢复正常时，8时，在应急配电间启动应急发电机并供电。8时10分，对机舱勘察后人员进入，发现气瓶的压缩空气压力都已接近0兆帕，整条船处于瘫痪状态。经检查，机舱有一只速闭阀空气接头脱落，二管轮在遥控关闭各速闭阀后，慌乱中没有将操作手柄复位，导致大量空气从此处泄漏掉；该轮船的主副空气瓶之间的单向导通阀由于保养不力，工作失常，导致副空气瓶的空气能够倒压到主空气瓶并随之耗尽。

3. 事故原因

（1）轮机长在汇报机舱火势不能控制时，没查明实情，其他人员也没有提出疑问，没有沟通。

（2）大管轮在进行"风油应急切断"操作时没有与轮机长进行沟通，并对原本紧张的局面起了渲染的作用，干扰了轮机长的查看和判断。

（3）平时没有注意到主副空气瓶之间单向连通阀的工作情况。

（4）对烟囱的吹灰工作做得不到位，导致主机运行时有大块的积灰从烟囱排出。

（5）物料没有及时进库房；值班轮机员在报警的第一时间没有查明实情（由于紧张或心理素质差）。

（6）轮机长在核查时遭到突然跳电的干扰，没能准确地查出实情（这种情况下轮机长做出撤离的决定也是从安全角度考虑的）。

（7）应急发电机在运行时，没有及时发现百叶窗关闭的现象（可以手动将其打开，保证应急发电机的正常运行）。

（8）速闭阀空气接头脱落（平时检查不到位）。

（9）速闭阀的操作错误，应该在进行遥控关闭后将操作手柄复位。

4. 事故教训和汲取的经验

（1）"风油应急切断"要复位，所有"油柜速闭阀"要复位。

（2）分级卸载要复位。

（3）当瘫船启动发电柴油机后，负载供电开关要放在"手动"位置，并一一供电。

（4）失电时间长，发电柴油机要换油运行，后面的一系列动作都要考虑到油温的因素。

上述失误链如果有一个环节做到位了，整个链条将被破断，也就不会发展到最后的瘫船局面；每个环节都是人为因素造成的，事故发展的源头是人；轮机长和大管轮要通过该案例对人员的管理有所反思，把事故的隐患消灭在平时的工作中。

案例十："NB"号轮船搁浅

1. 船舶概述

船长：184.72米；船宽：23.3米；载重吨：25 667吨；满载吃水：10.09米。

2. 事故经过

2016年10月9日，"NB"号轮船离开加拿大温哥华港驶往日本鹿岛港。11月2日4时30分，西南风6级能见度良好，大副在雷达上看有4条渔船回波，左前方有一块比较大的回波，被认为是云。4时35分，值班一水报告前面有山，因为场图显示是一片空白，没有引起大副的重视。4时45分，船舶抖动，大副命令一水换手动操舵，发现无舵效，船长感到船体抖动上驾驶台。对照全球定位系统（Global Positioning System，GPS）定位，发现船已触礁，船长命令停车，出于安全考虑，第一批19名船员转移到俄罗斯渔船上。12日，"NB"号轮船判断无救助可能，船长宣布弃船。

3. 事故原因

（1）船长管理严重失职，对新组建的船员班子成员情况不了解，也没有进行开会培训。

（2）二副航线设计出现严重错误，船长没有进行认真审核，也没有召开航前会研究部署，导致这一失误埋下的隐忧，延续到事故发生后才发现。

（3）大副航行监班疏忽和主观臆断，没有对一水瞭望反映的异常情况引起足够的重视，最终导致事故发生。

4. 事故教训和汲取的经验

（1）船公司方面：必须对新上任的船长、轮机长等高级船员进行严格的面试和培训，一些责任心差、业务能力差的船员绝不能录用上岗，不要为了降低人员成本，忽视了船舶的航行、作业安全。对现有船员要加强责任意识和业务培训，提高责任意识和安全意识。

（2）主管机关方面：对高级船员应更侧重实际能力的培训，包括通过实际案例和情景分析。

（3）船员方面：认真执行相关制度和规定，严格按照安全管理体系文件执行，遇到困难及时报告船长、轮机长，必要时寻求岸基支持。一定要树立良好的职业道德和职责心，值班期间的工作关系到整个船舶安全。

案例十一："LM"号轮船溢油

1. 船舶概述

船长：210米；船宽：36.3米；载重：42 667吨；满载吃水11.2米。

2. 事故经过

2010年8月18日14时25分，停靠于海南洋浦港5号泊位的印度尼西亚籍"LM"号轮船，在与中国籍"HBG9"号轮船进行供受燃油作业过程中，3号右燃油舱发生满溢，约6.7吨180厘斯燃料油从前透气管和后透气管溢出，其中约3吨燃料油泄漏入海造成污染。

3. 事故原因

（1）"LM"号轮船在受油过程中未能保持油舱测深作业，换舱作业时未及时关闭阀门，最终导致受油舱的油量过多而溢漏。

该轮船本次计划在3号左、右燃油舱加装180厘斯燃料油349.8吨，并于10时30分开始往3号右燃油舱供油，分别在11时、11时30分和12时30分对受油舱进行了测量，但在12时30分至14时25分事故发生近两个小时的时间内，未按照公司安全管理体系文件要求对3号右燃油舱进行任何测量操作。主管供油作业的轮机长于14时在未了解3号右燃油舱实际受油量的情况下，通知机工全开3号左燃油舱进口阀，但未命令机工将3号右燃油舱进口阀关闭或关小，最终导致3号右燃油舱满溢。

（2）船员不熟悉安全管理手册中有关加油作业程序的要求是导致事故的间接原因。

根据调查，该轮船轮机部船员在2010年4月上船任职，任职后均未学习公司安全管理体系文件中有关"加油作业程序"，不清楚3号左、右燃油舱的实际舱高，也不了解体系文件中关于油舱80%舱容的安全限量的要求，作业前也未向供油船了解供油最大速率及压力。

上述各种人员因素造成的缺失，为本次加油作业埋下了极大的安全隐患。

4. 事故教训和汲取的经验

"LM"号轮船所造成的污染是一起人为责任事故。

（1）船舶管理公司应加强对船舶安全与防污染工作的管理，认真做好公司安全管理体系在船上运行情况的检查工作，同时应督促船长加强对船上执行情况监控，特别是对新聘船员的培训、考核工作，以保证其熟悉本船情况、岗位职责及有关作业的操作规程。

（2）供受油双方在作业前应沟通供油量、加油计划、供油压力和速率等信息。在作业过程中，严格执行有关供受油作业的规定和操作规程，加强对作业现场的巡查。受油方在供油作业中应保持对受油舱进行测量，及时掌握受油舱的存油量。

（3）提前两天召开加油安全会议，记录于轮机日志。

①加油前，做好加油计划及防止油污染检查要点后，交给船长扫描给公司。

②一定要确认好加油次序（先加轻油，后加重油）。

③要求加油船在受油船上取样，如对方不同意，必须派人到加油船上的取样点连续监视整个取样和封瓶过程。

④根据管路图逐个检查阀门，确保启闭正确，特别要注意1号燃油柜有两个液压阀。

⑤整个加油过程必须随时确认吃水差，及时调整加油计划，在装卸货过程加油时尤其重要。

⑥停泵后及时计算加油数量。

⑦加完油签字盖章。

⑧加油结束后，记录在轮机日志和油类记录簿上。

案例十二："ZHCY"号轮船伙食吊机损

1. 船舶概述

散货船；船长：199米；船宽：33.6米；载重：32 400吨；满载吃水10.12米。

2. 事故经过

2013年6月7日下午，"ZHCY"号轮船进行供应船舶润滑油作业。在船舶伙食吊使用过程中，吊臂与港口码头移动时吊车发生剐碰，造成码头吊机栏杆扶手损坏、船方伙食吊"控制左右移动的齿轮箱壳体碎裂及齿轮损坏"的机损事故。后经船舶与港方交涉，双方互不追究责任及损失。

当日18时30分左右，轮机部对2号发电柴油机增压器进行检修工作。在拆卸增压器喷嘴环过程中，由于操作不当、预计不足，也缺乏一定的事前准备，喷嘴环突然弹出，伤及现场作业的三管轮右手，造成手臂前端2道伤口，及时送医院进行了神经修复、外伤缝合处理，手腕用石膏固定。

3. 事故原因

两起事故都缺乏有效的组织、指挥、协调及配合，在操作上存在不规范和随意性，安全措施、安全防范不到位。

4. 事故教训和汲取的经验

两起事故均发生在轮机部门，轮机长负有直接的领导责任，轮机部轮机员、机工长等人员在设备管理、安全意识、安全操作、组织协调等方面都存在一定问题，影响了船舶的安全生产，造成设备损坏、人员伤害，给公司造成了一定的经济损失。

轮机管理人员必须认真总结、吸取教训，加强船舶的安全管理，严格操作规程，增强业务技能，恪守职业道德，保障航行安全、设备安全、人身安全。

案例十三："JBM"号轮船机舱进水

1. 船舶概述

主机型号：MAN（曼恩）B&W8K90MC；船长：206米；船宽：39米；载重：36 000吨；满载吃水10.8米。

2. 事故经过

2017年11月19日,"JBM"号轮船离开国内港口前往印度卸货,当天三管轮向轮机长反映,生活污水处理装置的水排不出去,怀疑出海阀门卡堵。轮机长立即指令机工长关掉出海阀,拆下连接管进行检查。机工长带领三名实习生关掉出海阀,卸下连接管两端共八个连接螺栓,由于两端法兰卡得太紧,机工长拿起大锤敲击水管,水管应声飞落,但巨大的水柱也随即冲进机舱。二管轮见状立即报告船长、轮机长。船长在驾驶台拉响堵漏警报,广播通知所有人员赶往现场。在打开应急吸口用主海水泵排水的同时,开启机舱污水至通用泵的阀门向外排水。在两次试图用木塞堵漏失败后,轮机长命机工长按管子法兰的大小做了一只盲板,并钻了四个对应的孔,找了两根80厘米长的备用螺丝,从远处用螺丝帽将盲板与出海阀连接法兰压紧,堵住了进水。

3. 事故原因

机舱应设一个应急舱底水吸口,与排量最大的一台海水泵相连,如主海水泵、压载泵、通用泵等,吸口上不装滤网。少数船舶的应急吸口还与舱底水泵相通,其管路直径应不小于所连接泵的进口直径。应急吸口与泵的连接管路上装设止回阀,阀杆应适当延伸,使阀的开关手轮在花纹铁板以上的高度至少为460毫米。

4. 事故教训和汲取的经验

出海阀阀芯烂穿是这次事故的客观原因,但人为因素依然是主要原因。

(1) 轮机长安全意识不强。这类水下的出海阀,正常情况下应在坞修时检修更换,若必须检修也应选择空载、在港或锚泊时进行,轮机长未经考虑即命令大管轮安排检修是事故发生的主要原因。

(2) 机舱人员麻痹大意,认为出海阀是止回阀且已关死,认定没事。但未认识到这种30年的老龄船,什么意外情况都可能发生。另外,轮机长和大管轮的责任心不强,没有在现场指导。

(3) 该机工长缺乏基本的工作技能和安全意识,应在两端法兰至少各留一只松开的螺栓,待确定管中水无压力时再拿出螺栓、取下水管,这样就能避免事故的发生。

第 5 章

人为因素分析与评价

5.1 评价体系的建立

5.1.1 评价指标体系构建的原则

选好人为因素对船舶机损事故影响的评价指标是影响船舶机损事故人为因素综合评价的关键，其选择是否合理决定了该综合评价效果的好与坏，因此，在确定评价指标时，必须遵循以下原则。

（1）目的性原则。选定指标是为了反映评价对象，因此所有指标都应具有较强的目的性，都是为了反映系统的安全性。

（2）系统性原则。综合评价的指标应广泛、系统，充分反映评价对象的优劣水平。

（3）可行性和实用性原则。指标体系的设定要具有可操作性和实用性，要考虑到评价指标数据收集时和综合评价模型使用时方便、快速。

（4）时效性原则。所选指标不仅要能够反映一定时期内系统安全性的变化，而且要具有适时性，在指标容易发生变化时也能适用。

（5）可比性原则。指标的取值应使指标之间具有高度可比性。

（6）定性与定量相结合原则。

同时要注意以下三点事项。

（1）一般来讲，指标范围越广，指标数量越多，方案之间的差异越明显，越有利于判断和评价；但确定指标的大类和指标的重要度也越困难，歪曲方案本质特性的可能性也越大。经验表明，指标大类最好不超过 5 个，总的评价指标数以不超过 20 个为佳。

（2）在制定单项指标时，一定要避免指标的重复交叉情况。

（3）评价指标体系的建立尽可能做到科学、合理、实用。

5.1.2 评价指标体系的选取

依据上述指标选取原则，本书在对人为因素所涉及的方面进行综合分析和参考国内外文献的基础上，初选以下指标作为船舶机损事故的人为因素评价指标。选取专家调查表进行了包括具有丰富实践经验的高级船员、船公司管理人员，以及从事多年教育并具有丰富科研经验的教授等在内的第一轮专家调查。

（1）个体因素评价指标。思想素质（职业道德、安全意识等）；生理素质（身体状况、疲劳状况等）；心理素质（气质、性格、情绪、挫折等）；业务素质（学历、资历、专业技能、决策水平、英语水平等）。

（2）管理因素评价指标。动力设备管理（操作规程、维修保养等）；船员管理；法规管理；安全教育管理；组织培训状况（培训单位、培训内容等）。

（3）环境因素评价指标（船上环境、外界环境等）。

（4）其他因素评价指标（政策法规、监察力度等）。

5.1.3 评价指标体系的确定

本书参考了江苏省有关船公司的管理人员、船长、轮机长，江苏海事局的部分同志以及江苏海事职业技术学院航海类专业老师们的意见，考虑到建立模型的可行性之后，归纳总结出最终的评价人为因素对船舶机损事故影响的指标体系框图，如图 5-1 所示。

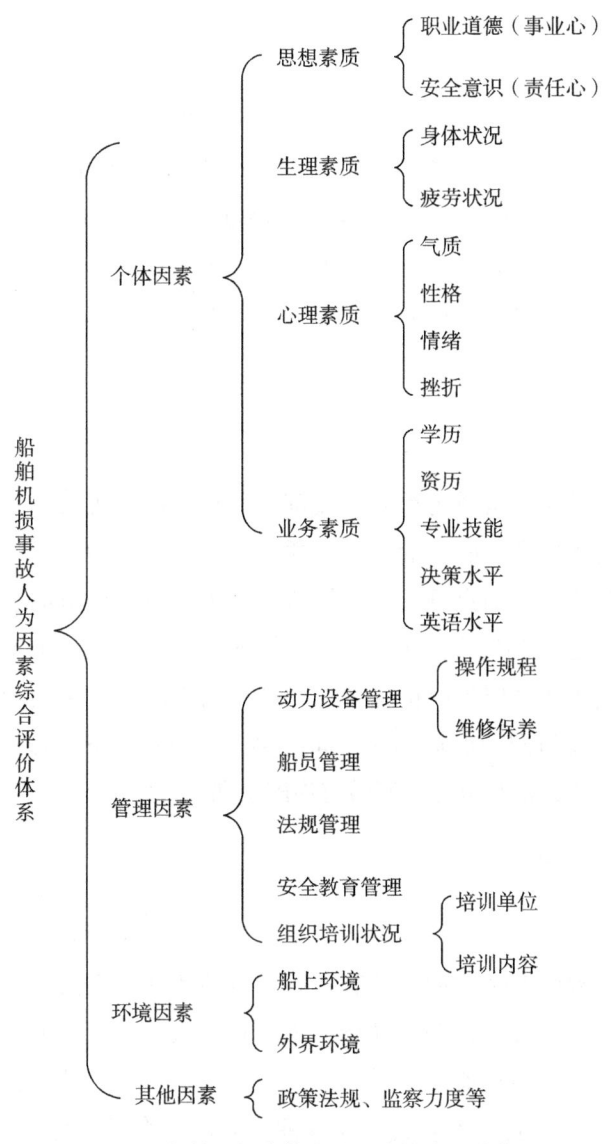

```
                                    ┌ 职业道德（事业心）
                         思想素质  ┤
                                    └ 安全意识（责任心）
                                    ┌ 身体状况
                         生理素质  ┤
                                    └ 疲劳状况
                                    ┌ 气质
              ┌ 个体因素 ┤          │ 性格
              │          心理素质  ┤
              │                    │ 情绪
              │                    └ 挫折
              │                    ┌ 学历
              │                    │ 资历
              │          业务素质  ┤ 专业技能
              │                    │ 决策水平
船                                  └ 英语水平
舶
机                                  ┌ 操作规程
损           │          动力设备管理┤
事           │                      └ 维修保养
故           │          船员管理
人 ┤ 管理因素┤          法规管理
为           │          安全教育管理┌ 培训单位
因           │          组织培训状况┤
素                                  └ 培训内容
综
合           ┌          船上环境
评 ┤ 环境因素┤
价           └          外界环境
体
系 └ 其他因素{ 政策法规、监察力度等
```

图 5-1　船舶机损事故人为因素综合评价体系

5.2　评价指标的分析

在确定了船舶机损事故人为因素综合评价指标体系后，将对评价指标体系的每个评价指标进行一一分析。

5.2.1 个体因素

国际海事组织海上安全委员会和海洋环境保护委员会经过长期对海上发生的事故进行分析研究之后，于1997年6月23日共同发布了《人为因素统一术语》，重点突出了心理、生理、行为能力等方面的主观和客观缺陷。本书主要从人的思想素质、生理素质、心理素质和业务素质四方面分析个体因素在船舶机损事故中的影响作用。本书对船员进行评定时，将评价标准统一定为：好、较好、一般、较差和差。

1. 思想素质

思想素质是船员素质的重要组成部分，良好的思想素质是船员做好本职工作的动力和保证。船员的思想素质涉及的范围比较广泛，笔者在经过调查并综合各位专家的意见后，最终认为本书涉及的船员的思想素质由职业道德（事业心）和安全意识（责任心）两个指标组成。船员职业道德是指船员在运输生产中应当严格遵守的处理人与人之间关系的行为规范和准则。例如，热爱祖国的航运事业，同心协力，同舟共济，忠于职守，遵章守纪，文明开船，洁身自爱，不做有损国格和人格之事等。

2. 生理素质

生理素质是保证船员安全履行自身职责的最基本因素，主要有身体健康程度和疲劳程度两个方面。没有良好的身体素质，无法保证航海工作的安全性。尤其船舶长期在海上航行，工作强度大，不仅要求船员能够承受长时间持续工作，而且能够承受不同航区气候的多变。此外，由于船上恶劣的生活和工作环境，情绪低落等各种复杂因素会导致船员疾病的发生。因而，船员身体健康程度是生理因素中最基本也是最主要的内容。另一个主要方面是疲劳，对于长时间在复杂的环境中驾驶船舶的船员来说，容易产生大脑的疲劳。驾驶人员的大脑疲劳在生理上表现为感觉迟钝，动作不准确且灵敏性降低；在心理上表现为注意力不集中，思维迟缓，反应慢，心情烦躁等。本书对船员疲劳状况进行评定时，将评价标准定为：不疲劳、轻微疲劳、较为疲劳、疲劳和十分疲劳。

3. 心理素质

心理因素以各种各样的形式影响人的潜能作用的发挥，最终影响整个群体和组织目标的实现。船员在船舶航行值班过程中，总是遵循着"刺激—感觉—判断—行动"这样一个活动规律。当人处于不良的心理状态下，如紧张、激动、孤独，就很容易造成对外界刺激的感知错误或判断错误、操作失误等。本书将船员的心理因素主要分为气质、性格、情绪及挫折四个方面。

下面对心理因素的几个评价指标进行分析。

(1) 气质。气质是一个人所具有的典型的、稳定的心理特征。人的气质对人的安全行为有很大影响，它使每个人都有不同的特点和安全适应性。从气质上讲，面对枯燥的生活环境，需要有朝气、活泼、热情、开朗、互相理解、能够自制、善于忍耐的性格和胸怀；面对刻板的海上值班制度和单调的船上工作，需要具有自觉踏实、注意力集中、善于观察细节、保持旺盛精力的能力；而在遇到复杂情况和意外事件时，需要具有镇定、稳重、勇敢、反应迅速、行动果断的能力。

(2) 性格。性格是区别于他人的鲜明的个性特点，是个人在态度和行为方面较稳定的心理特征。从性格上讲，船员应该坦率、灵活、反应快、适应性强、乐观、大方、无忧无虑、自信、善于交往、情感丰富等。这些性格特征都属外向型。

(3) 情绪。情绪是一种十分复杂的心理现象，是人受客观事物影响时心理特征的外在表现，如喜、怒、哀、乐等。如果情绪过于激动或低沉，都有可能发生思想与行为不协调、动作不连贯的现象，这是安全行为中的忌讳，是引发事故的重要因素。

(4) 挫折。挫折是在动机支配下，个人为达到目的而进行活动的过程中，遇到阻碍和干扰致使其愿望不能获得满足时出现的心理状态。本书对船员挫折状况进行评定时，将评价标准定为：无挫折、轻微挫折、一般挫折、较重挫折和严重挫折。

部分航海界有识之士指出，在航海理论知识、实际操作技能和心理素质三者中，心理素质至关重要。这虽然有点夸大了心理素质的作用，但由于航海的特殊性，船员若没有过硬的心理素质，面对狭小的生活空间、嘈吵的工作环境、远离亲人、脱离正常社会交际的日常生活，很难保持一颗平常心。心理状态的好坏对船舶航行安全有着举足轻重的作用。

4. 业务素质

业务素质是船员的专业知识和经验的总称，是指船员在掌握一定知识的基础上，结合自身的经验所得到的进行船舶各种业务操作的综合能力。不仅与船员的知识有关，而且与船员的经验、工作职位和语言能力有关。

本书认为影响船员业务素质的指标有：学历、资历、专业知识及操作技能、决策水平、英语水平等。

（1）学历。学历从一定程度上能够比较客观地反映一个人专业知识的丰富程度，也是一个人智力及综合分析能力的一个缩影。现代航海实践表明，高层次人才的涌入，对推动航海活动的安全化和高效化起到了很大的作用。目前从事航海职业的不仅有本科院校毕业的大学生，还有一些航海类专业的研究生为今后发展或为取得航海实践经验的需要投身于航海事业。因此，本书对船员学历进行评定时，将学历分为中专以下、中专、大专、本科、本科以上（除了研究生学历之外，也包括从事航海专业教育的本科毕业的航海类专业教师）。

（2）资历。资历是一个人工作经验的反映。航海是一个实践性较强的职业，一个人的工作经验与事故发生的可能性关系密切。本书对船员资历进行评定时，将评价标准定为船长或轮机长（任职满半年）、大副或大管轮（任职满半年），二副、三副或二管轮、三管轮（任职满半年），有1年以上海龄者与海龄不足1年者。

（3）专业知识及操作技能。专业知识与操作技能的因素在本书是指海员的专业技术与经验，即海员在掌握一定知识的基础上，结合自身的经验所得到的进行船舶各种业务操作的综合能力。不仅与海员的知识有关，而且与海员的经验、工作职位和语言能力等有关。

（4）决策水平。决策水平是指船员依据自己的经验与知识，对事态做出充分的分析，提出解决问题的方案，并按步骤付诸实施，使问题圆满解决。本书对船员决策水平进行评定时，将评价标准定为高、较高、一般、较低和低。

（5）英语水平。船上混编船员队伍的出现，带来一个突出问题——语言问题。语言交流的困难给船上工作、生活带来诸多不便。为了解决语言问题，目前船上的普遍做法是规定工作语言（通常是英语）。本书的英语水平主要指的是英语运用能力，船员在航海实践活动中，利用英语进行通话、与其他船员进行日常会话以及收听航海信息、阅读航海图书资料等信息交流的综合能力。从表 5-1 可见，轮机部的船员英语水相对低些，但船上的动力设备的操作者却是轮机员，在一定程度上，轮机员的英语水平会影响到动力设备的正确操作及 PSC 官员的安全检查。

表 5-1　高级船员英语口语能力　　　　　单位：%

等级	船长	大副	二副	电报员	轮机长	大管轮	二管轮
流利	14	10	7	8	9	3	7
好	67	66	64	63	55	57	51
一般	16	19	23	20	26	25	26
差	3	5	6	9	10	15	16

由于船员英语实际交流能力的高低难以进行定量，因而建议对该项指标的判定也应采用领导、同事和自评来划分；对外聘的船员可通过面试时进行专门测试。本书对船员英语水平进行评定时，将评价标准定为优、良、中、较差和差。

5.2.2　管理因素

ISM 规则还指出，人为因素中约有 80% 可以通过有效的管理加以控制。本书将管理因素分为动力设备管理、船员管理、法规管理、安全教育管理及组织培训状况五个指标。

下面对管理因素的五个指标进行详细的分析。

1. 动力设备管理

船舶机损事故的预防除了可以从改进原有不正确的操作方法入手外，还可以从船上现有动力设备的维护管理入手。这里的动力设备管理，主要指的是主机、副机等设备的管理，包括这些设备操作规程的制定和维护保养两个评价指标。

（1）操作规程。根据动力设备的使用说明书、验收检测结果、船舶交通管理等具体要求，参考相关资料，制定本船的各种动力设备的操作规程，以使每个设备都能更有效地工作。本书对动力设备操作规程的制定进行评定时，将评价标准定为十分规范、较为规范、一般规范、较不规范与极不规范。

（2）维修保养。科学技术的进步、船舶动力设备的升级换代提升了船舶的安全系数，但人始终是生产过程中诸多因素中最活跃和最具能动性的因素。即便是最新、最好的现代化设备，也得靠人去管理和操纵，如果缺乏日常的有效维护和保养，再先进的设备效能也会大打折扣，而操作失误更可能导致严重机损事故的发生。

2. 船员管理

船员管理是一项基础工作。对于航运公司来说，做好船员管理不仅符合公约、法律、法规要求，而且是公司发展和立足的前提。要本着对船舶安全航行高度负责的精神，重视船员技能的培养，并将船员上岗前熟悉其职责、精通船舶设备的操作、职务船员的实习制度等纳入船舶安全管理体系中。主动关心船员，及时了解船员的思想动态，帮助他们排忧解难。

3. 法规管理

航运公司涉及的法规种类繁多，既有相关国际公约，又有国际国内有关法律、法规，都在船员的管理等方面做了相关规定。因此，每个航运公司都应遵守国际公约及各项法规，保证有法可依，有法必依。公司应分门别类地将法规明列清楚，管理有序。IMO经常会对公约和法规做出必要的修订，公司应及时将新修订的法规进行补充，使公司及船员能及时掌握有关更新部分的内容。历史上因不熟知公约及法规而造成损失的例子屡见不鲜。为了保证航行安全，对法规的理解和掌握必不可少。

4. 安全教育管理

船舶机损事故很大一部分是由船员的安全意识淡薄造成的。船员的安全意识淡薄，除了个体因素中船员的安全意识不强之外，还与船公司对船员安全教育不够有关。

5. 组织培训状况

培训是提升在职船员素质最有效的途径。一个船员如果有更多的机会参加各种业务培训，在实际工作中加以应用、巩固，那么该船员任职能力必会较快提高。经参考有关文献及征求专家意见，认为培训状况择取以下两个指标进行评价：培训单位、培训内容。

（1）培训单位。从事培训工作的各培训单位，都具备主管机关颁发的培训许可证，但由于各种原因，它们在办学性质、师资、设施、责任心等方面相差悬殊。

（2）培训内容。小公司的船员和自由船员，因公司投入培训费用小或自费，培训往往不系统，所参加的一些培训都是法定上岗必备的，且大多为截止日期将至，这势必会影响培训效果。根据培训单位是否完成国际公约、国内有关法规要求的法定培训内容及在完成国际公约、国内有关法规要求的法定培训内容的基础上，船公司根据实际情况和计划是否安排了额外培训。本书对培训内容的优劣进行评定时，将评价标准定为：好、较好、一般、较差和差。

5.2.3 环境因素

人的身体和思想会感受到来自环境因素的影响。环境因素直接影响个体因素和管理因素。本书主要从船上环境与外界环境两个指标来分析。

1. 船上环境

船上环境主要包括船上工作环境和生活环境两部分。

船上工作环境噪声较大、振动大、温度高、污染严重。长时间生活在这样的环境下，必然会降低船员生理和心理的承受能力。

生活环境指船上的生活空间。由于船上的生活空间狭小、人群单一、角色固定，较长时间与社会、家庭分离，使船员的生活单调、枯燥。在这种环境下，人容易烦躁或被激怒。另外，运动不足，缺乏新鲜蔬菜，这都严重地影响了船员的身心健康。因此，创造一个安全、舒适的生活环境可以提高工效，减少疲劳和消除人的不安全行为，杜绝或减少人为事故的发生。

2. 外界环境

外界环境主要指的是天气状况。船舶长年航行于世界各个地区、各个海区，各种天气不同，航行状态也不一样，特别是风浪较大的恶劣天气，不仅影响正常工作，就连休息也感到不适，这势必影响正常值班及检修，因而易发生事故。另外，船舶摇摆剧烈，也直接对轮机设备造成危害。

5.2.4　其他因素

船舶机损事故的人为因素还与其他因素有关，如政策法规、监察力度等。

1. 政策法规

自1959年以来，IMO先后共签署了40多个国际性公约、条例和法规，并且进行多次修订。ISM《国际安全管理规则》的制定和《STCW公约》的修订就是IMO为减少人为因素的影响而采取的积极措施。随着这两个公约的实施，人为因素问题得到明显改善。本书对政策法规的效力进行评定时，将评价标准定为十分有效、较为有效、效力一般、效力轻微和极为无效。

2. 监察力度

监察力度主要指的是海事、船级社等相关部门，依照国际国内法规，对航运公司的船舶设备、工作等监督的有效程度。本书对监察力度进行评价时，将评价标准定为十分到位、较为到位、一般、较不到位、很不到位。

（1）管理因素是核心。只有有效地管理，才能使公司的各个部门、船上各个环节和不同的个体有机地结合在一起，使部门间的动作协调、群体士气高昂，以及个体的动机与组织目标保持一致，从而增加凝聚力，弥补其他因素的影响。

（2）个体因素是关键。管理的缺陷、环境的影响等都需要个体直接去承受。个体是否能经受住考验，取决于个体本身的素质高低和自身状态的调整。

（3）环境因素是外界刺激因素，直接影响个体因素和管理因素。

（4）其他因素是次要因素，但不可忽视。

因此，我们在研究人为因素时，应从多方面入手，由主到次，从急到缓，不能片面地强调某一环节，孤立地研究某个因素。

5.3 综合评价模型的建立

5.3.1 评价方法

综观国内外决策评价方法的发展及成果，包括多元统计分析方法、运筹学、灰色理论、神经网络分析与人工智能、计算机辅助等，将评价方法大致归类为以下几种。

（1）多元统计分析方法：主成分分析法、因子分析法、判别分析法、聚类分析法。

（2）运筹学方法：层次分析法（AHP）、数据网络分析法（DEA）。

（3）定性及定量分析方法：安全检查表分析法（SCL）、预先危险分析法（PHA）、故障模式与效果分析法（FMEA）、因果分析图法、目标手段分析法（CEMA）、事件树分析法（ETA）、故障树分析法（FLA）、可操作性分析法（HAZOP）、综合安全评估法（FSA）、风险评价方法（MES）、格莱姆打分法（LEC）。

（4）模糊理论方法：模糊聚类、模糊综合评价、模式识别。

（5）灰色理论方法：灰色关联度、灰色综合评价、灰色聚类。

（6）神经网络方法等。

5.3.2 评价方法的选取

决策和评价是人们进行选择或判断的一种思维活动。它是科学也是艺术，因为人们进行的选择和判断应当尽可能地符合客观实际。这就要求决策者尽可能真实地了解问题的背景、环境和发展规律，尽可能详细地占有资料，尽可能广泛地掌握正确的评价决策方法和各种评价决策辅助工具。评价方法众多，但基本程序如图5-2所示。

在以上几个步骤中，评判模型的建立是极其重要的一环，即以什么样的数学工具进行评判，有了评判模型，每输入一次采集到的数据，就会得出相应的评判结果。在评价人的过程中，常有"过小""过高""较好"

图 5-2　评价方法程序

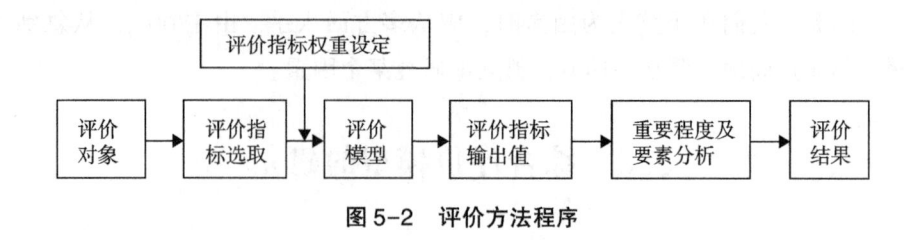

"很差"等较为模糊的概念，为将这些模糊概念加以解释化和定量化，使评价能建立在充分合理科学的基础上，本书选择模糊综合评价方法作为主要数学工具，并辅以层次分析方法，对船舶机损事故人为因素进行综合分析。

综合分析在模糊数学中又称综合评判。综合评判问题是多因素、多层次决策过程中所遇到的一个带有普遍意义的问题。该方法的优点是数学模型简单，容易掌握，对多因素、多层次的复杂问题评判效果比较好，是其他数学分支和模型难以代替的。

模糊综合评价就是对涉及模糊因素的对象综合考虑多种因素进行评价和判决的问题。模糊综合评价涉及三个要素：因素集、评价集、单因素评判。在单因素评判的基础上，再进行多因素的综合评判。主要有以下几个步骤。

(1) 建立因素集和评价集。因素集 U 是由影响评判对象的各个因素所组成的集合，可表示为

$$U=\{u_1,u_2,u_3,\cdots,u_n\} \tag{5-1}$$

式中，元素 $u_i(i=1,2,3,\cdots,n)$ 是若干影响因素。本书的因素集 $U=\{$个体因素,管理因素,环境因素,其他因素$\}$。

评价集是由对评判对象可能做出的评判结果所组成的集合，可表示为

$$V=\{v_1,v_2,v_3,\cdots,v_m\} \tag{5-2}$$

式中，元素 $v_j(j=1,2,\cdots,m)$ 是若干可能做出的评判结果。本书在确定评价等级时，根据本书的特点并参考国内外学者、专家常用的评价等级划分方法，将评价等级集 V 定义为五个等级，即 $V=\{v_1,v_2,v_3,v_4,v_5\}=\{$优,良,中,较差,差$\}$。

模糊综合评价的目的在于，通过对评价对象综合考虑所影响因素，能够从评价集 V 中获得一个最接近实际的评价结果。

(2) 建立权重集。一般来说，因素集 U 中的各个元素在评判中的重要

程度不同，因而必须对各个元素按其重要程度给出不同的权数。由各权数组成的因素权重集 A 是因素集 U 上的模糊子集，可表示为

$$A = (a_1, a_2, a_3, \cdots, a_n) \tag{5-3}$$

它们满足归一化条件 $\sum a_i = 1$，反映了各个因素在综合评价中所具有的重要程度，即是它们的权，这些权值组成 U 上的一个模糊向量。本书的权重是通过层次分析法计算出来的。

（3）单因素模糊评判。单独从一个因素（指标）出发进行评判，以确定对评价集元素的隶属程度，称为单因素模糊评判。

设评判对象按因素集中第 i 个因素 u_i 进行评判，对评价集中第 j 个等级 v_j 的隶属程度为 r_{ij}，则按第 i 个因素 u_i 评判的结果可表示为

$$R_i = (r_{i1}, r_{i2}, r_{i3}, \cdots, r_{im}) \tag{5-4}$$

R_i 称为单因素评判集，它是评价集 V 上的模糊子集。

（4）模糊综合评价。单因素评判集构成多因素综合评价（R 评判矩阵）的基础，即

$$\boldsymbol{R} = \begin{pmatrix} R_1 \\ R_2 \\ \vdots \\ R_n \end{pmatrix} = \begin{pmatrix} r_{11} & r_{12} & \cdots & r_{1m} \\ r_{21} & r_{22} & \cdots & r_{2m} \\ \vdots & \vdots & \ddots & \vdots \\ r_{n1} & r_{n2} & \cdots & r_{nm} \end{pmatrix} \tag{5-5}$$

而 r_{nm} 是对第 n 个因素所做的第 m 个等级的评价。

当权重集 A 和评判矩阵 $\boldsymbol{R}$ 已知时，按照模糊矩阵的乘法运算，便得到模糊综合评价集 B，即

$$B = A \times \boldsymbol{R} = (a_1, a_2, \cdots, a_n) \times \begin{pmatrix} r_{11} & r_{12} & \cdots & r_{1m} \\ r_{21} & r_{22} & \cdots & r_{2m} \\ \vdots & \vdots & \ddots & \vdots \\ r_{n1} & r_{n2} & \cdots & r_{nm} \end{pmatrix} \tag{5-6}$$

$$= (b_1, b_2, b_3, \cdots, b_m)$$

b_m 称为模糊综合评判指标，其含义是在综合考虑所有影响因素的情况下，评判因素对评价集 V 中第 j 个等级的隶属度。显然，模糊综合评价集 B 是评价集 V 上的模糊子集。

在实际评判中，某些评价因素（指标）又由多种子因素（子指标）构成，使隶属度的求取存在困难，则可分别将它们按上述方法进行第一层评

判，把评判结果作为下一层评判中各评判对象的隶属度，这就是多层次模糊综合评价。

5.3.3 评价指标权重的计算

确定权重最常用的方法是通过专家调查，即在确定评价指标的基础上，由各个专家根据其多年的工作和实践经验对各个指标的重要程度进行两两比较，然后利用层次分析法（analytical hierarchy process，AHP）原理进行相关的计算。

1. 层次分析法

层次分析法是美国运筹学家匹兹堡大学教授萨迪（Thomas L. Saaty）于 20 世纪 70 年代中期提出的。它是一种将定性分析与定量分析相结合的系统分析方法，是分析多目标、多准则的复杂系统的有力工具。AHP 具有思路清晰、方法简单、适用面广、系统性强等特点，便于普及与推广，通过这种方法可以把数据、专家意见和分析人员的判断有效结合起来。利用 AHP 确定指标权重的主要步骤如下。

（1）明确问题。首先对问题有明确的认识，了解问题所包含的因素，确定各因素之间的关联关系和隶属关系。

（2）层次结构的建立。递阶层次结构模型如图 5-3 所示。

（3）判断矩阵分析法。判断矩阵分析法是把 n 个评价因素排成一个 n 阶判断矩阵，专家通过对因素两两比较，根据各因素的重要程度来确定矩阵中元素的大小，然后计算判断矩阵的最大特征根，及其对应的特征向量，这个特征向量就是所要求的因素重要程度系数 a_i 值，再进行归一化，即得权重。

①确定两个因素相比的判断值。判断尺度表示一个要素对另一个要素的相对重要性的数量尺度，常用的有九标度判断尺度，如表 5-2 所示。

表 5-2 判断尺度定义

判断尺度	定义
1	表示两个因素相比，具有同样的重要性
3	表示两个因素相比，一个因素比另一个因素稍微重要

续表

判断尺度	定义
5	表示两个因素相比，一个因素比另一个因素明显重要
7	表示两个因素相比，一个因素比另一个因素强烈重要
9	表示两个因素相比，一个因素比另一个因素极端重要
2,4,6,8	介于上述两个相邻判断尺度的中间
倒数	一个因素不如另一个因素重要，用上述的倒数表示

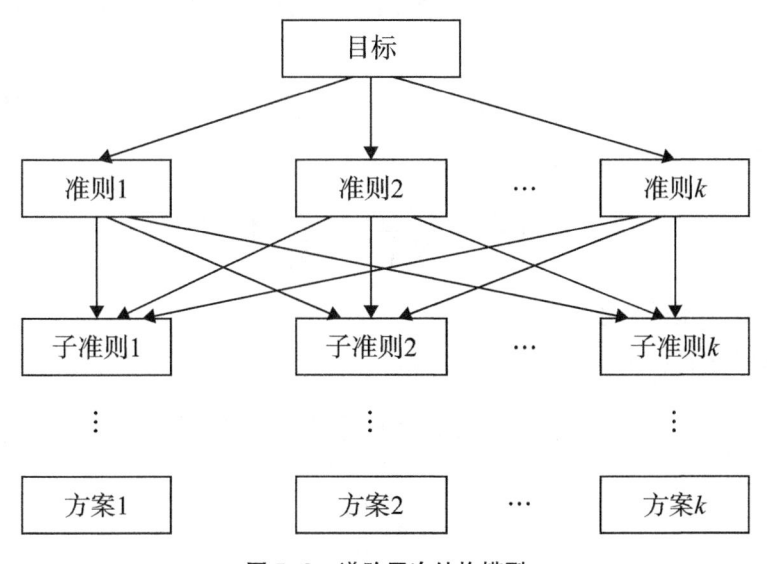

图 5-3 递阶层次结构模型

②构造判断矩阵。$b=(b_{ij})_{n\times n}$，$(i,j=1,2,3,\cdots,n)$，$b_{ij}=W_i/W_j$，$(i,j=1,2,3,\cdots,n)$，可构造判断矩阵为

$$\boldsymbol{B}=\begin{pmatrix} b_{11} & b_{12} & \cdots & b_{1n} \\ b_{21} & b_{22} & \cdots & b_{2n} \\ \vdots & \vdots & \ddots & \vdots \\ b_{n1} & b_{n2} & \cdots & b_{nn} \end{pmatrix} \tag{5-7}$$

显然有

$$b_{ij}=\frac{1}{b_{ji}}, b_{ii}=1, (i,j=1,2,\cdots n) \tag{5-8}$$

③确定因素重要程度系数 a_i。根据判断矩阵 B，计算它的最大特征根 $\lambda_{\max}$，即求 λ 满足如下条件

$$\begin{vmatrix} b_{11}-\lambda & a_{12} & \cdots & b_{1n} \\ b_{21} & b_{22}-\lambda & \cdots & b_{2n} \\ \vdots & \vdots & \ddots & \vdots \\ b_{n1} & b_{n2} & \cdots & b_{nn} \end{vmatrix} = 0 \qquad (5-9)$$

利用 MATLAB 可以方便地得到最大特征根 $\lambda_{\max}$（因素个数 n 较大仍然很方便的）对应的特征向量，特征向量就是所要求的因素重要程度系数 a_i 值

$$a_i = (x_1, x_2, \cdots, x_n) \qquad (5-10)$$

再对其归一化，得：

$$\left(\frac{x_1}{\sum x_i}, \frac{x_2}{\sum x_i}, \cdots, \frac{x_n}{\sum x_i} \right)$$

即为评判因素的权重。

④一致性检验

$$CI = \frac{\lambda_{\max} - n}{n - 1} \qquad (5-11)$$

$$CR = \frac{CI}{RI} \qquad (5-12)$$

式中，n 是判断矩阵的阶数。

当 CR<0.1，认为比较判断矩阵 A 具有满意的一致性，否则必须重新调整 A 中元素的值。经统计，RI 的取值见表 5-3。

表 5-3　RI 系数

矩阵阶数	2	3	4	5	6	7	8
RI	0	0.52	0.89	1.12	1.26	1.36	1.41

如以其中一份调查表中的个体因素表格为例，判断矩阵的最大特征根及其对应的特征向量，见表 5-4。

表 5-4 调查表

项目	动力设备管理	船员管理	法规管理	安全教育管理	组织培训状况
动力设备管理	1	1/5	1/3	1/2	1/3
船员管理	5	1	2	1	1/2
法规管理	3	1/2	1	1/2	1/3
安全教育管理	2	1	2	1	1
组织培训状况	3	2	3	1	1

利用 MATLAB 求权重向量为

$A_v = (a_1, a_2, \cdots, a_n) = (0.0744, 0.2433, 0.1339, 0.2310, 0.3174)$

计算判断矩阵的最大特征根：$\lambda_{max} = 5.2297$。

计算判断矩阵的一致性指标，根据式（5-11）和式（5-12）得 CI = 0.0574；CR = 0.05。CR<0.1，认为判断矩阵 B 具有满意的一致性。如果需要对判断矩阵进行调整，在此根据判断矩阵的第一行数值之间的相对关系，对其余各行之间数据的相对关系进行调整，将其增大或者减少，然后重新计算判断矩阵的一致性，直到符合一致性要求为止。

2. 评价指标权重的确定

依据上述方法，运算得到各位专家评价各指标在该层次中的权重值，将同一指标各专家的评价权重相加，结果除以专家人数，得到该指标最后在该层次所占的权重值。本书在第一轮专家调查后所确定的人为因素评价指标体系的基础上，对回收的 20 份调查表中的数据进行统计、分析、计算，最后得出船舶机损事故人为因素综合评价各指标的权重，见表5-5。

表5-5 指标权重

一级指标	二级指标	三级指标	指标权重
u_1 个体因素			0.1289
	u_{11} 思想素质		0.1765
		u_{111} 职业道德	0.7778
		u_{112} 安全意识	0.2222
	u_{12} 生理素质		0.0972
		u_{122} 身体状况	0.25
		u_{121} 疲劳状况	0.75
	u_{13} 心理素质		0.1824
		u_{131} 气质	0.2544
		u_{132} 性格	0.0975
		u_{133} 情绪	0.1838
		u_{134} 挫折	0.4643
	u_{14} 业务素质		0.5439
		u_{141} 学历	0.0296
		u_{142} 资历	0.0984
		u_{143} 专业技能	0.4620
		u_{144} 决策水平	0.3116
		u_{145} 英语水平	0.0984
u_2 管理因素			0.2393
	u_{21} 动力设备管理		0.0744
		u_{211} 操作规程	0.5556
		u_{212} 维修保养	0.4444
	u_{22} 船员管理		0.2433
	u_{23} 法规管理		0.1339
	u_{24} 安全教育管理		0.2310
	u_{25} 组织培训状况		0.3174
		u_{251} 培训单位	0.1000
		u_{252} 培训内容	0.9000
u_3 环境因素			0.3603

续表

一级指标	二级指标	三级指标	指标权重
		u_{31} 船上环境	0.7222
		u_{32} 外界环境	0.2778
	u_4 其他因素		0.2715
		u_{41} 政策法规	0.2222
		u_{42} 监察力度	0.7778

5.3.4 评价指标隶属度的确定

1. 隶属函数

在普通集合理论中，对于任何一个元素来说，或者属于某集合 U，或者不属于这一集合。然而，在模糊集合理论中，由于存在模糊性，论域中的元素对于一个模糊子集的关系就不再是"属于"和"不属于"这种简单的关系，其对该模糊集的隶属程度的大小即隶属度，取值在 0~1。在进行模糊评判的时候，如何确定各个因素对应各个评判等级的隶属程度的大小，是整个评判能否进行的关键。

在建立模糊评判模型时，通常采用专家调查和集值统计方法相结合来构造单因素评判矩阵。专家调查法是首先制作专家打分调查表，通过专家评判给分，即专家对每一具体评价对象的每一项指标，根据经验和看法进行认定，在打分表对应等级处打钩，再通过专家调查表的汇总得到各个因素对应等级的频数，经过归一化处理即可得到各个因素对应于等级的隶属度，从而得到单因素评判矩阵。集值统计法是模糊统计与经典统计的一种应用拓展，是定性量化的常用方法，是对复杂事物给出区间估计的一种方法。

依据本书评价模型所分的五个等级，运用上述方法，专家评分的设计详见表 5-6。

表 5-6 专家评分

评价等级	优	良	中	较差	差
因素 1					

续表

评价等级	优	良	中	较差	差
因素2					
因素3					
因素4					

2. 评价指标隶属度的确定

本书主要有两类指标：一是基本能准确定量计算的指标，评价指标中学历、资历属于这一类指标；二是模糊性指标，即无法用数量来表示，需要用隶属函数量化的指标（见表5-7和表5-8）。

表5-7　学历指标的隶属度子集

学历/等级	优	良	中	较差	差
本科以上					
本科					
专科					
中专					
中专以下					

表5-8　资历指标的隶属度子集

资历/等级	优	良	中	较差	差
船长或轮机长（任职满半年）					
大副或大管轮（任职满半年）					
二副、三副或二管、三管（任职满半年）					
海龄一年以上					
海龄不足一年					

对第一类指标，本书借鉴并利用模糊控制中常用的隶属函数的确定方法，根据经验预先做出模糊综合评判隶属度子集表，从而使所建立的评判模型能够具有较强的客观性和应用性。

对第二类指标，则通过对具体的海运公司进行调查，然后根据评价者对各评价指标的评价结果，计算出各指标对各评价等级的所占比重，从而得到该指标的隶属度 R_i，$R_i = (r_{i1}, r_{i2}, \cdots, r_{im})$。

由此，根据本书所确定的评价等级和相关资料，利用专家评分法，设计了船舶机损事故的人为因素评价调查表，对确定上述两类指标的隶属度进行专家调查。

5.3.5 综合评价模型的建立

在确定了船舶机损事故的人为因素综合评价的指标体系、各指标的权重及各指标的隶属度后，就可以建立人为因素模糊综合评价模型。

1. 综合评判集

通过 5.3.4 节中各指标的隶属度模糊子集表，可以计算出各指标在各评价等级中所占比重，从而得到该指标的隶属度 R_i，即

$$R_i = (r_{i1}, r_{i2}, \cdots, r_{im}) \qquad (5-13)$$

再由各指标单因素评判之后的隶属度构成多因素综合评判的模糊矩阵 $\boldsymbol{R}_i$，即

$$\boldsymbol{R}_i = \begin{pmatrix} R_1 \\ \vdots \\ R_n \end{pmatrix} = \begin{pmatrix} r_{11} & \cdots & r_{1m} \\ \vdots & \ddots & \vdots \\ r_{n1} & \cdots & r_{nm} \end{pmatrix} \qquad (5-14)$$

式中，$r_{ij} = u(u_i, v_j)$，$0 \leqslant r_{ij} \leqslant 1$，且 $\sum_{j}^{5} r_{ij} = 1$（$i, j = 1, 2, \cdots, m$）。

在确定了船舶机损事故人为因素综合评价各指标的隶属度和权重值后，就要根据指标体系的特点确定模糊评价的算子，即确定各级下层指标复合成上层指标评价向量或评价值的计算方法。模糊算子的确定也就是模糊合成的确定，是模糊评价的关键。

因素权重集 A 和评判矩阵 $\boldsymbol{R}$ 确定后，便得到综合评判集 B，即

$$\begin{aligned} B = A \times \boldsymbol{R} &= (a_1, a_2, \cdots, a_n) \times \begin{pmatrix} r_{11} & \cdots & r_{1m} \\ \vdots & \ddots & \vdots \\ r_{n1} & \cdots & r_{nm} \end{pmatrix} \\ &= (b_1, b_2, \cdots, b_m) \end{aligned} \qquad (5-15)$$

然后，将评判的结果作为下一层次评判中评判对象的隶属度，由此得到下一层次的综合评价结果，如此直到得出最后的评价结果。本书首先对三级指标进行单因素评判，然后是二级指标单因素评判，最后得到一个最终评判向量 $\boldsymbol{B}_v$。

2. 反模糊化

模糊综合评价的结果是一个模糊向量,即评判对象隶属于各个评判等级的隶属度向量。确定评判对象的等级时,需要对该模糊向量精确化,或称为反模糊化。

一般来说,对于模糊综合评价结果的处理有两种方法,即最大隶属度法和重心法(加权平均法)。

最大隶属度法是比较常见的一种清晰化的方法,对于最终评判向量 B_v,运用最大隶属度法,即

$$b_0 = \max(b_1, b_2, \cdots, b_m) \tag{5-16}$$

得到评价结果,此方法简单可行,但清晰化的结果不够精细,概括的精确量少,没有考虑其他隶属度较小因素的影响和作用,且当最终评判向量中最大隶属度不唯一时,则无法做出判断。

重心法则可消除上述缺点。所谓重心法,就是通常所说的加权平均法,把 b_j 视为权数,对评价集 u_j 进行加权平均得到的取值为评价结果,计算公式如下

$$M = \frac{\sum_{i=1}^{n} b(u_i) \times u_i}{\sum_{i=1}^{n} b(u_i)} \tag{5-17}$$

所得到的 M 即为人为因素综合评价的结果。其中,u_i 为各因素与评价集对应的分值。为便于得到一个精确的评价结果,设备等级变量值的范围为 {优,良,中,较差,差} = {100~85, 84~75, 74~70, 69~60, 59~0},与评判等级相应的分数设定为 {100, 85, 75, 70, 60},如表5-9所示。

表5-9 评价结果与评价等级对照

评价等级	综合评价值	相应分数
优	$100 \geq u_i \geq 85$	100
良	$85 > u_i \geq 75$	85
中	$75 > u_i \geq 70$	75
较差	$70 > u_i \geq 60$	70
差	$60 > u_i \geq 0$	60

采用重心法来清晰化可以反映整个模糊向量的信息量。

5.3.6 评价模型的建立

由于船舶机损事故中涉及的人为因素众多，为了避免一些指标加权后被忽视或评价结果过于笼统，有必要在兼顾从微观角度（即单因素评价模型）的同时，又从宏观角度（即多层次综合评价模型）全面、系统地分析这些指标（见表5-10）。

表5-10 船舶机损事故人为因素的三级评价指标

一级指标（三级评价）	二级指标（二级评价）	三级指标（初级评价）
u_1 个体因素	u_{11} 思想素质	u_{111} 职业道德
		u_{112} 安全意识
	u_{12} 生理素质	u_{122} 身体状况
		u_{121} 疲劳状况
	u_{13} 心理素质	u_{131} 气质
		u_{132} 性格
		u_{133} 情绪
		u_{134} 挫折
	u_{14} 业务素质	u_{141} 学历
		u_{142} 资历
		u_{143} 专业技能
		u_{144} 决策水平
		u_{145} 英语水平
u_2 管理因素	u_{21} 动力设备管理	u_{211} 操作规程
		u_{212} 维修保养
	u_{22} 船员管理	
	u_{23} 法规管理	
	u_{24} 安全教育管理	
	u_{25} 组织培训状况	u_{251} 培训单位
		u_{252} 培训内容

续表

一级指标（三级评价）	二级指标（二级评价）	三级指标（初级评价）
u_3 环境因素	u_{31} 船上环境	
	u_{32} 外界环境	
u_4 其他因素	u_{41} 政策法规	
	u_{42} 监察力度	

本书在建立船舶机损事故人为因素的模糊综合评价模型的过程中，要进行三个层次的综合评价。

下面对船舶机损事故的人为因素中的各评价指标进行模糊评判。

1. 对"个体因素"作综合评判

（1）对"个体因素"中的第三级因素集做综合评判：

①思想素质：

$$u_{111} \xrightarrow{\text{隶属度向量}} R_{111}$$

$$u_{112} \xrightarrow{\text{隶属度向量}} R_{112}$$

单因素评判矩阵 $R_{11} = \begin{pmatrix} R_{111} \\ R_{112} \end{pmatrix} = (R_{111}, R_{112})^T$，权重 $A_{11} = (a_{111}, a_{112})$，做综合评判，得

$$B_{11} = A_{11} \times R_{11} = (a_{111}, a_{112}) \times (R_{111}, R_{112})^T \tag{5-18}$$

同理可得：

②生理素质

$$B_{12} = A_{12} \times R_{12} = (a_{121}, a_{122}) \times (R_{121}, R_{122})^T \tag{5-19}$$

③心理素质

$$B_{13} = A_{13} \times R_{13} = (a_{131}, a_{132}, a_{133}, a_{134}) \times (R_{131}, R_{132}, R_{133}, R_{134})^T \tag{5-20}$$

④业务素质

$$B_{14} = A_{14} \times R_{14} = (a_{141}, a_{142}, a_{143}, a_{144}, a_{144}, a_{145}) \times (R_{141}, R_{142}, R_{143}, R_{144}, R_{145})^T \tag{5-21}$$

（2）再对"个体因素"中的第二级因素集作综合评判：

二级评判矩阵 $R_1 = (B_{11}, B_{12}, B_{13}, B_{14})^T$，权重 $A_1 = (a_{11}, a_{12}, a_{13}, a_{14})$ 做综

合评判，得

$$B_1 = A_1 \times \boldsymbol{R}_1 = (a_{11}, a_{12}, a_{13}, a_{14}) \times (B_{11}, B_{12}, B_{13}, B_{14})^{\mathrm{T}}$$

$$= (a_{11}, a_{12}, a_{13}, a_{14}) \times \begin{pmatrix} (a_{111}, a_{112}) \times (R_{111}, R_{112})^{\mathrm{T}} \\ (a_{121}, a_{122}) \times (R_{121}, R_{122})^{\mathrm{T}} \\ (a_{131}, a_{132}, a_{133}, a_{134}) \times (R_{131}, R_{132}, R_{133}, R_{134})^{\mathrm{T}} \\ (a_{141}, a_{142}, a_{143}, a_{144}, a_{144}) \times (R_{141}, R_{142}, R_{143}, R_{144}, R_{145})^{\mathrm{T}} \end{pmatrix}_{4 \times 5}$$

(5-22)

2. 对"管理因素"作综合评判

（1）先对"管理因素"中的第三级因素集作综合评判：

①动力设备管理

$$B_{21} = A_{21} \times \boldsymbol{R}_{21} = (a_{211}, a_{212}) \times (R_{211}, R_{212})^{\mathrm{T}} \qquad (5-23)$$

②组织培训状况

$$B_{25} = A_{25} \times \boldsymbol{R}_{25} = (a_{251}, a_{252}) \times (R_{251}, R_{252})^{\mathrm{T}} \qquad (5-24)$$

（2）再对"管理因素"中的第二级因素集做综合评判：

$$u_{22} \xrightarrow{\text{隶属度向量}} \boldsymbol{R}_{22}, \quad 即\ \boldsymbol{B}_{22} = \boldsymbol{R}_{22}$$

$$u_{23} \xrightarrow{\text{隶属度向量}} \boldsymbol{R}_{23}, \quad 即\ \boldsymbol{B}_{23} = \boldsymbol{R}_{23}$$

$$u_{24} \xrightarrow{\text{隶属度向量}} \boldsymbol{R}_{24}, \quad 即\ \boldsymbol{B}_{24} = \boldsymbol{R}_{24}$$

二级评判矩阵 $\boldsymbol{R}_2 = (B_{21}, B_{22}, B_{23}, B_{24}, B_{25})^{\mathrm{T}}$，权重 $A_2 = (a_{21}, a_{22}, a_{23}, a_{24}, a_{25})$，做综合评判，得

$$B_2 = A_2 \times \boldsymbol{R}_2 = (a_{21}, a_{22}, a_{23}, a_{24}, a_{25}) \times (B_{21}, B_{22}, B_{23}, B_{24}, B_{25})^{\mathrm{T}}$$

$$= (a_{21}, a_{22}, a_{23}, a_{24}, a_{25}) \times \begin{pmatrix} (a_{211}, a_{212}) \times (R_{211}, R_{212})^{\mathrm{T}} \\ R_{22} \\ R_{23} \\ R_{24} \\ (a_{251}, a_{252}) \times (R_{251}, R_{252})^{\mathrm{T}} \end{pmatrix}_{5 \times 5}$$

(5-25)

3. 对"环境因素"做综合评判

由于"环境因素"没有第三级指标，故只需对第二级因素集做综合评判

$$B_3 = A_3 \times R_3 = (a_{31}, a_{32}) \times (R_{31}, R_{32})^T \tag{5-26}$$

4. 对"其他因素"做综合评判

由于"其他因素"没有第三级指标,故只需对第二级因素集做综合评判

$$B_4 = A_4 \times R_4 = (a_{41}, a_{42}) \times (R_{41}, R_{42})^T \tag{5-27}$$

综合评判,用加权平均法得三级总体评判矩阵 $R = \begin{pmatrix} B_1 \\ B_2 \\ B_3 \\ B_4 \end{pmatrix} = (B_1, B_2, B_3, B_4)^T$,

权重 $A = (a_1, a_2, a_3, a_4)$, 得

$$B = A \times R = (a_1, a_2, a_3, a_4) \times (B_1, B_2, B_3, B_4)^T$$

$$= (a_1, a_2, a_3, a_4) \times \begin{pmatrix} (a_{11}, a_{12}, \\ a_{13}, a_{14}) \end{pmatrix} \times \begin{pmatrix} (a_{111}, a_{112}) \times (R_{111}, R_{112})^T \\ (a_{121}, a_{122}) \times (R_{121}, R_{122})^T \\ (a_{131}, a_{132}, a_{133}, a_{134}) \times (R_{131}, R_{132}, R_{133}, R_{134})^T \\ (a_{141}, a_{142}, a_{143}, a_{144}, a_{145}) \times (R_{141}, R_{142}, R_{143}, R_{144}, R_{145})^T \end{pmatrix}_{4 \times 5}$$

$$(a_{21}, a_{22}, a_{23}, a_{24}, a_{25}) \times \begin{pmatrix} (a_{211}, a_{212}) \times (R_{211}, R_{212})^T \\ R_{22} \\ R_{23} \\ R_{24} \\ (a_{251}, a_{252}) \times (R_{251}, R_{252})^T \end{pmatrix}_{5 \times 5}$$

$$(a_{31}, a_{32}) \times (R_{31}, R_{32})^T$$

$$(a_{41}, a_{42}) \times (R_{41}, R_{42})^T \Bigg)_{4 \times 5}$$

(5-28)

即为本书所建立的船舶机损事故人为因素综合评价模型,是一个 1×5 阶的向量,对 B 进行反模糊化处理。

5. 反模糊化

$$M = \frac{\sum_{i=1}^{5} b(u_i) \times u_i}{\sum_{i=1}^{5} b(u_i)} \tag{5-29}$$

综合评价量化值 M，根据 M 的大小，对照表 5-6 找出相应的等级评语，这个评语即为船舶机损事故人为因素的最终评价结果。

5.4 评判模型的实例分析

利用所建立的模型，选取评价对象并输入各指标数值或语言变量值，根据各指标数值或语言变量值变化对模型进行验证。

5.4.1 模型的验证

1. 数据获取

根据确定的评价指标体系和对某海运公司进行具体专家调查后所计算出来的各指标权重、隶属度，可得到该海运公司的船舶机损事故的人为因素综合评价的相关因素集与其对应的权重、隶属度向量为

U：{个体因素 u_1，管理因素 u_2，环境因素 u_3，其他因素 u_4}

权重 $a = (0.1289 \quad 0.2393 \quad 0.3603 \quad 0.2715)$

其中，四个子因素集分别为：

（1）个体因素 u_1：{思想素质 u_{11}，生理素质 u_{12}，心理素质 u_{13}，业务素质 u_{14}}；

权重 $a_1 = (0.1765 \quad 0.0972 \quad 0.1824 \quad 0.5439)$

其中：

u_{11}：{职业道德 u_{111}，安全意识 u_{121}}

权重 $a_{11} = (0.7778 \quad 0.2222)$

u_{12}：健康状况 {u_{121}，疲劳状况 u_{122}}

权重 $a_{12} = (0.25 \quad 0.75)$

u_{13}：（气质 u_{131}，性格 u_{132}，情绪 u_{133}，挫折 u_{134}）

权重 $a_{13} = (0.2544 \quad 0.0975 \quad 0.1838 \quad 0.4643)$

u_{14}：{学历 u_{141}，资历 u_{142}，专业技能 u_{143}，决策水平 u_{144}，英语水平 u_{145}}

权重 $a_{14} = (0.0296 \quad 0.0984 \quad 0.4620 \quad 0.3116 \quad 0.0984)$

（2）管理因素 u_2：{动力设备管理 u_{21}，船员管理 u_{22}，法规管理 u_{23}，安

全教育管理 u_{24}，组织培训状况 u_{25}}

$$权重\ a_2 = (0.0744\ \ 0.2433\ \ 0.1339\ \ 0.2310\ \ 0.3174)$$

其中：

$$u_{21}: \{操作规程\ u_{211}，维修保养\ u_{212}\}$$

$$权重\ a_{21} = (0.5556\ \ 0.4444)$$

$$u_{25}: \{培训单位\ u_{251}，培训内容\ u_{252}\}$$

$$权重\ a_{25}: (0.1000\ \ 0.9000)$$

(3) 环境因素 u_3：{船上环境 u_{31}，外界环境 u_{32}}

$$权重\ a_3 = (0.7222\ \ 0.2778)$$

(4) 其他因素 u_4：{政策法规 u_{41}，监察力度 u_{42}}

$$权重\ a_4 = (0.2222\ \ 0.7778)$$

2. 评价

综合评判模型的难点在于各层的权重矩阵和隶属矩阵的确定，不过确定方法与单因素评判模型相同，确定有关数据后，通过计算机可以一次进行多层的模糊计算。有关评价结果如下。

思想素质：$R_{11} = B_{11} = (0.7333\ \ 0.2444\ \ 0.0222\ \ 0\ \ 0)$；

生理素质：$R_{12} = B_{12} = (0.0750\ \ 0.3750\ \ 0.4750\ \ 0\ \ 0.0750)$；

心理素质：$R_{13} = B_{13} = (0.1367\ \ 0.3598\ \ 0.3923\ \ 0.1112\ \ 0)$；

业务素质：$R_{14} = B_{14} = (0.2646\ \ 0.4634\ \ 0.2295\ \ 0.0348\ \ 0.0077)$；

动力设备管理：$R_{21} = B_{21} = a_{21} \times R_{21} = (0.3667\ \ 0.5444\ \ 0.0889\ \ 0\ \ 0)$；

组织培训状况：$R_{25} = B_{25} = a_{25} \times R_{25} = (0.1500\ \ 0.6700\ \ 0.1800\ \ 0\ \ 0)$。

与第一层评价相同，求取第二层评价结果如下。

个体因素：$R_1 = B_1 = a_1 \times R_{11} = (0.3056\ \ 0.3973\ \ 0.2465\ \ 0.0392\ \ 0.0114)$；

管理因素：$R_2 = B_2 = a_2 \times R_{12} = (0.2963\ \ 0.4746\ \ 0.2157\ \ 0.0134\ \ 0)$；

环境因素：$R_3 = B_3 = a_3 \times R_{13} = (0.1445\ \ 0.6444\ \ 0.2111\ \ 0\ \ 0)$；

其他因素：$R_4 = B_4 = a_4 \times R_{14} = (0.4223\ \ 0.2444\ \ 0.3333\ \ 0\ \ 0)$。

最后进行第三层评价，得到综合评判集：

$$B = (0.2770\ \ 0.4633\ \ 0.2499\ \ 0.0083\ \ 0.0015)$$

反模糊化：

$$M=\frac{\sum_{i=1}^{5}b(u_i)\times u_i}{\sum_{i=1}^{5}b(u_i)}=0.2770\times100+0.4633\times85+0.2499\times75+0.0083\times70+0.0015\times60=86.50$$

用重心法反模糊化得到 $M=86.50$，对照表 5-9 可知，此次调查情况最终评价等级为优，即对该海运公司的船舶机损事故人为因素的综合评价结果为优。

本书实例海运公司的各指标综合评价值见表 5-11。

表 5-11 实例海运公司的各指标综合评价值

一级指标	二级指标	三级指标	评价综合值	评价等级
	u_1 个体因素		86.25	优
	u_{11} 思想道德		95.77	优
		u_{111} 职业意识	97.00	优
		u_{112} 安全素质	91.50	优
	u_{12} 生理素质		79.50	良
		u_{122} 身体状况	88.50	良
		u_{121} 疲劳状况	76.50	优
	u_{13} 心理素质		81.46	良
		u_{131} 气质	86.50	优
		u_{132} 性格	78.00	良
		u_{133} 情绪	80.00	良
		u_{134} 挫折	80.00	良
	u_{14} 业务素质		85.96	优
		u_{141} 学历	83.30	良
		u_{142} 资历	83.60	良
		u_{143} 专业技能	87.50	优
		u_{144} 资策水平	87.50	优
		u_{145} 英语水平	77.00	良
	u_2 管理因素		87.09	优

续表

一级指标	二级指标	三级指标	评价综合值	评价等级
		u_{21} 动力设备管理	89.62	优
		u_{211} 操作规程	92.50	优
		u_{212} 维修保养	86.00	优
	u_{22} 船员管理		92.50	优
	u_{23} 法规管理		88.50	优
	u_{24} 安全教育管理		82.00	良
	u_{25} 组织培训状况		85.45	优
		u_{251} 培训单位	94.00	优
		u_{252} 培训内容	84.50	良
u_3 环境因素			85.06	优
	u_{31} 船上环境		87.00	优
	u_{32} 外界环境		80.00	良
u_4 其他因素			88.00	优
	u_{41} 政策法规		91.50	优
	u_{42} 监察力度		87.00	优

5.4.2 决策分析

1. 个体因素

从个体因素中的各个指标来看，生理素质中的"疲劳状况"（76.50），心理素质中的"性格"（78.00）、"情绪"（80.00）、"挫折"（80.00），业务素质中的"学历"（83.30）、"资历"（83.60）、"英语水平"（77.00），都属于等级"良"，而其余都是"优"。因此，等级为"良"的这些方面都需要进一步提高。

2. 管理因素

从管理因素中的各个指标来看，"安全教育管理"（82.00）与"培训内容"（84.50）属于"良"，而其余都是"优"。该公司应对"安全教育管理"

"培训内容"引起重视，加强这方面的管理，从而避免船舶机损事故的发生。

3. 环境因素

从环境因素的两个指标来看，船上环境（87.00）属于等级"优"，"外界环境"（80.00）属于等级"良"，说明该公司重视并积极维护和改善船舶的状况，为船上工作人员提供了一个良好的工作环境与条件。

4. 其他因素

从本书所选的两个指标来看，"政策法规"（91.50）与"监察力度"（87.00）都属于等级"优"，但监察力度的分值并不高，有待进一步加强。

综上所述，该公司船舶机损事故人为因素的综合评价等级为优。

5.4.3 评估标准和案例结论

1. 评估标准

IMO 在 ISM 规则中指出，海上事故的发生约有 80% 是由于人为因素引起的，尤其在技术上不过硬、思想上懈怠、不思进取的船员是船舶安全营运的潜在危险。要想减少事故的发生，就必须彻底清除这部分不良的人为因素，从整体上提升船员队伍的素质。因此结合表 5-9 给出的船舶机损事故人为因素的评价等级，为方便海事主管机构对船舶机损事故人为因素进行评估，借鉴中国船级社 CCS 的文件，船舶机损事故人为因素的评估可以按下述标准分成 5 个等级，见表 5-12。

表 5-12 评价等级与评估标准对照

评价等级	综合评价值	评估标准
优	$100 \geqslant u_i \geqslant 85$	一级
良	$85 > u_i \geqslant 75$	二级
中	$75 > u_i \geqslant 70$	三级
较差	$70 > u_i \geqslant 60$	四级
差	$60 > u_i \geqslant 0$	五级

一级：最佳状态，综合评价值在 85~100 分。说明该公司的人员、环境、管理等各子系统之间关系能很好协调，船舶机务工作总体状况理想，船舶发生机损事故涉及人为因素的可能性极小。

二级：正常状态，综合评价值在 75~84 分。说明该公司的人员、环境、管理等各子系统之间关系能较好协调，船舶机务工作总体状况较为理想，船舶发生机损事故涉及人为因素的可能性很小。

三级：轻微不良状态，很容易改进，综合评价值在 70~74 分。说明该公司的人员、环境、管理等各子系统之间关系基本协调，船舶机务工作总体状况一般，船舶发生机损事故涉及人为因素的可能性一般。

四级：不良状态，改进较困难，综合评价值在 60~69 分。说明该公司的人员、环境、管理等各子系统之间关系难协调，船舶机务工作总体状况较差，船舶发生机损事故涉及人为因素的可能性较大。

五级：最差状态，很难改进，综合评价值在 0~59 分。说明该公司的人员、环境、管理等各子系统之间关系很难协调，船舶机务工作总体状况差，船舶发生机损事故涉及人为因素的可能性很大。

综上所述，海事主管机构如果利用建立的模糊综合评价模型对海运公司进行人为因素评估时，评估结果在三级及以下，就表明该公司船舶发生机损事故涉及人为因素的可能性很大。应限期整改，情节严重的要吊销其营运证书。

2. 案例结论

根据表 5-11 所进行的决策分析，进行验证的这家海运公司的船舶机损事故人为因素的综合评价等级为优。对照评估标准是一级，也就是该公司的人员、环境、管理等各子系统之间关系能很好协调，船舶机务工作总体状况理想，船舶发生机损事故涉及人为因素的可能性极小。该公司在多年的营运中已经逐步形成一种长效和良性的竞争机制，实现了人机的完美统一。

第 6 章

机舱资源管理培训体系中综合技能的评价

6.1 评价方法及技术

1. 评价方法

(1) 多元统计分析方法：主成分分析法、因子分析法、判别分析、聚类分析。

(2) 运筹学方法：层次分析法、数据包络分析法。

(3) 定性及定量分析方法。

(4) 模糊理论方法：模糊聚类、模糊综合评价、模式识别。

(5) 灰色理论方法：灰色关联度、灰色综合评价、灰色聚类。

(6) 神经网络方法等。

2. 指标综合方法

(1) 简单加权法。如果说，对于一个评价矩阵 $X=(x_{ij})_{mn}$ 作标准化处理后得到矩阵 $Y=(y_{ij})_{mn}$，然后用适当的方法确定各评价指标的权重 $w=(w_1, w_2,\cdots,w_n)$，其中，$1 \leq i \leq m$，则一般有下面的简单加权评价方法。

①简单的线性加权法

$$y_i = \sum_{j=1}^{n} W_j y_{ij}, (1 \leq i \leq m) \qquad (6-1)$$

可以由 y_i 的值排定顺序即评价结果。

②简单的非线性加权法

$$y_i = \prod_{j=1}^{n} y_{ij}^{w_1}, (1 \leq i \leq m) \qquad (6-2)$$

也是由 y_i 的值排定评价结果。

③在简单加权法的基础上还发展了功效系数法，其实质就是先将各评价指标按功效系数的思路转化为相应的无量纲指标，再进行简单的加权。

（2）层次分析法。层次分析法一般被用来进行综合评价，其实质是利用最后的层次总排序来决定多个对象的排序问题。权重求解见表6-1。

表 6-1 权重求解

B 层要素 B 层次总排序权值 C 层层次单排序权值 C 层要素	$B_1, B_2, \cdots, B_i, \cdots, B_m$ $b_1, b_2, \cdots, b_i, \cdots, b_m$	C 层层次总排序值 C_j
C_1	$C_1^1, C_1^2, \cdots, C_1^i, \cdots, C_1^m$	$c_1 = \sum_{i=1}^{m} b_i c_1^i$
C_2	$C_2^1, C_2^2, \cdots, C_2^i, \cdots, C_2^m$	$c_2 = \sum_{i=1}^{m} b_i c_2^i$
$\vdots$	$\vdots$	$\vdots$
C_j	$C_j^1, C_j^2, \cdots, C_j^i, \cdots, C_j^m$	$c_j = \sum_{i=1}^{m} b_i c_j^i$
$\vdots$	$\vdots$	$\vdots$
C_n	$C_n^1, C_n^2, \cdots, C_n^i, C_n^m$	$c_n = \sum_{i=1}^{m} b_i c_n^i$

（3）距离综合评价法。所谓的最优样本点，即理想解，是设想各指标属性都达到最满意值的解；同样，所谓的最劣样本点，即负理想解，是指各指标属性都达到最不满意的解。

基本算法公式是：假设被评价对象 a_i 对应的点 A_i 到理想解 A^* 和负理想

解 A^- 的距离分别为 S_i^* 和 S_i^-，$S_i^* = \sqrt{\sum_{j=1}^{n}(x_{ij}-x_j^*)^2}$，$(i=1,2,\cdots,m)$，$S_i^- = \sqrt{\sum_{j=1}^{n}(x_{ij}-x_j^-)^2}$，$(i=1,2,\cdots,m)$，计算各被评价对象的相对贴近度公式：$c_i^* = \dfrac{S_i^-}{S_i^-+S_i^*}$，$(i=1,2,\cdots,m)$，按相对贴近度的大小，对各被评价对象进行排序，相对贴近度大的为优，小的为劣。

应该注意的是，由于多指标属性在量纲和数量级上的差异，往往给评价决策分析带来诸多不便。一般在用理想解法进行评价时，应该先将指标值做标准化处理，其中包括加权处理

$$y_{ij} = \dfrac{x_{ij}}{\sqrt{\sum_{i=1}^{m} x_{ij}^2}}, \quad V = (v_{ij})_{m \times n} = (w_j y_{ij})_{m \times n} \tag{6-3}$$

用 v_{ij} 代替上面距离公式中的 x_{ij}。

(4) 改进的理想解法。改进的理想解方法的基本步骤如下。

①将评价矩阵 $X = (x_{ij})_{m \times n}$ 做标准化处理后得到矩阵 $Y = (y_{ij})_{m \times n}$。

②确定标准化矩阵的理想解 $Y^* = \{y_1^*, y_2^*, \cdots, y_n^*\}$。

③构造一个最优化模型，由格拉朗日函数求最优解，从而得到相应指标的 w_j

$$w_j = \dfrac{1}{\left[\sum_{j=1}^{n} \dfrac{1}{\sum_{i=1}^{m}(y_{ij}-y_j^*)}\right]\left[\sum_{i=1}^{m}(y_{ij}-y_j^*)^2\right]} \tag{6-4}$$

④计算各被评价对象到理想解的距离平方

$$d_i = \sum_{j=1}^{n}(y_{ij}-y_j^*)^2 w_j^2 \tag{6-5}$$

⑤根据 d_i 值的大小排序，即可得到评价和结果。

(5) 主成分分析法。主成分分析是利用降维的思想，把多指标转化为少数几个综合指标的多元统计分析方法。综合指标不仅保留了原始指标的主要信息，彼此之间又不相关。计算步骤如下。

①将原始数据进行标准化处理

$$x_{ij}^* = \dfrac{x_{ij} - \bar{x}_j}{\sqrt{\text{var}(x_j)}} \tag{6-6}$$

而 $\bar{x}_j = \frac{1}{n}\sum_{i=1}^{n} x_{ij}, \mathrm{var}(x_j) = \frac{1}{n-1}\sum_{i=1}^{n}(x_{ij}-\bar{x}_j)^2$，其中，$i=1,2,\cdots,n; j=1,2,\cdots,n$。

②计算被评价对象的样本相关矩阵

$$\boldsymbol{R} = \begin{pmatrix} r_{11} & r_{12} & \cdots & r_{1n} \\ r_{21} & r_{22} & \cdots & r_{2n} \\ \cdots & \cdots & \ddots & \cdots \\ r_{m1} & r_{m2} & \cdots & r_{mn} \end{pmatrix}, \quad r_{ij} = \frac{1}{n-1}\sum_{t=1}^{n} x_{ti} x_{tj} \qquad (6-7)$$

③求相关矩阵 $\boldsymbol{R}$ 的特征值及特征向量。

④选择 $m(m<n)$ 个主成分，依据累计贡献率 $\sum_{i=1}^{m}\lambda_i (\sum_{i=1}^{n}\lambda_i)^{-1} \geqslant 85\%$ 来确定。

⑤对所选取的主成分做出解释，依据所选出的主成分用 R 的特征向量得出综合平均值。

(6) 聚类分析。聚类分析是研究分类学问题的一种多元统计方法，基本思想是所评价对象或指标之间存在程度不同的相似性（亲疏关系），根据评价对象的对应指标，具体找出一些能够度量评价对象或指标之间相似程度的方法，把它们聚合为一类。

首先将数据标准化，公式在前文已有，如计算相似程度系数的公式。

标准化后的数据为

$$x_{ij}' = \frac{x_{ij} - \bar{x}_j}{S_j} \text{ 或 } x_{ij}^* = \frac{x_{ij} - \bar{x}_j}{R_j} (i=1,2,\cdots,m; j=1,2,\cdots,n) \qquad (6-8)$$

其中，$\bar{x}_j = \frac{1}{n}\sum_{i=1}^{n} x_{ij}, R_j = \max\{x_{ij}\} - \min\{x_{ij}\}$ $(1 \leqslant i \leqslant n)$，$S_j = \sqrt{\frac{1}{n-1}\sum_{i=1}^{n}(x_{ij}-\bar{x}_j)^2}$。

然后是标定，就是求出被分类对象间相似程度的系数 $r_{ij}(1 \leqslant i \leqslant m, 1 \leqslant j \leqslant n)$，从而得到相似矩阵 $\boldsymbol{R} = (r_{ij})_{mn}$。计算 r_{ij} 的方法很多，常见方法如下。

①欧氏距离法

$$r_{ij} = \sqrt{\frac{1}{n}\sum_{k=1}^{n}(x_{ik} - x_{jk})^2} \qquad (6-9)$$

②数量积法

$$r_{ij} = \begin{cases} 1, & \text{当 } i=j \text{ 时} \\ \frac{1}{M}\sum_{k=1}^{n} x_{ik} x_{jk}, & \text{当 } i \neq j \text{ 时} \end{cases} \qquad (6-10)$$

式中，M 是一适当选取的正数，且满足 $M \geq \max(\sum_{k=1}^{n} x_{ik} x_{jk})$，$(i=1,2,\cdots,m;j=1,2,\cdots,n)$。

还有相关系数法、夹角余弦法、指数相似系数法、绝对值指数法、最大最小法、算术平均最小法、几何平均最小法、绝对值倒数法、绝对值减数法、非参数法、贴近度法、主观评分法等。

6.2 层次分析法基本原理与步骤

6.2.1 层次分析法的基本原理

这种将思维过程数字化的方法，不仅简化了系统分析和计算，还有助于决策者保持其思维过程的一致性。在一般的决策问题中，决策者不可能给出精确的比较判断，这种判断的不一致性可以由判断矩阵特征根的变化反映出来。因而，层次分析法引入了判断矩阵最大特征根以外的其余特征根的负平均值作为一致性指标，用以检查和保持决策者判断思维过程中的一致性。

6.2.2 层次分析法的步骤

层次分析法是一种把数据、专家意见和分析人员的判断有效结合的新方法，也是一种定性分析与定量分析相结合的系统分析方法。

（1）明确问题。用层次分析法进行分析时，首先对问题有明确的认识，弄清问题的范围和提出的要求，了解问题所包含的因素，确定各要素之间的关联关系和隶属关系。

（2）建立递阶层次结构模型。在进行系统分析并总结国内外有关研究成果的基础上，经过征询有关专家的意见得到初选评价指标体系，然后又经过大范围的专家调查，得到评价指标体系及指标分层，即为指标层次结构的建立，主要建立如图 6-1 所示的递阶层次结构模型。

（3）比较判断矩阵

$$A = (a_{ij})_{n*n}, (i,j=1,2,\cdots,n), a_{ij} = \frac{W_i}{W_j}, (i,j=1,2,\cdots,n) \quad (6-11)$$

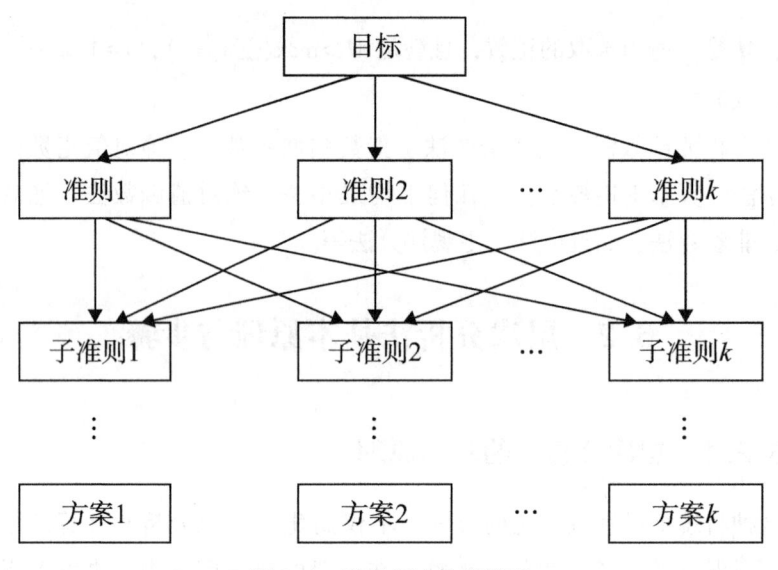

图 6-1 递阶层次结构模型

显然有 $a_{ij} = \dfrac{1}{a_{ji}}, a_{ii} = 1, (i,j = 1,2,\cdots,n)$。

（4）层次单排序。

①计算并比较判断矩阵 A 中每一列要素和 S_j

$$S_j = \sum_{i=1}^{n} a_{ij}, (j = 1,2,\cdots,n) \qquad (6-12)$$

②将比较判断矩阵 A 中的各个要素除以该要素所在列的列和，得到一个归一化的新矩阵 A_{norm}，这里的归一化矩阵是指每一列的和等于 1 的矩阵。设 $A_{\text{norm}} = \{a_{ij}^*\}$，则有

$$a_{ij}^* = \dfrac{a_{ij}}{S_j}, (i,j = 1,2,\cdots,n) \qquad (6-13)$$

③计算新矩阵 A_{norm} 中每一行的均值 W_i，得到特征向量 W，它就是 A 矩阵中各要素的层次单排序权值 $W_i = \dfrac{\sum_{j=1}^{n} a_{ij}^*}{n}, (i = 1,2,\cdots,n)$，则 $W = [w_1, w_2, \cdots, w_i, \cdots, w_n]^T$ 为所求之特征向量，在这就是所要求的权重。

(5) 一致性检验。

①计算比较判断矩阵的最大特征值

$$\lambda_{\max} = \sum_{i=1}^{n} \frac{(AW)_i}{nW_i}, \lambda_{\max} \geqslant n \tag{6-14}$$

②计算一致性指标,见式(5-11)。

③计算随机一致性比率,见式(5-12)。

当 CR<0.1 时认为该矩阵有满意的一致性,否则必须重新调整 A 中元素的值。经统计,RI 的取值见表 6-2。

表 6-2 RI 系数

矩阵阶数 n	2	3	4	5	6	7	8	9	10
RI	0	0.52	0.89	1.12	1.26	1.36	1.41	1.46	1.52

6.3　递阶层次机构模型的建立

在本次对机舱资源管理培训课程研究中,把学员的综合技能划为两个部分:基本技能和团队工作技能。具体分解见表 6-3。

表 6-3 指标体系分配

总指标	一级指标	二级指标	三级指标
A 船员在船舶资源管理中的技能	B_1 团队工作技能	C_{11} 指挥	D_{111} 决策能力
			D_{112} 船员工作的安排与监督
			D_{113} 工作过程管理
			D_{114} 信息的获取及反馈
			D_{115} 协调能力
		C_{12} 合作	D_{121} 引航员与船长的合作
			D_{122} 船长与轮机长的合作
			D_{123} 驾驶员与轮机员的合作
			D_{124} 船员之间的团队意识

续表

总指标	一级指标	二级指标	三级指标
A 船员在船舶资源管理中的技能	B_1 团队工作技能	C_{13} 交流	D_{131} 正确使用船舶内部联系方式
			D_{132} 正确理解警报声与信号
			D_{133} 船舶内部相关部门通信
			D_{134} 船员之间的交流与协调
			D_{135} 正确使用通信设备交流
			D_{136} 正确同他船联系与交流
			D_{137} 正确同船公司交流
	B_2 基本操作技能	C_{21} 动力设备的拆检	D_{211} 熟悉主机吊缸的检修
			D_{212} 熟悉主机增压器的检修
			D_{213} 熟悉主机运动部件的检修
			D_{214} 熟悉主机附属设备的拆检
			D_{215} 熟悉船用各种泵的拆检
			D_{216} 熟悉甲板辅助设备的拆检
			D_{217} 正确对发电柴油机吊缸检
			D_{218} 正确对发电机辅助设备拆检
		C_{22} 船舶设备的操作	D_{221} 能够正常参与值班
			D_{222} 掌握船舶设备的操作方法
			D_{223} 掌握船舶设备操作时的注意事项
		C_{23} 防污染设备使用	D_{231} 具有防止海洋污染意识
			D_{232} 正确使用油水分离器
			D_{233} 正确使用焚烧炉
			D_{234} 正确使用生活污水处理装置
			D_{235} 熟悉防止海洋污染公约
		C_{24} 应急设备	D_{241} 能够进行应急设备的维护
			D_{242} 保证应急设备的检修
			D_{243} 能够使应急设备随时可用
			D_{244} 正确使用应急设备

续表

总指标	一级指标	二级指标	三级指标
A 船员在船舶资源管理中的技能	B_2 基本操作技能	C_{25} 业务素质	D_{251} 外语水平
			D_{252} 决策水平
			D_{253} 心理素质
			D_{254} 资历背景
			D_{255} 应变能力
			D_{256} 专业知识
			D_{257} 专业技能
		C_{26} 应急处理	D_{261} 熟悉应变部署表
			D_{262} 按规定要求进行演习
			D_{263} 组织船员及时就位与正确地行动
			D_{264} 保持紧急情况下的通信
			D_{265} 执行紧急情况下的报告制度

6.4 比较判断矩阵的建立

6.4.1 层次分析法的比例标度

AHP 从决策角度提出社会经济因素的测度方式。测度过程中存在两种标度：一种是规定性标度，它用于在某一准则下两个元素相对重要性的测度，属于比例标度，标度值为 1~9 的整数及其倒数，测量方法是两两比较判断，其结果表示为正的互反矩阵；另一种标度是导出性标度，用于被比较元素相对重要性的测度，标度值为区间 (0,1) 上的实数，利用两两比较判断矩阵通过一定的数学方法（如特征向量法）导出测度结果，它涉及 AHP 的排序理论。

一般地说，一种标度的取值应当尽可能地满足下列条件。

（1）能够直接或间接地被测量。当测量方式是人的比较判断时，应能表示人在感觉上的差别，并且把人所具有的感觉上所有差别表示出来。

（2）如果是离散的标度值，相邻的标度值应要求等于 1。

（3）与原有的其他标度保持一致，即同一物体的某种属性在两种标度

下测量得到结果 x 和 y 时，存在固定的（不因物体不同而变化）变换，使得 $y=x$。

（4）便于掌握，即使对于缺少专门知识和训练的人。

（5）容易进行测度的不一致性分析。

6.4.2 利用 AHP 计算中的方根法对每一个判断矩阵计算

（1）计算判断矩阵每一行元素的乘积 M_i

$$M_i = \prod_{j=1}^{n} b_{ij}, (i = 1,2,3,\cdots,n) \qquad (6-15)$$

（2）计算 M_i 的 n 次方根 $\overline{W}_i$

$$\overline{W}_i = \sqrt[n]{M_i} \qquad (6-16)$$

（3）对向量 $\overline{W} = [\overline{W}_1, \overline{W}_2, \cdots, \overline{W}_n]^T$ 正规化，即

$$W_i = \frac{\overline{W}_i}{\sum_{j=1}^{n} \overline{W}_j} \qquad (6-17)$$

则 $W = [W_1, W_2, \cdots, W_n]^T$ 即为所求的特征向量。

（4）计算判断矩阵的最大特征根 λ_{max}

$$\lambda_{max} = \sum_{i=1}^{n} \frac{(AW)_i}{nW_i} \qquad (6-18)$$

式中，$(AW)_i$ 表示向量 AW 的第 i 个元素。

（5）层次单排序及一致性检验见式（5-11）和式（5-12）。

当 CR<0.1 时，认为判断矩阵具有满意的一致性。例如，用方法根计算 B_1 判断矩阵的最大特征根及其相对应的特征向量，见表6-4。

表 6-4 团队工作技能

B_1 团队工作技能	C_{11} 指挥	C_{12} 合作	C_{13} 交流
C_{11} 指挥	1	2	2
C_{12} 合作	1/2	1	1
A_{13} 交流	1/2	1	1

具体计算步骤如下：

（1）计算判断矩阵每一行元素的乘积：

$$M_1 = 1 \times 2 \times 2 = 4$$
$$M_2 = 1/2 \times 1 \times 1 = 0.5$$
$$M_3 = 1/2 \times 1 \times 1 = 0.5$$

(2) 计算 M_i 的 n 次方根：

$$\overline{W}_1 = \sqrt[3]{M_1} = \sqrt[3]{4} = 1.5874$$
$$\overline{W}_2 = \sqrt[3]{M_2} = \sqrt[3]{0.5} = 0.7937$$
$$\overline{W}_3 = \sqrt[3]{M_3} = \sqrt[3]{0.5} = 0.7937$$

(3) 对向量 $\overline{W} = [\overline{W}_1, \overline{W}_2, \overline{W}_3]^T = [1.5874, 0.7937, 0.7937]^T$ 正规化：

$$\sum_{j=1}^{n} \overline{W}_j = 1.5874 + 0.7937 + 0.7937 = 3.1748$$

$$W_1 = \frac{\overline{W}_1}{\sum_{j=1}^{n} \overline{W}_j} = \frac{1.5847}{3.1748} = 0.5$$

$$W_2 = \frac{\overline{W}_2}{\sum_{j=1}^{n} \overline{W}_j} = \frac{0.7937}{3.1748} = 0.25$$

$$W_3 = \frac{\overline{W}_3}{\sum_{j=1}^{n} \overline{W}_j} = \frac{0.7937}{3.1748} = 0.25$$

所求特征向量 $W = [0.5, 0.25, 0.25]^T$。

(4) 计算：

$$AW = \begin{bmatrix} 1 & 2 & 2 \\ 1/2 & 1 & 1 \\ 1/2 & 1 & 1 \end{bmatrix} \begin{bmatrix} 0.5 \\ 0.25 \\ 0.25 \end{bmatrix}$$

$$(AW)_1 = 1 \times 0.5 + 2 \times 0.25 + 2 \times 0.25 = 1.5$$
$$(AW)_2 = 1/2 \times 0.5 + 1 \times 0.25 + 1 \times 0.25 = 0.75$$
$$(AW)_3 = 1/2 \times 0.5 + 1 \times 0.25 + 1 \times 0.25 = 0.75$$

$$\lambda_{max} = \sum_{i=1}^{n} \frac{(AW)_i}{nW_i} = \frac{(AW)_1}{3W_1} + \frac{(AW)_2}{3W_2} + \frac{(AW)_3}{3W_3} = \frac{1.5}{3 \times 0.5} + \frac{0.75}{3 \times 0.25} + \frac{0.75}{3 \times 0.25} = 3$$

$$CI = \frac{\lambda_{max} - n}{n - 1} = \frac{3 - 3}{3 - 1} = 0$$

$$CR = \frac{CI}{RI} = \frac{0}{0.52} = 0$$

说明判断矩阵具有完全的一致性。

如果此时判断矩阵一致性不符合要求，则要对判断矩阵进行调整。原则是根据矩阵第一行的标度进行适当的调整，或者取消该样本，或者重新进行标度判断。本书采用的原则是按照判断矩阵的第一行进行适当的调整。

最后对所有调查样本计算出来的相对应指标的权重进行平均，得到权重数据。

6.4.3 单一准则下的排序原理

AHP 单一准则下的排序问题实质上是由一组元素两两比较重要性的测度计算这组元素相对重要性的导出测度问题。这里由元素两两比较得到的重要性测度表示为比较判断矩阵

$$\boldsymbol{A} = (a_{ij})_{n*n} \tag{6-19}$$

它具有正值性、互反性。导出标度是对所有被比较元素的相对重要性权值的标度，它也是一种比例标度，在 (0,1) 中定义，由两两比较的测度导出排序的测度。

假定已知 n 个物体 $A_1, A_2, \cdots, A_n$ 的重量分别为 $w_1, w_2, \cdots, w_n$，它们之间的相对重量进一步假定为 $w_1, w_2, \cdots, w_n$ 已经归一化，那么这 n 个物体之间两两比较的相对重量可以用下面的比较判断矩阵表示

$$\boldsymbol{A} = \begin{pmatrix} \dfrac{w_1}{w_1} & \dfrac{w_1}{w_2}, & \cdots, & \dfrac{w_1}{w_n} \\ \dfrac{w_2}{w_1} & \dfrac{w_2}{w_2}, & \cdots, & \dfrac{w_2}{w_n} \\ \vdots & \vdots & \ddots & \vdots \\ \dfrac{w_n}{w_1} & \dfrac{w_n}{w_2}, & \cdots, & \dfrac{w_n}{w_n} \end{pmatrix} \tag{6-20}$$

显然，矩阵的元素皆为正数且满足互反性。$\boldsymbol{A}$ 还满足基本一致性。如果 $w_1, w_2, \cdots, w_n$ 分别为 $A_1, A_2, \cdots, A_n$ 的精确测度，则 $\boldsymbol{A}$ 为 n 个物体两两比较相对重量的精确测度。注意到用 $w = (w_1, w_2, \cdots, w_n)^T$ 乘 $\boldsymbol{A}$，得

$$\boldsymbol{A} \times w = n \times w \tag{6-21}$$

因此,式(6-21)建立了在一致性情况下比较测度 A 与排序测度 w 之间的关系。现在抛开 w 为已知这一假设,考虑 A 为已知而且是 $A_1, A_2, \cdots, A_n$ 重量两两比较的精确测度(从而 A 为基本一致性的)这一情况。此时问题化为对方程组

$$(A - nI) \times w = 0 \qquad (6\text{-}22)$$

求解未知的 w。由 A 的一致性知,A 的每一行都是任意一行(如第一行)的常数倍数,故 A 的秩等于1。这样,A 有重数为1的特征根 n,其余的 $n-1$ 个特征根皆为零。A 的任意一列均为式(6-21)的解,且归一化后的解是唯一的。事实上,A 的任意一列归一化后恰为 $(w_1, w_2, \cdots, w_n)^T$。进一步抛开 A 为一致性的假定,即 A 仅为 n 个物体重量两两比较的近似估计,或者更一般地,A 为 n 个元素某种属性下基于1~9标度两两比较的测度。

从矩阵代数的 Perron-Frobineus 理论可知,正矩阵存在实特征根,它的重数是1,其他特征根的模小于这个特征根,它所对应的特征向量可以全部由正分量组成,经归一化后,特征向量是唯一的。即这个最大特征根为 λ_{max},通过解

$$Aw = \lambda_{max} w \qquad (6\text{-}23)$$

可得 λ_{max} 和归一化的 w_0,构造一个一致性的矩阵

$$A^* = (w_i \div w_j) n \times n \qquad (6\text{-}24)$$

A^* 满足 $A^* w = nw$。由前面的分析可知,如果 A 为 n 个物体重量两两比较的精确测度,则 w 为物体相对重量的测度。我们知道,任一矩阵中的元素发生小的扰动都会对特征根产生影响,比较式(6-22)和 $A^* w = nw$ 可知,把 w 视为在不一致的比较判断矩阵 A 之下 n 个元素相对重要性的测度是合理的。因此,有理由把式(6-22)看成比较测度 A 与导出测度 w 的关系,从而准则下的排序问题化为对式(6-22)求解。

如果仅从求导出测度 w,使 A^* 与比较测度 A 最接近这样一个角度考虑导出测度 w 的求解问题,可以提出许多不同于式(6-22)的方法,如最小二乘方法,即解下述问题的方法

$$\min \sum_{ij} (\frac{w_i}{w_j} - a_{ij})^2 \qquad (6\text{-}25)$$

假定 w 是任意比较判断矩阵 A(从而一致性未必满足)的问题式(6-22)的解。A^* 的定义如式(6-23)。不妨假定 A 视为 A^* 在对一致性扰动下得到的结果。理论研究表明,当矩阵 A 的阶数越大,它的主特征向量(即

$\lambda_{\max}$ 对应的经归一化得到的特征向量）对小的扰动所产生的变化越不明显；当矩阵阶数越小时，特征向量对扰动的变化相当明显。因此，可以认为，当 A^* 看成是经过对 A 较大扰动得到的矩阵，w 的结果可不一致，即从比较标度导出的排序权值结果不一致，需要获取更多的信息以推导一致的排序权值。当矩阵阶数较小时，这种对偏离一致性产生的影响分析更为必要。在 AHP 基本步骤中一致性检验的目的在于估计 A 对一致性的偏离程度，从而对排序结果的一致程度进行估计。上述说明可以从数学角度加以展开，构成判断的一致性分析及一致性检验研究的基本问题。

6.4.4 船员在机舱资源管理中的综合能力判断矩阵的建立

具体矩阵表格见表 6-5。

表 6-5 基本操作技能指标

B_2 基本操作技能	C_{21} 动力设备的拆检	C_{22} 船舶设备的操作	C_{23} 防污染设备使用	C_{24} 应急设备	C_{25} 业务素质	C_{26} 应急处理
C_{21} 动力设备的拆检	1					
C_{22} 船舶设备操作		1				
C_{23} 防污染设备使用			1			
C_{24} 应急设备				1		
C_{25} 业务素质					1	
C_{26} 应急处理						1

根据以上比例标度和排序原理以及我们进行的层次分析，建立基于总目标的判断矩阵。

6.5 指标体系权重的计算

6.5.1 利用 AHP 计算中的方根法对每一个判断矩阵计算

（1）计算判断矩阵每一行元素的乘积 M_i

$$M_i = \prod_{j=1}^{n} b_{ij}, (i=1,2,3,\cdots,n) \qquad (6-26)$$

(2) 计算 M_i 的 n 次方根 $\overline{W}_i$

$$\overline{W}_i = \sqrt[n]{M_i} \qquad (6-27)$$

(3) 对向量 $\overline{\boldsymbol{W}} = [\overline{W}_1, \overline{W}_2, \cdots, \overline{W}_n]^{\mathrm{T}}$ 正规化，即

$$W_i = \overline{W}_i / \sum_{j=1}^{n} \overline{W}_j \qquad (6-28)$$

则 $\boldsymbol{W} = [W_1, W_2, \cdots, W_n]^{\mathrm{T}}$ 即为所求的特征向量。

(4) 计算判断矩阵的最大特征根 $\lambda_{\max}$

$$\lambda_{\max} = \sum_{i=1}^{n} \frac{(\mathrm{AW})_i}{nW_i} \qquad (6-29)$$

式中，$(\mathrm{AW})_i$ 表示向量 AW 的第 i 个元素。

(5) 层次单排序及一致性检验，见式（5-11）和式（5-12）。

当 CR<0.1 时，认为判断矩阵具有满意的一致性。例如，用方法根计算 B_1 判断矩阵的最大特征根及其相对应的特征向量（见表 6-6）。

表 6-6 团队工作技能

B_1 团队工作技能	C_{11} 指挥	C_{12} 合作	C_{13} 交流
C_{11} 指挥	1	2	2
C_{12} 合作	1/2	1	1
A_{13} 交流	1/2	1	1

具体计算步骤如下：

(1) 计算判断矩阵每一行元素的乘积：

$M_1 = 1 \times 2 \times 2 = 4$

$M_2 = 1/2 \times 1 \times 1 = 0.5$

$M_3 = 1/2 \times 1 \times 1 = 0.5$

(2) 计算 M_i 的 n 次方根。

(3) 对向量 $\overline{\boldsymbol{W}} = [\overline{W}_1, \overline{W}_2, \overline{W}_3]^{\mathrm{T}}$ 正规化：

$\sum_{j=1}^{n} \overline{W}_j = 1.5874 + 0.7937 + 0.7937 = 3.1748$

$W_1 = \dfrac{\overline{W}_1}{\sum_{j=1}^{n} \overline{W}_j} = \dfrac{1.5847}{3.1748} = 0.5$

$$W_1 = \frac{\overline{W}_1}{\sum_{j=1}^{n} \overline{W}_j} = \frac{1.5847}{3.1748} = 0.5$$

$$W_2 = \frac{\overline{W}_2}{\sum_{j=1}^{n} \overline{W}_j} = \frac{0.7937}{3.1748} = 0.25$$

$$W_3 = \frac{\overline{W}_3}{\sum_{j=1}^{n} \overline{W}_j} = \frac{0.7937}{3.1748} = 0.25$$

所求特征向量 $\boldsymbol{W} = [0.5, 0.25, 0.25]^T$。

(4) 计算：

$$AW = \begin{bmatrix} 1 & 2 & 2 \\ 1/2 & 1 & 1 \\ 1/2 & 1 & 1 \end{bmatrix} \begin{bmatrix} 0.5 \\ 0.25 \\ 0.25 \end{bmatrix}$$

$(AW)_1 = 1 \times 0.5 + 2 \times 0.25 + 2 \times 0.25 = 1.5$

$(AW)_2 = 1/2 \times 0.5 + 1 \times 0.25 + 1 \times 0.25 = 0.75$

$(AW)_3 = 1/2 \times 0.5 + 1 \times 0.25 + 1 \times 0.25 = 0.75$

$$\lambda_{max} = \sum_{i=1}^{n} \frac{(AW)_i}{nW_i} = \frac{(AW)_1}{3W_1} + \frac{(AW)_2}{3W_2} + \frac{(AW)_3}{3W_3} = \frac{1.5}{3 \times 0.5} + \frac{0.75}{3 \times 0.25} + \frac{0.75}{3 \times 0.25} = 3$$

$$CI = \frac{\lambda_{max} - n}{n - 1} = \frac{3 - 3}{3 - 1} = 0$$

$$CR = \frac{CI}{RI} = \frac{0}{0.52} = 0$$

说明判断矩阵具有完全的一致性。

如果此时判断矩阵一致性不符合要求，则要对判断矩阵进行调整。调整的原则是根据矩阵的第一行的标度进行适当的调整，或者取消该样本，或者重新进行标度判断。本书采用的原则是按照判断矩阵的第一行进行适当的调整。

然后对所有调查样本计算出来的相对应指标的权重进行平均得到以下权重数据。

6.5.2 船员在机舱资源管理中的综合能力指标体系权重

船员在机舱资源管理中的综合能力指标体系权重见表 6-7。

表 6-7 船员在机舱资源管理中的综合能力指标体系权重

一级指标	二级指标	三级指标	相对于上级指标权重/%	相对于总指标权重/%
		B_1 团队工作技能	0.500	0.500
		C_{11} 指挥	0.383	0.192
		D_{111} 决策能力	0.304	0.058
		D_{112} 船员工作的安排与监督	0.133	0.025
		D_{113} 工作过程管理	0.154	0.030
		D_{114} 信息的获取及反馈	0.136	0.026
		D_{115} 协调能力	0.273	0.052
		C_{12} 合作	0.324	0.162
		D_{121} 引航员与船长的合作	0.331	0.054
		D_{122} 船长与轮机长的合作	0.193	0.031
		D_{123} 驾驶员与轮机员的合作	0.188	0.030
		D_{124} 船员之间的团队意识	0.289	0.047
		C_{13} 交流	0.293	0.147
		D_{131} 正确使用船舶内部联系方式	0.184	0.027
		D_{132} 正确理解警报声与信号	0.182	0.027
		D_{133} 船舶内部相关部门通信	0.079	0.012
		D_{134} 船员之间的交流与协调	0.202	0.030
		D_{135} 正确使用通信设备交流	0.099	0.015
		D_{136} 正确同他船的联系与交流	0.156	0.023
		D_{137} 正确同船公司交流	0.098	0.014

续表

一级指标	二级指标	三级指标	相对于上级指标权重/%	相对于总指标权重/%
	B_2 基本操作技能		0.500	0.500
		C_{21} 动力设备的拆检	0.176	0.088
		D_{211} 熟悉主机吊缸检修	0.218	0.019
		D_{212} 熟悉主机增压器的检修	0.143	0.013
		D_{213} 熟悉主机运动部件检修	0.134	0.012
		D_{214} 熟悉主机的附属设备拆检	0.129	0.011
		D_{215} 熟悉船用各种泵拆检	0.118	0.010
		D_{216} 熟悉甲板辅助设备拆检	0.103	0.009
		D_{217} 正确对发电柴油机吊缸检	0.108	0.010
		D_{218} 正确对发电机辅助设备拆检	0.047	0.004
		C_{22} 船舶设备的操作	0.114	0.057
		D_{221} 能够正常参与值班	0.472	0.027
		D_{222} 船舶设备的操作方法设计熟练程度	0.316	0.018
		D_{223} 船舶设备操作时的注意事项	0.212	0.012
		C_{23} 防污染设备的使用	0.265	0.133
		D_{231} 具有防止海洋污染意识	0.328	0.023
		D_{232} 正确使用油水分离器	0.206	0.027
		D_{233} 正确使用焚烧炉	0.174	0.043
		D_{234} 正确使用生活污水处理装置	0.169	0.022
		D_{235} 熟悉防止海洋污染公约	0.123	0.016
		C_{24} 应急设备	0.123	0.062
		D_{241} 应急设备的维护	0.395	0.024
		D_{242} 应急设备的检修	0.283	0.017
		D_{243} 能够使应急设备随时可用	0.166	0.010
		D_{244} 正确使用应急设备	0.157	0.010

续表

一级指标	二级指标	三级指标	相对于上级指标权重/%	相对于总指标权重/%
		B_2 基本操作技能	0.500	0.500
		C_{25} 业务水平	0.127	0.064
		D_{251} 外语水平	0.211	0.013
		D_{252} 决策水平	0.135	0.009
		D_{253} 心理素质	0.174	0.011
		D_{254} 资历背景	0.196	0.012
		D_{255} 应变能力	0.098	0.006
		D_{256} 专业知识	0.076	0.005
		D_{257} 专业技能	0.111	0.007
		C_{26} 应急处理	0.195	0.097
		D_{261} 熟悉应变部署表	0.233	0.023
		D_{262} 按规定要求进行演习	0.192	0.019
		D_{263} 执行船员及时就位与正确行动	0.183	0.018
		D_{264} 执行紧急情况下的通信	0.183	0.018
		D_{265} 执行紧急情况下的报告制度	0.209	0.020

6.6 指标体系应用

本书主要从这两个指标对船员是否合格进行考核，即基本操作技能和团队工作技能。表 6-5 至表 6-7 中可以直接得到这两个指标的权重值，同时针对这两个指标对学员进行打分（等于他们的评价得分乘以这两个指标权重），用同样的方法可以对三级指标进行计算。例如，首先是教练员对每个学员中的每个三级指标进行打分，然后用得分乘以与它们对应的三级指标权重值。

$$\begin{matrix} X_1 \\ X_2 \\ \vdots \\ X_n \end{matrix} \begin{pmatrix} x_{11} & x_{12} & x_{13} & x_{14} & x_{15} & x_{16} & x_{17} \\ x_{21} & x_{22} & x_{23} & x_{24} & x_{25} & x_{26} & x_{27} \\ \vdots & \vdots & \vdots & \vdots & \vdots & \vdots & \vdots \\ x_{n1} & x_{n2} & x_{n3} & x_{n4} & x_{n5} & x_{n6} & x_{n7} \end{pmatrix} \begin{pmatrix} 0.184 \\ 0.182 \\ 0.079 \\ 0.202 \\ 0.099 \\ 0.156 \\ 0.098 \end{pmatrix} \quad (6-30)$$

一方面，从式（6-30）中可以得出对二级指标 C_{13} 交流的七个三级指标的分数，从计算结果数值对三级指标进行分析，其中 D_{131} 正确使用船舶内部联系方式和 D_{132} 正确理解警报声与信号的权重比较大，能给我们在开设机舱资源管理课程时指明方向。

另一方面，从表6-8可以得出在9个二级能力指标（指挥、合作、交流、动力设备的拆检、船舶设备的操作、防污染设备的使用、应急设备、业务水平、应急处理）中，指挥、合作、交流数值比较大，说明一级指标团队工作技能很重要，而目前在国内船员的培养与评估体系中往往将大量时间和精力放在教授学生知识和技能上。只有主管机构和培训机构增加对船员团队工作技能的教育，这样才能使学员得到全面发展，真正有利于船舶航运安全。

表6-8　交流指标权重

指标	团队工作技能/%	基本操作技能/%
D_{131} 正确使用船舶内部联系方式	0.184	0.027
D_{132} 正确理解警报声与信号	0.182	0.027
D_{133} 船舶内部相关部门通信	0.079	0.012
D_{134} 船员之间的交流与协调	0.202	0.030
D_{135} 正确使用通信设备交流	0.099	0.015
D_{136} 正确同他船联系与交流	0.156	0.023
D_{137} 正确同船公司交流	0.098	0.014

本章主要是通过层次分析法构建机舱资源管理培训评价体系，得到非专业技能各项指标权重值，通过学员的评价得分乘以他们的权重值可以得到比较真实的综合技能总分，使学员能够全面发展。

参考文献

[1] 袁均福.机舱资源管理培训及评价体系研究[J].大连海事大学,2013(10).

[2] 赵春生.三重螺旋航海人才培养模式研究与实践[J].航海教育研究,2019(4).

[3] 赵春生.基于现代学徒制的"卓越船员"人才培养模式研究[J].南通航运职业技术学院学报,2019(1).

[4] 赵春生.基于三重螺旋理论的三明治教育模式探究[J].船舶职业教育,2019(6).

[5] 袁均福,赵春生,李臣.基于流道结构对船舶主机 SCR 系统燃气分布特性的影响[J].船舶工程,2021(11).

[6] 赵春生,刘正祥,马春生.碳纳米管添加剂对 ZL109 铝合金微弧氧化陶瓷层的生长及耐磨性能影响[J].润滑与密封,2021(12).

[7] 赵春生,李臣,李普泽.叶片厚度对喷水推进轴流泵空化性能的影响[J].船舶工程,2021(3).

[8] 赵春生,朱新河.纳米 Al_2O_3 复合镀铁层的结构与性能[J].船舶工程,2017(9).

[9] 安亮.基于电控柴油机机舱资源管理培训项目的开发[J].武汉船舶职业技术学院学报,2017(3).

[10] 蒋德志.Unity3D 虚拟现实技术在机舱资源管理模拟器开发中的应用[J].中国航海,2015(9).

[11] 张金鹏.机舱资源管理情景意识培养训练研究[D].大连:大连海事大学,2016.

[12] 张刚.基于 VR 技术的机舱资源管理课程混合式教学设计[J].航海教育研究,2017(6).

[13] 贾宝柱.基于轮机模拟器的机舱资源管理培训及评估方案[J].航海教

育研究,2016(3).

[14] 逢守文.机舱资源管理虚拟仿真实验教学研究[J].教育现代化,2019(3).

[15] 仇大志.机舱资源管理"assertiveness(决断力)"的原意[J].中国航海,2017(9).

[16] 丁国柱.基于情景式教学的机舱资源管理网络课程应用探究[J].船舶物资与市场,2020(6).

[17] 邢辉.机舱资源管理培训内容的履约探讨[J].航海教育研究,2011(3).

[18] 杨柏枫.机舱资源管理中情景意识培养的研究与实践[J].南通航运职业技术学院学报,2020(9).

[19] 殷志明.影响船舶航行安全的因素浅析[J].广东交通职业技术学院学报,2010(3).

[20] 段尊雷.船舶机舱协作式模拟训练智能评估[J].交通运输工程学报,2016(12).

[21] 李品芳."机舱资源管理"课程教学方法新探[J].航海教育研究,2014(12).

[22] 商蕾.虚拟现实技术在"机舱资源管理"教学实践中的应用[J].船海工程,2016(12).

[23] 贾宝柱.《STCW公约马尼拉修正案》中机舱资源管理条款的深入解读[J].航海教育研究,2015(6).

[24] 成春祥.机舱资源管理的理论教学与实操培训[J].船海工程,2015(4).

[25] 蒋德志.基于轮机模拟器的"机舱资源管理"研究与实践[J].中国航海,2011(3).

[26] 张彦辉.基于机舱资源管理的轮机长沟通与管理经验分析[J].中国水运(下半月),2020(6).

[27] 贾宝柱.轮机模拟器中机舱资源管理培训及评估功能[J].中国航海,2013(9).

[28] 张英华.机舱资源管理中人为因素及技能训练评估研究[J].大连海事大学,2012(6).

[29] 段尊雷.船舶机舱协作式模拟训练智能评价方法研究[J].大连海事大学,2017(7).

[30] 朱永祥.基于现代化实训基地的船舶机舱资源管理培训途径[J].职教论

坛,2012(10).

[31] 李成福."任务型教学法"在机舱资源管理教学中的应用[J].青岛远洋船员职业学院学报,2014(6).

[32] 陈建良.提高"机舱资源管理"教学效果的有效途径[J].航海教育研究,2013(12).

[33] 陈新恩.一起船舶机舱进水事故的分析与思考[J].世界海运,2014(12).

[34] 李军.高职院校"机舱资源管理"课程开发与实践[J].武汉船舶职业技术学院学报,2014(6).

[35] 李品芳.轮机管理人员的情景意识对船舶安全的影响探讨[J].航海技术,2012(11).

[36] 高炳.《STCW公约马尼拉修正案》背景下轮机模拟器的教学应用[J].船舶标准化工程师,2014(9).

[37] 闫伟.以"机舱资源管理"为前提的机舱安全事故防范[J].武汉船舶职业技术学院学报,2013(12).

[38] 曾鸿.情境式教学在"机舱资源管理"课程中的应用[J].航海教育研究,2012(12).

[39] 安骥.机舱资源管理及培训[J].中国航海,2013(6).

[40] 李福海."机舱资源管理"课程"教学做一体化"的教学实践[J].青岛远洋船员职业学院学报 2015(3).

[41] 傅爱庆.ERM体系框架构建及其评价体系研究[D].上海:上海海事大学,2005.

[42] 蒋德志,李海福."机舱资源管理"的研究与实践[J].青岛远洋船员学院学报,2010(4).

[43] 郑国杰,陈武,刘世杰."机舱资源管理(ERM)"实操教学研究[J].航海技术,2015(1).

[44] 李军.轮机管理学生轮机环境下情景要素的培养方法[J].船海工程,2016(6).

[45] 谢小平."机舱资源管理"的培训研究与实践[J].天津航海,2016(9).

[46] 张彦辉.基于机舱资源管理的轮机长沟通与管理经验分析[J].中国水运(下半月),2020(6).

[47] 段尊雷.基于遗传算法优化的虚拟机舱协作智能评估[J].哈尔滨工程大学学报,2017(3).

[48] 李长伦.应用型转变环境下"机舱资源管理"课程教学改革探讨[J].天津航海,2019(3).

[49] 贾宝柱.机舱资源管理中的情景意识[J].中国航海,2015(12).

后 记

　　本书主要是在收集整理各种船舶事故相关资料和广泛调研的基础上，结合多年的教学经验和研究成果，以及当前航海模拟器和轮机模拟器的教学课程，构建机舱资源管理中的情景意识、人为因素和其他专业技能与非专业技能方面的综合评价模型。通过对评价分析方法的学习与比较，最终选择层次分析法，建立了应用于船员和团队工作技能、基本操作技能、非专业技能培训的综合评价指标体系这一评价模型。运用层次分析法构建机舱资源管理培训评价体系，计算出相对应各个指标的权重值，然后用评价得分乘以权重值得到综合得分，为船舶机舱资源管理培训提供了一套较为合理有效的评价方法。

　　船舶机舱资源管理的研究领域非常广阔，由于时间有限、调查范围不够广泛，本书只是提出了初步的船舶机舱资源管理中的研究模型，所涉及的内容尚待进一步完善和补充，其评价方法有待进一步优化，调研工作有待进一步开展和充实。笔者将在今后的工作和学习中，在深度和广度上对该领域做进一步的研究和改进。希望本书对轮机资源管理培训工作的深层次研究起到抛砖引玉的作用，让越来越多的有关专家和学者加入到机舱资源管理培训体系研究中来，增强和深化船舶机舱人员对船舶机舱资源管理的理念和意识，为解决船舶安全营运问题开辟一条新的途径。